... Títulos relacionados

IFCD0111 PROGRAMACIÓN EN LENGUAJES ESTRUCTURADOS DE APLICACIONES DE GESTIÓN

[OTROS TÍTULOS DISPONIBLES]

AF274129

IFCD0112 PROGRAMACIÓN CON LENGUAJES ORIENTADOS A OBJETOS Y BASES DE DATOS RELACIONALES

[OTROS TÍTULOS DISPONIBLES]

Solicítalos en:
- Librería
- www.paraninfo.es
- Solicitudes nacionales +34 914 463 350
- Solicitudes fuera de España +34 913 308 907, +34 913 308 919

Definición y manipulación de datos

José Manuel Piñeiro Gómez

© 2025 Ediciones Paraninfo, S. A.
© 2025 José Manuel Piñeiro Gómez

Diseño y maquetación: Ediciones Nobel, S. A.
Impresión: Liberdigital (Casarrubuelos, Madrid)

ISBN: 978-84-283-6392-1
Depósito legal: M-2079-2025

Impreso en España

Autor

José Manuel Piñeiro Gómez es ingeniero en Informática por la Universidad de Deusto y máster oficial en la Sociedad de la Información y el Conocimiento por la Universitat Oberta de Catalunya.

Desde el año 2000 es profesor de Enseñanza Secundaria por la especialidad de Informática, impartiendo docencia en ciclos formativos de FP. También ha trabajado como profesor asociado en el área de Lenguajes y Sistemas Informáticos en la Universidad Pública de Navarra y en la Universidad de Burgos, y como profesor colaborador en la Universitat Oberta de Catalunya. Trabaja como profesor-tutor en el centro asociado de la UNED en Pamplona. Tiene varias publicaciones en el mercado relacionadas con aspectos didácticos de la informática, las bases de datos y el desarrollo de *software.*

Índice

Introducción normativa

La Ley Orgánica 3/2022, de 31 de marzo, de ordenación e integración de la Formación Profesional, contiene una disposición derogatoria única que afecta a la regulación de los certificados de profesionalidad, ahora denominados **Certificados Profesionales.** La referida normativa deroga la Ley Orgánica 5/2002, de 19 de junio, de las Cualificaciones y de la Formación Profesional, y abre un escenario de cambios que se irán implementando progresivamente.

La Ley Orgánica 3/2022, de 31 de marzo, de ordenación e integración de la Formación Profesional implica que toda la formación es acumulable. La oferta formativa se estructura de forma escalonada, siendo los Certificados Profesionales un nivel intermedio (Grado C) de una escala que va desde el Grado A hasta el E.

En los artículos 35 a 38 de la Ley 3/2022 se describe en qué consisten estos Certificados Profesionales: su oferta, formación asociada, estructura, duración, acceso, titulación y validez. Posteriormente, esta normativa se completa con lo dispuesto en el Real Decreto 659/2023, de 18 de julio, que desarrolla la ordenación del sistema de Formación Profesional. Concretamente en los artículos 67 a 81 es donde se hace referencia a la oferta formativa de Grado C, correspondiente a los Certificados Profesionales.

Están agrupados en 26 familias profesionales con características comunes del sector. En la actualidad hay más de medio millar de Certificados Profesionales incluidos en el Repertorio Nacional. Esta cifra no deja de crecer. Además, cada certificado está específicamente regulado por un real decreto.

Un Certificado Profesional corresponde al Grado C de la oferta del Sistema de Formación Profesional. Es un documento oficial, con validez en todo el territorio nacional y debe constar en el Catálogo Nacional de Ofertas de Formación Profesional, que certifica la capacitación para el desarrollo de una actividad profesional.

Debe detallar los módulos profesionales superados y los estándares de competencia profesional asociados a él e incluidos en el **Catálogo Nacional de Estándares de Competencias Profesionales**, así como su correspondencia con el Marco Español de Cualificaciones.

Despliegan su validez en un doble ámbito, laboral y académico:

- En el contexto laboral tienen validez profesional, porque acreditan las competencias en una determinada profesión. Para poder trabajar en algunas profesiones, se exigen determinadas cualificaciones, y los certificados sirven para acreditarlas.

- Asimismo, tienen validez académica, puesto que permiten continuar un itinerario formativo siempre que se cumplan los requisitos de acceso para cursar la titulación deseada. De tal modo que, los Certificados Profesionales que sean parte de un Grado D permitirán la matrícula modular para completar los módulos establecidos en el currículo y obtener el correspondiente título de técnico básico, técnico o técnico superior con validez en todo el territorio nacional.

Para obtener un Certificado Profesional (Grado C) es preciso cumplir con los requisitos de acceso para realizar la formación.

Estructura de los Certificados Profesionales

I. Identificación: denominación, familia y área profesional a la que pertenecen; nivel de cualificación profesional (1, 2 o 3); cualificación profesional de referencia; entorno profesional y módulos formativos que esté previsto cursar junto con la duración de cada uno de ellos.

II. Perfil profesional: incluye las competencias profesionales requeridas en el mercado laboral. En todas ellas se concretan las realizaciones profesionales y los criterios de realización.

III. Formación: describe los módulos formativos que esté previsto cursar para adquirir las competencias requeridas. En cada uno de ellos se indican las capacidades que se pretende alcanzar y la duración del módulo de prácticas no laborales —PNL—, para el que cabe solicitar exención si se cumplen determinados requisitos.

IV. Prescripciones de las personas formadoras.

V. Requisitos mínimos de espacios, instalaciones y equipamiento.

Los Certificados Profesionales se identifican con una denominación concreta y un código alfanumérico propio, y sirven para acreditar una determinada cualificación profesional. Cada certificado está asociado a una relación de unidades de competencia que, a su vez, se vinculan con una serie de módulos formativos específicos. Algunos módulos están integrados por unidades formativas y tanto unos como otras son, en ocasiones, transversales, lo que significa que se trata de contenidos incluidos en más de un Certificado Profesional.

Los Certificados Profesionales se articulan en tres niveles de competencia profesional (1, 2 y 3) conforme a lo dispuesto en el que será el Catálogo Nacional de Estándares de Competencias Profesionales, anteriormente Catálogo Nacional de Cualificaciones Profesionales (CNCP), según los criterios establecidos de conocimientos, iniciativa, autonomía y complejidad de las tareas, en cada una de las ofertas de Formación Profesional.

La oferta formativa dirigida a la obtención de los Certificados Profesionales tiene carácter modular para favorecer la acreditación parcial acumulable de la formación recibida y posibilitar así el avance en el itinerario de Formación Profesional para cualquiera que sea la situación laboral de cada persona en cada momento.

En definitiva, el Grado C constituye la oferta, parcial y acumulable, del sistema de Formación Profesional, de varios módulos profesionales del catálogo modular de Formación Profesional por razón de su significado en el mercado laboral y conducente a la obtención de un Certificado Profesional.

Las ofertas de Grado C de Formación Profesional tendrán por objeto módulos profesionales incluidos previamente en el catálogo modular de formación profesional y asociados al Catálogo Nacional de Estándares de Competencias Profesionales.

Finalidad de los Certificados Profesionales

- Contribuir a la ordenación de un Sistema de Formación Profesional al servicio de un régimen de formación y acompañamiento profesionales que sea capaz de responder con flexibilidad a los intereses, expectativas y aspiraciones de cualificación profesional de las personas a lo largo de su vida.

- Combinar escuela y empresa situando a la persona en el centro del sistema.

- Facilitar el aprendizaje permanente de toda la ciudadanía mediante una formación abierta, flexible y accesible, estructurada de forma modular, a través de la oferta formativa asociada al certificado.

- Acreditar las cualificaciones profesionales o las unidades de competencia recogidas en estas, independientemente de su vía de adquisición, bien sea través de la vía formativa, o mediante la experiencia laboral o vías no formales de formación.

- Favorecer, tanto a nivel nacional como europeo, la transparencia del mercado de trabajo.

- Contribuir a la calidad de la oferta de Formación Profesional.

Este libro

El presente libro desarrolla la Unidad Formativa denominada "Definición y manipulación de datos", UF2176.

Dicha unidad formativa es transversal y está asociada a la Unidad de Competencia UC0226_3, forma parte del Módulo Formativo MF0226_3: Programación de bases de datos relacionales, perteneciente a las Cualificaciones Profesionales de referencia IFC080_3 e IFC155_3, de nivel 3, incluidas en los Certificados de Profesionalidad denominados IFCD0111 Programación en lenguajes estructurados de aplicaciones de gestión, así como IFCD0112 Programación con lenguajes orientados a objetos y bases de datos relacionales, ambos dentro de la familia profesional Informática y Comunicaciones.

Según el Real Decreto 1376/2008, de 28 de agosto, modificado por el RD 628/2013, de 2 de agosto, los contenidos que en esta obra se recogen se corresponden con una duración de 80 horas.

Tanto la estructura como el desarrollo del libro se ajustan al citado Real Decreto y más concretamente a los contenidos de la Unidad Formativa que le da título "Definición y manipulación de datos".

Contenidos

1. Lenguajes relacionales
   - Tipos de lenguajes relacionales.
   - Operaciones en el modelo relacional.
   - Álgebra relacional:
     — Clasificación de operadores.
     — Denominación de atributos.
     — Relaciones derivadas.
     — Operaciones primitivas: selección, proyección, producto cartesiano, unión y diferencia.
     — Otras operaciones: intersección, join, división, etc.
   - Cálculo relacional:
     — Cálculo relacional orientado a dominios.
     — Cálculo relacional orientado a tuplas.
     — Transformación de consultas entre álgebra y cálculo relacional.

- Lenguajes comerciales: SQL (Structured Query Language), QBE (Query By Example).
  - — Orígenes y evolución del SQL.
  - — Características del SQL.
  - — Sistemas de Gestión de bases de datos con soporte SQL.

2. **El lenguaje de manipulación de la base de datos**
   - El lenguaje de definición de datos (DDL):
   - Tipos de datos del lenguaje.
     - — Creación, modificación y borrado de tablas.
     - — Creación, modificación y borrado de vistas.
     - — Creación, modificación y borrado de índices.
     - — Especificación de restricciones de integridad.
   - El lenguaje de manipulación de datos (DML):
     - — Construcción de consultas de selección: Agregación, Subconsultas, Unión, Intersección, Diferencia.
     - — Construcción de consultas de inserción.
     - — Construcción de consultas de borrado.
   - Cláusulas del lenguaje para la agrupación y ordenación de las consultas.
   - Capacidades aritméticas, lógicas y de comparación del lenguaje.
   - Funciones agregadas del lenguaje.
   - Tratamiento de valores nulos.
   - Construcción de consultas anidadas.
   - Unión, intersección y diferencia de consultas.
   - Consultas de tablas cruzadas.
   - Otras cláusulas del lenguaje.
   - Extensiones del lenguaje:
     - — Creación, manipulación y borrado de vistas.
     - — Especificación de restricciones de integridad.
     - — Control de transacciones.
     - — Instrucciones de autorización.
     - — Control de las transacciones.
   - El lenguaje de control de datos (DCL):
   - Transacciones.

- Propiedades de las transacciones: atomicidad, consistencia, aislamiento y permanencia:
  - Estados de una transacción: activa, parcialmente comprometida, fallida, abortada y comprometida.
  - Consultas y almacenamiento de estructuras en XML.
  - Estructura del diccionario de datos.
- Control de las transacciones.
- Privilegios: autorizaciones y desautorizaciones.
- Procesamiento y optimización de consultas:
  - Procesamiento de una consulta.
  - Tipos de optimización: basada en reglas, basada en costes, otros.
  - Herramientas de la BBDD para la optimización de consultas.

■ Nota del Editor

En Ediciones Paraninfo estamos comprometidos con la calidad de la formación e intentamos que nuestros materiales respondan fielmente y con rigor a las necesidades de todos cuantos confían en nuestro sello editorial.

Tratamos de dar respuesta a los currículos de las unidades formativas y de los módulos que integran los distintos Certificados Profesionales, equilibrando la parte teórica con la práctica para que los procesos de aprendizaje se conviertan en experiencias gratificantes, tanto para docentes como para las personas inmersas en los procesos formativos.

Nuestros objetivos son contribuir de forma decisiva a afianzar aprendizajes, ayudar a adquirir destrezas que tengan significado para el empleo y conseguir potenciar el desarrollo personal.

Para lograrlo contamos con excelentes autores, expertos en las materias que abordan, en la mayoría de los casos docentes de dichas especialidades con dilatada experiencia tanto profesional como académica, porque buscamos perfiles familiarizados con los contextos laborales concretos a los que se refieren nuestros manuales.

Confiamos en poder serte de ayuda y esperamos tus impresiones acerca de nuestro trabajo. Sean positivas o negativas, serán muy bien recibidas y, sin duda, nos ayudarán a seguir mejorando y trabajando con ilusión para continuar siendo un referente en formación para el empleo.

Agradecemos tu confianza en nuestros manuales. Todo nuestro equipo queda a tu total disposición. Puedes contactar con nosotros en esta dirección de correo electrónico:

info@paraninfo.es

1. Lenguajes relacionales

Contenido

1.1. Tipos de lenguajes relacionales

Antes de adentrarnos en la explicación de los lenguajes relacionales, se van a tratar aspectos más generales del modelo de datos relacional, con el fin de centrarnos en el tema que nos ocupa.

El modelo de datos relacional, como los demás modelos de datos, consta de una parte estática y una parte dinámica:

- La estática de un modelo de datos consta de elementos permitidos y elementos no permitidos o restricciones:

  — Los elementos permitidos para el modelo de datos relacional son las relaciones, atributos y dominios. Toda relación tiene un nombre, se representa mediante una tabla, como se ve en la parte inferior de la Figura 1.1., y consta de un conjunto de filas y columnas. Las columnas se corresponden con los atributos de la relación o propiedades de la misma. Por su parte, las filas se llaman también tuplas y cada tupla contiene una serie de valores para cada uno de los atributos de la relación. El número de columnas de una relación se llama grado y el número de filas, cardinalidad.

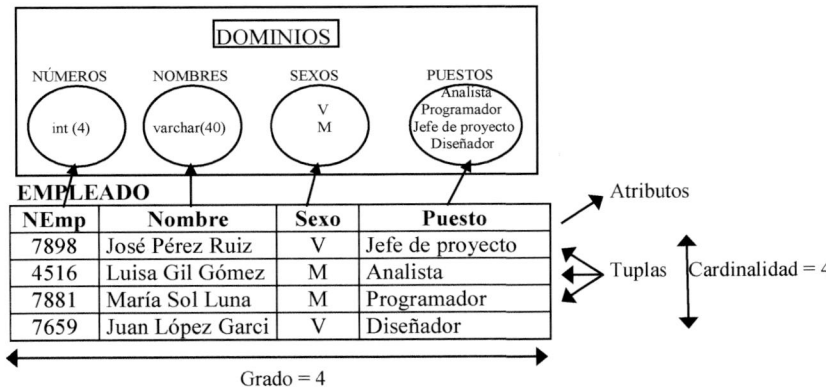

Figura 1.1. Ejemplo de relación.

La cabecera de una relación es la parte estática de la misma, es decir, aquella que se ve modificada muy de vez en cuando, y consta de un conjunto de atributos con sus dominios subyacentes. Un dominio es el conjunto de valores permitidos para un atributo. Por ejemplo, el dominio para el atributo *Sexo* se puede llamar *Sexos* e incluye solo dos posibles valores: V (que hace referencia a varón) y M (que hace referencia a mujer). El dominio para el atributo *Nombre* se puede llamar *Nombres* y hace referencia a cualquier cadena de hasta 40 caracteres.

Por su parte, el cuerpo de la relación es la parte dinámica de la misma y está constituido por una serie de tuplas que van variando con el paso del tiempo a medida que los usuarios introducen, eliminan y modifican datos.

El hecho de que una relación se represente por medio de una tabla es lo que ha originado que en muchos casos se utilice el término *tabla* para hacer referencia a relación, *columna* para hacer referencia a atributo, y *fila* para hacer referencia a tupla.

— Los elementos no permitidos o restricciones se pueden considerar ocurrencias no permitidas, es decir, ciertos valores que no se pueden almacenar en una base de datos. Estas restricciones, a su vez, pueden ser de dos tipos:

  — Restricciones inherentes, que son restricciones que impone el propio modelo de datos en cuestión, el cual no permite ciertas estructuras. Así, una restricción inherente al modelo relacional es que en una relación no puede haber dos tuplas o filas iguales.

  — Restricciones explícitas, semánticas o de usuario, que son aquellas que tienen como objetivo que el modelo de datos refleje de la mejor manera posible el mundo real. Las restricciones suelen afectar al conjunto de valores que toma un atributo. Así, por ejemplo, si tenemos un atributo llamado *edad*, una restricción semántica aplicable podría ser que la edad solo puede tomar valores enteros entre 0 y 120.

• La dinámica de un modelo de datos consta de un conjunto de operadores que se definen sobre la estructura del correspondiente modelo. Los valores de los datos almacenados en un esquema se llaman *ocurrencia del esquema* o *estado de la base de datos en un instante de tiempo* t_i (BD_i). Pues bien, la aplicación de una operación sobre una ocurrencia del esquema transforma a esta en otra ocurrencia.

$$O\ (BD_i) = BD_j$$

Por ejemplo, si tenemos guardados en una tabla de una base de datos los datos de cinco clientes, eso constituye una ocurrencia del esquema. Si añadimos un nuevo cliente, es decir, si realizamos la operación de inserción de un nuevo cliente, llegamos a otra ocurrencia del esquema o nuevo estado de la base de datos, en el que ya no hay cinco clientes almacenados, sino seis.

Gracias a los lenguajes relacionales, los cuales asignan una sintaxis concreta a las operaciones, es posible pasar de un estado origen de la base de datos a un estado destino, y esto se consigue mediante la aplicación de una serie de operadores. Se puede hablar de dos tipos de lenguajes relacionales:

- Lenguajes algebraicos: se basan en el álgebra relacional, que se estudiará en la sección 1.3, y en ellos los cambios de estado se especifican mediante operaciones cuyos operandos son relaciones y cuyo resultado es otra relación.

- Lenguajes predicativos: se basan en el cálculo relacional y en ellos los cambios de estado se definen mediante predicados que definen el estado objetivo, es decir, aquel al que se desea llegar, sin indicar las operaciones que hay que llevar a cabo para llegar al mismo. Existen dos tipos de lenguajes predicativos: los orientados a tuplas y los orientados a dominios, que son objetivo de estudio en las secciones 1.4.1 y 1.4.2, respetivamente.

1.2. Operaciones en el modelo relacional

Las operaciones en el modelo relacional deben permitir manipular datos almacenados en una base de datos relacional y, por tanto, estructurados en forma de relaciones. La manipulación de datos incluye básicamente dos tipos de operaciones: consulta y actualización.

Una consulta consiste en la obtención de datos a partir de una o varias relaciones de la base de datos. Por ejemplo, si en una base de datos tenemos almacenados los artículos que se venden en una empresa, una consulta podría consistir en obtener la descripción, precio, *stock* y marca de los artículos con precio superior a 12,50 €. Según la manera en que se especifiquen las consultas, los lenguajes relacionales pueden ser de dos tipos: algebraicos o predicativos, como se indicó en la sección 1.1.

Por su parte, es posible distinguir tres tipos de operaciones de actualización sobre una base de datos:

- Inserción: consiste en añadir una o más tuplas a una tabla de la base de datos, por ejemplo, añadir los datos de un nuevo artículo que va a empezar a vender la empresa.

- Borrado: consiste en eliminar una o más tuplas de una tabla de la base de datos, por ejemplo, eliminar todos los artículos de una determinada marca, que va a dejar de vender la empresa.

- Actualización: consiste en modificar uno o varios atributos de una o varias tuplas de una tabla de la base de datos, por ejemplo, decrementar en un 2 % el precio de todos los artículos de una determinada marca.

1.3. Álgebra relacional

El álgebra relacional es un lenguaje formal de consultas sobre bases de datos relacionales que constituye la base del lenguaje de consultas SQL ampliamente utilizado.

El álgebra relacional se inspira en la teoría de conjuntos para especificar consultas en una base de datos relacional. Para especificar una consulta es preciso definir uno o más pasos que sirven para ir construyendo, mediante operadores del álgebra relacional, una nueva relación que contenga los datos que responden a la consulta a partir de una serie de relaciones. Los operadores del álgebra relacional toman una o más relaciones como operandos y producen otra relación como resultado. Los lenguajes basados en el álgebra relacional son procedimentales, porque en ellos es necesario especificar mediante pasos el procedimiento necesario para dar respuesta a la consulta.

1.3.1. Clasificación de operadores

Los operadores del álgebra relacional se pueden clasificar atendiendo a diversos criterios:

- Según se parecen o no a los operadores de la teoría de conjuntos, se clasifican en:
  — Operadores conjuntistas u operadores tradicionales de la teoría de conjuntos: son la unión, la intersección, la diferencia y el producto cartesiano.
  — Operadores relacionales especiales: son la selección, la proyección, la combinación y la división.
- Según se puedan expresar o no en términos de otros operadores, se clasifican en:
  — Operadores primitivos: son los operadores esenciales que no se pueden obtener de otros, es decir, aquellos a partir de los cuales se puede definir el resto. Estos operadores son la selección, la proyección, el producto cartesiano, la unión y la diferencia.

— Operadores derivados: se pueden obtener aplicando varios de los operadores primitivos, por lo que podríamos prescindir de ellos; sin embargo, son muy útiles y simplifican muchas operaciones habituales. Estos operadores son la intersección, la combinación y la división.

- Según el número de relaciones que tienen como operando:

— Operadores unarios: son aquellos que tienen una sola relación como operando. Estos operadores son la selección y la proyección.

— Operadores binarios: son aquellos que tienen dos relaciones como operandos. Estos operadores son el producto cartesiano, la unión, la diferencia, la intersección, la combinación y la división.

Para todos los operadores conjuntistas con excepción del producto cartesiano, las dos relaciones que actúan como operando deben ser compatibles con respecto a la unión, es decir, deben ser del mismo grado (deben tener el mismo número de atributos) y los atributos que ocupan las mismas posiciones deben tener el mismo dominio subyacente.

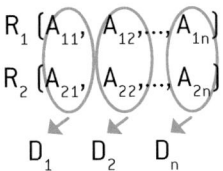

$$R_1 (A_{11}, A_{12}, ..., A_{1n})$$
$$R_2 (A_{21}, A_{22}, ..., A_{2n})$$
$$D_1 \quad D_2 \quad D_n$$

Figura 1.2. Relaciones compatibles con respecto a la unión.

En los ejemplos que se van a realizar para las operaciones unión, intersección y diferencia, se van a emplear las siguientes relaciones:

Empleados1

NumEmp	NomEmp	Puesto
1234	José Pérez Ruiz	Presidente
4543	Luisa Gil Gómez	Vendedor
2323	María Sol Luna	Director

Empleados2

NumEmp	NomEmp	Puesto
2344	Mar García Gil	Analista
3423	Mario Ros Bueno	Vendedor
4543	Luisa Gil Gómez	Vendedor

Figura 1.3. Relaciones de ejemplo para unión, intersección y diferencia.

En los ejemplos que se van a realizar para las operaciones de selección, proyección, producto cartesiano y combinación, se van a emplear las siguientes relaciones.

Empleados

NumEmp	NomEmp	Puesto	NumDep
1234	José Pérez Ruiz	Presidente	1
4543	Luisa Gil Gómez	Vendedor	3
2323	María Sol Luna	Director	1

Departamentos

NumDep	NomDep	Ciudad
1	Contabilidad	Bilbao
2	Investigación	Santander
3	Ventas	Madrid

Figura 1.4. Relaciones de ejemplo para selección, proyección, producto cartesiano y combinación.

1.3.2. Denominación de atributos

Una relación siempre se define sobre un esquema relacional y se expresa indicando el nombre de la relación y, por cada uno de sus atributos, su nombre y el nombre del dominio subyacente:

$$R\ (A_1{:}D_1, A_2{:}D_2, \ldots, A_n, D_n)\ \text{o}\ R\ (\{A_i{:}D_i\})$$

La relación *R* tiene por tanto los siguientes nombres calificados de atributos:

$$R.A_1, R.A_2, \ldots, R.A_n$$

Para hacer referencia a un atributo, se escribe solo el nombre del atributo si no hay ambigüedad, es decir, si dicho nombre de atributo no se repite en varias tablas, o bien el nombre del atributo calificado, es decir, anteponiendo al nombre del atributo el nombre de la tabla.

1.3.3. Relaciones derivadas

Una relación derivada se define como una relación obtenida mediante la aplicación de algún operador del álgebra relacional sobre una o varias relaciones.

Se puede utilizar la operación de asignación para almacenar el resultado de una expresión del álgebra relacional en una nueva relación o para asignar un nombre a resultados intermedios cuando se desea dividir una operación compleja en una secuencia de operaciones más simples. También se puede emplear para asignar un nuevo nombre a una relación existente, pudiéndose incluso cambiar los nombres de los atributos.

El símbolo con el que se suele representar la operación de asignación es una flecha que apunta hacia la nueva relación a la que se le asignará el resultado de la operación:

$$\text{Relación\_Nueva} \leftarrow O(R)$$

donde $O(R)$ es el resultado de una o más operaciones del álgebra relacional.

También se puede usar este operador para almacenar una relación en otra nueva relación con un nombre diferente:

$$R' \leftarrow R$$

Por otra parte, la operación de renombrado consiste en asignar nuevos nombres a los atributos de una relación, la cual puede o no ser el resultado de una operación del álgebra relacional. La forma de llevar a cabo el renombrado es realizando una operación de asignación en la que se especifican los nuevos nombres de los atributos de la relación que se encuentra a la izquierda del símbolo de asignación:

$$\text{Relación\_Nueva}(A_1, A_2, \ldots, A_n) \leftarrow O(R)$$

Al igual que en el caso de la asignación, en lugar de O(R) se puede escribir el nombre de una relación.

1.3.4. Operaciones primitivas: selección, proyección, producto cartesiano, unión y diferencia

En esta sección se van a estudiar los operadores primitivos del álgebra relacional:

- Selección o restricción: el operador algebraico de selección (σ) produce un subconjunto horizontal de una relación dada. Este subconjunto está formado por todas las tuplas de la relación dada para las cuales se cumple un predicado o condición especificada. Por ejemplo, la expresión del álgebra relacional que habrá que usar para seleccionar los empleados del departamento número 1 será la siguiente:

$$\sigma_{NumDep = 1} (\text{Empleados})$$

El resultado de esta selección será el siguiente:

NumEmp	NomEmp	Puesto	NumDep
1234	Jose Pérez Ruiz	Presidente	1
2323	María Sol Luna	Director	1

Figura 1.5. Selección sobre una relación.

- Proyección: el operador de proyección (π) produce un subconjunto vertical de una relación dada. Este subconjunto es el obtenido al seleccionar los atributos especificados en el orden indicado de izquierda a derecha, y eliminando luego las tuplas duplicadas. Así, la expresión del álgebra relacional para obtener los puestos de los empleados de la relación *Empleados* será la siguiente:

$$\pi_{Puesto} \text{(Empleados)}$$

El resultado de esta proyección es el siguiente:

Puesto
Presidente
Vendedor
Director

Figura 1.6. Proyección sobre una relación.

También se pueden combinar ambos operadores. Así, por ejemplo, la expresión del álgebra relacional para obtener los nombres y puestos de los empleados que trabajan en el departamento número 1 será la siguiente

$$\pi_{NomEmp, Puesto} (\sigma_{NumDep = 1} \text{(Empleados)})$$

El resultado de esta selección y proyección es el siguiente:

NomEmp	Puesto
Jose Pérez Ruiz	Presidente
María Sol Luna	Director

Figura 1.7. Selección y proyección sobre una relación.

- Producto cartesiano: el producto cartesiano de dos relaciones A y B (A × B) es una relación que incluye todas las tuplas posibles que se obtienen concatenando una de A con una de B. Si A es de grado m y B es de grado n, la relación A × B será de grado $m + n$. Si la cardinalidad de A es p y la de B es q, la cardinalidad de A × B será $p \times q$. Así, el producto cartesiano entre las relaciones *Empleados* y *Departamentos* proporciona la siguiente relación:

Empleados x Departamentos

NumEmp	NomEmp	Puesto	NumDep	NumDep	NomDep	Ciudad
1234	José Pérez Ruiz	Presidente	1	1	Contabilidad	Bilbao
1234	José Pérez Ruiz	Presidente	1	2	Investigación	Santander
1234	José Pérez Ruiz	Presidente	1	3	Ventas	Madrid
4543	Luisa Gil Gómez	Vendedor	3	1	Contabilidad	Bilbao
4543	Luisa Gil Gómez	Vendedor	3	2	Investigación	Santander
4543	Luisa Gil Gómez	Vendedor	3	3	Ventas	Madrid

NumEmp	NomEmp	Puesto	NumDep	NumDep	NomDep	Ciudad
2323	María Sol Luna	Director	1	1	Contabilidad	Bilbao
2323	María Sol Luna	Director	1	2	Investigación	Santander
2323	María Sol Luna	Director	1	3	Ventas	Madrid

Figura 1.8. Producto cartesiano de dos relaciones.

- Unión: la unión de las relaciones A y B (A ∪ B) es una relación que incluye todas las tuplas de A y todas las tuplas de B. Si hubiera alguna repetida, se eliminaría. Así, la unión de las relaciones *Empleados1* y *Empleados2* daría el siguiente resultado, donde se ha eliminado una de las tuplas correspondientes a la empleada número 4543, por estar repetida.

Empleados1 ∪ Empleados2

NumEmp	NomEmp	Puesto
1234	José Pérez Ruiz	Presidente
4543	Luisa Gil Gómez	Vendedor
2323	María Sol Luna	Director
2344	Mar García Gil	Analista
3423	Mario Ros Bueno	Vendedor

Figura 1.9. Unión de dos relaciones.

- Diferencia: la diferencia de las relaciones A y B (A - B) es una relación que incluye todas las tuplas que pertenecen a A pero no pertenecen a B. Así, la diferencia entre las relaciones *Empleados1* y *Empleados2* proporciona el siguiente resultado:

Empleados1 − Empleados2

NumEmp	NomEmp	Puesto
1234	José Pérez Ruiz	Presidente
2323	María Sol Luna	Director

Figura 1.10. Diferencia entre dos relaciones.

1.3.5. Otras operaciones: intersección, *join*, división

En esta sección se van a estudiar diversos operadores derivados del álgebra relacional:

- Intersección: la intersección de dos relaciones A y B (A ∩ B) es una relación que incluye todas las tuplas que pertenecen a la vez a A y a B. Así, la intersección entre las relaciones *Empleados1* y *Empleados2* produce la siguiente relación, que incluye solo la tupla correspondiente a la empleada 4543, que es el único empleado que aparece a la vez en las dos relaciones.

Empleados1 ∩ Empleados2

NumEmp	NomEmp	Puesto
4543	Luisa Gil Gómez	Vendedor

Figura 1.11. Intersección de dos relaciones.

- Combinación, reunión o *join*: el resultado de la combinación de dos relaciones A y B es una relación que incluye todas las tuplas que se obtienen concatenando una de A y otra de B tales que cumplan una determinada condición para los valores de un atributo de dominio común a ambas. Para ello, en primer lugar se realiza el producto cartesiano de las dos relaciones, y a continuación, una selección de las tuplas que cumplan la condición especificada. El operador es *.

Consideremos las relaciones *Empleados* y *Departamentos*. Vamos a combinar estas tablas tal que el atributo *NumDep* de la tabla *Empleados* tome el mismo valor que el atributo homónimo de la tabla *Departamentos*. Esto se expresará de la siguiente forma:

$$(\text{Empleados} * \text{Departamentos})_{\text{Empleados.NumDep = Departamentos.NumDep}}$$

Para llevar a cabo esta operación, es necesario realizar en primer lugar el producto cartesiano, cuyo resultado es el siguiente:

Empleados x Departamentos

NumEmp	NomEmp	Puesto	NumEmp	NumEmp	NomDep	Ciudad
1234	Jose Pérez Ruiz	Presidente	1	1	Contabilidad	Bilbao
1234	Jose Pérez Ruiz	Presidente	1	2	Investigación	Santander
1234	Jose Pérez Ruiz	Presidente	1	3	Ventas	Madrid
4543	Luisa Gil Gómez	Vendedor	3	1	Contabilidad	Bilbao
4543	Luisa Gil Gómez	Vendedor	3	2	Investigación	Santander
4543	Luisa Gil Gómez	Vendedor	3	3	Ventas	Madrid
2323	María Sol Luna	Director	1	1	Contabilidad	Bilbao
2323	María Sol Luna	Director	1	2	Investigación	Santander
2323	María Sol Luna	Director	1	3	Ventas	Madrid

Figura 1.12. Producto cartesiano.

A continuación, es preciso quedarse solo con aquellas tuplas para las que se cumpla el predicado especificado, es decir, en este caso, que el atributo *NumDep* de la tabla *Empleados* tome el mismo valor que el atributo *NumDep* de *Departamentos*. El resultado es el siguiente:

(Empleados * Departamentos)$_{Empleados.NumDep = Departamentos.NumDep}$

NumEmp	NomEmp	Puesto	NumDep	NumDep	NomDep	Ciudad
1234	Jose Pérez Ruiz	Presidente	1	1	Contabilidad	Bilbao
4543	Luisa Gil Gómez	Vendedor	3	3	Ventas	Madrid
2323	María Sol Luna	Director	1	1	Contabilidad	Bilbao

Figura 1.13. Combinación o reunión.

Cuando la condición, como en este caso, es una comparación de igualdad, se trata de una *equijoin*, equirreunión o combinación por igualdad.

La combinación más habitual entre tablas es la llamada *join* o reunión natural, que es el resultado de una *equijoin* con la eliminación de los atributos duplicados. En la *equijoin* se igualan los atributos a través de los cuales se establece la relación entre las dos tablas. El operador es ⋈.

Por tanto, la reunión natural entre dos relaciones *A* y *B* se lleva a cabo así:

a) Se concatenan las tuplas de *A* y *B* (se calcula *A* × *B*).

b) Se seleccionan de entre esas tuplas las que tengan iguales valores en las columnas de igual dominio consideradas (clave ajena y correspondiente clave primaria).

c) Se suprime una columna de cada dos homónimas en el resultado, es decir, se eliminan las columnas duplicadas

La reunión natural entre las tablas *Empleados* y *Departamentos* tendría como dos primeros pasos los mostrados en las figuras 1.12 y 1.13. La realización de la reunión natural entre estas dos tablas implicaría en el resultado de la combinación (Figura 1.13) eliminar una de las dos columnas *NumDep*. El resultado sería el siguiente:

Empleados ⋈ Departamentos

NumEmp	NomEmp	Puesto	NumDep	NomDep	Ciudad
1234	Jose Pérez Ruiz	Presidente	1	Contabilidad	Bilbao
4543	Luisa Gil Gómez	Vendedor	3	Ventas	Madrid
2323	María Sol Luna	Director	1	Contabilidad	Bilbao

Figura 1.14. Combinación natural.

- División: el operador división divide una relación *A* de grado *m* entre una relación *B* de grado *n* y produce una relación resultado de grado *m - n*. En general, *A* suele ser de grado 2 y *B* de grado 1. La relación *A/B* resultado es el conjunto de las tuplas <x> tales que al concatenarlas con las tuplas de *B* <y> producen tuplas contenidas en *A* <x,y>.

$$A/B \times B \subseteq A$$

Al hacer el producto cartesiano de *A/B* y *B*, las tuplas resultantes deben pertenecer a *A*.

En el siguiente ejemplo se realiza la división entre la relación *Empleados* de grado 4 y una nueva relación llamada *Depar* de grado 1, que se muestra en la Figura 1.15. La relación *Empleados/Depar* será de grado 3 e incluirá todos los atributos de *Empleados,* excepto los de *Depar* y las filas de empleados que trabajan en el departamento número 1 (el que aparece en la tabla *Depar*).

Depar

NumDep
1

Figura 1.15. Relación *Depar* para división.

Empleados/Depar

NumEmp	NomEmp	Puesto
1234	Jose Pérez Ruiz	Presidente
2323	María Sol Luna	Director

Figura 1.16. División de dos relaciones.

1.4. Cálculo relacional

El álgebra relacional proporciona un conjunto de operadores que, combinados, permiten obtener una relación a partir de otras básicas y, por tanto, se indica el procedimiento que es necesario llevar a cabo para generar el resultado de una consulta.

Sin embargo, el cálculo relacional es no procedimental, pues en él se especifica un predicado que deben cumplir las tuplas del resultado, es decir, en él se indica la información que se desea obtener sin especificar el procedimiento necesario para obtenerla.

Edgar Frank Codd elaboró dos propuestas de lenguajes de especificación: el cálculo relacional orientado a tuplas y el cálculo relacional orientado a dominios, que se estudian en las siguientes subsecciones.

1.4.1. Cálculo relacional orientado a tuplas

En el cálculo relacional de tuplas las consultas se expresan de la siguiente manera:

$$\{t \mid P(t)\}$$

lo que significa el conjunto de tuplas *t* tal que el predicado *P* es cierto para *t*. Se indica con *t.A* o *t[A]* el valor del atributo *A* para la tupla *t* y *t* $\in$ *r* para denotar que la tupla *t* está en la relación *r*.

Vamos a continuación a exponer las expresiones del cálculo relacional de tuplas para algunas de las consultas vistas en el álgebra relacional.

En estas primeras consultas trabajaremos con las relaciones *Empleados1* y *Empleados2* presentes en la Figura 1.3 del apartado 1.3.1.

Para obtener los datos de los empleados de *Empleados1* y también los de *Empleados2*, emplearíamos el operador $\vee$ (o). La expresión se puede leer como el conjunto de tuplas que están en *Empleados1* o en *Empleados2*.

$$\{t \mid (t \in Empleados1) \vee (t \in Empleados2)\}$$

Para obtener los datos de los empleados comunes a las relaciones *Empleados1* y *Empleados2*, emplearíamos la siguiente expresión, en la que se ha utilizado el operador $\wedge$ (y):

$$\{t \mid (t \in Empleados1) \wedge (t \in Empleados2)\}$$

Para obtener los datos de los empleados de *Empleados1* que no aparecen en *Empleados2*, emplearíamos la siguiente expresión, en la que aparece el operador $\neg$ (no). La expresión se puede leer como el conjunto de tuplas que pertenecen a *Empleados1* y no pertenecen a *Empleados2*.

$$\{t \mid (t \in Empleados1) \wedge \neg (t \in Empleados2)\}$$

Las siguientes expresiones del cálculo relacional de tuplas se van a aplicar a las relaciones *Empleados* y *Departamentos* presentes en la Figura 1.4 del apartado 1.3.1.

Para obtener los datos de los empleados del departamento número 1, utilizaremos la siguiente expresión.

$$\{t \mid (t \in Empleados) \wedge (t.NumDep = 1)\}$$

Si queremos realizar una proyección de una relación sobre uno o varios atributos, nos vemos obligados a emplear el constructor "existe" de la lógica matemática (∃). Así, para obtener todos los puestos desempeñados por empleados de la relación *Empleados*, tendremos que escribir:

$$\{t \mid \exists s \in Empleados \ (t.Puesto = s.Puesto)\}$$

Esta expresión se lee como el conjunto de todas las tuplas *t* tales que existe una tupla *s* en la relación *Empleados* para la que los valores de *t* y *s* para el atributo *Puesto* son iguales.

Para obtener el nombre y puesto de los empleados que trabajan en el departamento número 1, emplearemos la siguiente expresión:

$$\{t \mid \exists s \in Empleados \ ((t.NomEmp = s.NomEmp) \land (t.Puesto = s.Puesto) \land (t.NumDep = 1))\}$$

Para realizar la combinación natural entre los empleados y los departamentos, la expresión del cálculo relacional sería algo más compleja:

$$\{t \mid \exists s \in Empleados \ ((t.NumEmp = s.NumEmp) \land (t.NomEmp = s.NomEmp) \land (t.Puesto = s.Puesto) \land (t.NumDep = s.NumDep) \land \exists u \in Departamentos \ ((s.NumDep = u.NumDep) \land (t.NomDep = u.NomDep) \land (t.Ciudad = u.Ciudad)))\}$$

Como se puede observar, se utilizan dos constructos "existe" para hacer referencia a tuplas de las dos tablas relacionadas y se escriben varias condiciones unidas por el operador *y*. Las primeras condiciones se utilizan para que las tuplas *t* del resultado contengan todos los atributos de la tabla *Empleados* (*NumEmp, NomEmp, Puesto* y *NumDep*). La siguiente condición, ya dentro del segundo constructo "existe", es la que vincula las dos relaciones a través de la clave ajena y correspondiente clave primaria (*NumDep*). Las últimas dos condiciones se utilizan para que las tuplas *t* del resultado contengan los atributos de la tabla *Departamentos NomDep* y *Ciudad*.

Una vez visto cómo se expresan algunas consultas en el cálculo relacional de tuplas, ya estamos en condiciones de dar una definición formal de este lenguaje. Así, las expresiones del cálculo relacional de tuplas tienen la forma:

$$\{t \mid P(t)\}$$

donde *P* es una fórmula. En una fórmula pueden aparecer varias variables tupla. Una variable tupla es una variable libre a no ser que esté cuantificada mediante ∃ o ∀. Así, en la siguiente expresión:

$$\{t \mid (t \in Empleados1) \lor (t \in Empleados2)\}$$

t es una variable libre. Sin embargo, en la siguiente expresión, la variable *s* es una variable ligada, porque va acompañada del símbolo ∃.

$$\{t \mid \exists s \in \text{Empleados } (t.\text{Puesto} = s.\text{Puesto})\}$$

Las fórmulas del cálculo relacional de tuplas se construyen con átomos. Cada átomo puede tener una de las siguientes formas:

- $t \in r$, donde *t* es una variable tupla y *r* es una relación. No está permitido el uso del operador .

- *t.A op s.B*, donde *t* y *s* son variables tupla, *A* es un atributo de la relación en la que está definida *t*, *B* es un atributo de la relación en la que está definida *s*, *op* es un operador de comparación $(<, \leq, >, \geq, =, \neq)$ y los atributos *A* y *B* tiene dominios cuyos miembros son comparables mediante *op*.

- *t.A op c*, donde *t* es una variable tupla, *A* es un atributo de la relación en la que está definida *t*, *op* es un operador de comparación y *c* es una constante en el dominio de *A*.

Las fórmulas se construyen a partir de los átomos de acuerdo con las siguientes reglas:

- Un átomo es una fórmula.
- Si *P* es una fórmula, también lo son ¬ P y (P).
- Si P_1 y P_2 son fórmulas, también lo son $P_1 \wedge P_2$, $P_1 \wedge P_2$ y $P_1 \Rightarrow P_2$.
- Si *P(s)* es una fórmula que contiene una variable tupla libre *s* y *r* es una relación,

$$\exists s \in r \; (P(s)) \text{ y } \forall s \in r \; (P(s))$$

  también son fórmulas.

Se pueden escribir expresiones equivalentes con distinta apariencia. En el cálculo relacional de tuplas existen al respecto las tres reglas siguientes:

- $P_1 \wedge P_2$ es equivalente a $\neg (\neg (P_1) \vee \neg (P_2))$.
- $\forall t \in r \; (P(t))$ es equivalente a $\neg \exists t \in r \; (\neg P(t))$.
- $P_1 \Rightarrow P_2$ es equivalente a $\neg (P_1) \vee P_2$.

1.4.2. Cálculo relacional orientado a dominios

Existe otra forma de cálculo relacional llamada *cálculo relacional de dominios*. Este lenguaje utiliza variables de dominio, que toman sus valores del dominio de un atributo en lugar de tomarlos de una tupla completa.

Las expresiones del cálculo relacional de dominios tienen la siguiente forma:

$$\{<x_1, x_2, \ldots, x_n> \mid P(x_1, x_2, \ldots, x_n)\}$$

En esta expresión $x_1, x_2, \ldots, x_n$ son variables de dominio y P es una fórmula compuesta de átomos, como en el caso del cálculo relacional de tuplas. Los átomos del cálculo relacional de dominios tienen una de las siguientes formas:

- $<x_1, x_2, \ldots, x_n> \in$ r, donde r es una relación con n atributos y $x_1, x_2, \ldots, x_n$ son variables de dominio o constantes de dominio.

- x op y, donde x e y son variables de dominio y op es un operador de comparación ($<$, $\leq$, $>$, $\geq$, $=$, $\neq$) y los atributos x e y tienen dominios cuyos miembros son comparables mediante op.

- x op c, donde x es una variable de dominio, op es un operador de comparación y c es una constante del dominio del atributo para el que x es una variable de dominio.

Las fórmulas se construyen a partir de los átomos de acuerdo con las siguientes reglas:

- Un átomo es una fórmula.

- Si P es una fórmula, también los son $\neg P$ y (P).

- Si P_1 y P_2 son fórmulas, también lo son $P_1 \wedge P_2$, $P_1 \vee P_2$ y $P_1 \Rightarrow P_2$.

- Si $P(x)$ es una fórmula que contiene una variable de dominio x, también son fórmulas.

$$\exists x \, (P(x)) \text{ y } \forall x \, (P(x))$$

Como notación abreviada se escribe

$$\exists x, y, z \, (P(x, y, z))$$

en vez de

$$\exists x \, (\exists y \, (\exists z \, (P(x, y, z))))$$

Vamos a continuación a exponer las expresiones del cálculo relacional de dominios para algunas de las consultas vistas en el cálculo relacional de tuplas.

Para obtener los datos de los empleados de *Empleados1* y los de *Empleados2*, emplearíamos el operador $\vee$ (o), como antes.

$$\{< u, o, p> \mid (< u, o, p> \in \text{Empleados1} \vee < u, o, p> \in \text{Empleados2})\}$$

Para obtener los datos de los empleados comunes a las relaciones *Empleados1* y *Empleados2*, emplearíamos la siguiente expresión, en la que se ha utilizado el operador $\wedge$ (y):

$$\{< u, o, p> \mid (< u, o, p> \in Empleados1 \wedge < u, o, p> \in Empleados2)\}$$

Para obtener los datos de los empleados de *Empleados1* que no aparecen en *Empleados2*, emplearíamos la siguiente expresión, en la que aparece el operador $\neg$ (no).

$$\{< u, o, p> \mid (< u, o, p> \in Empleados1 \wedge \neg (< u, o, p> \in Empleados2)]\}$$

A continuación, se usan las tablas *Empleados* y *Departamentos*. Para obtener los datos de los empleados del departamento número 1, utilizaremos la siguiente expresión.

$$\{< u, o, p, d> \mid (< u, o, p, d> \in Empleados \wedge d = 1)\}$$

Para obtener todos los puestos desempeñados por empleados de la relación *Empleados*, tendremos que emplear el operador existe ($\exists$). Tendremos que escribir:

$$\{<p> \mid \exists u, o, d (<u, o, p, d> \in Empleados)\}$$

Para obtener el nombre y puesto de los empleados que trabajan en el departamento número 1 emplearemos la siguiente expresión:

$$\{<o, p> \mid \exists u, d (<u, o, p, d> \in Empleados \wedge d = 1)\}$$

Para realizar la combinación natural entre los empleados y los departamentos, la expresión del cálculo relacional sería algo más compleja:

$$\{<ue, oe, p, nd, id, od, c> \mid \exists nd (<ue, oe, p, nd > \in Empleados \wedge \exists od, c (<nd, od, c> \in Departamentos)]\}$$

1.5. Transformación de consultas entre álgebra y cálculo relacional

Para realizar la transformación entre el álgebra y el cálculo relacional, nos vamos a fijar en los operadores más relevantes del álgebra relacional, comenzando por los operadores conjuntistas.

Si partimos de las relaciones *Empleados1* y *Empleados2* de la Figura 1.3, para obtener los datos de todos los empleados, tanto los de *Empleados1* como los de *Empleados2*, la expresión del álgebra relacional que se deberá emplear es:

$$Empleados1 \cup Empleados2$$

Para transformar esta consulta al cálculo relacional de tuplas, deberemos indicar que se desean obtener las tuplas pertenecientes a *Empleados1,* o bien a *Empleados2,* usando el operador $\lor$ (o):

$$\{t \mid (t \in Empleados1) \lor (t \in Empleados2)\}$$

Para el cálculo relacional de dominios, se empleará igualmente el operador $\lor$ (o):

$$\{< u, o, p> \mid (< u, o, p> \in Empleados1 \lor < u, o, p> \in Empleados2)\}$$

Para obtener los datos de los empleados presentes tanto en *Empleados1* como en *Empleados2,* se usará el operador de intersección del álgebra relacional:

$$Empleados1 \cap Empleados2$$

Para realizar la transformación al cálculo relacional, se empleará el operador $\land$ (y):

$$\{t \mid (t \in Empleados1) \land (t \in Empleados2)\}$$

$$\{< u, o, p> \mid (< u, o, p> \in Empleados1 \land < u, o, p> \in Empleados2)\}$$

Para obtener los datos de los empleados que aparecen en *Empleados1* y no están presentes en *Empleados2,* se usará el operador diferencia del álgebra relacional:

$$Empleados1 - Empleados2$$

En el cálculo relacional deberemos indicar que se muestren los datos de los empleados pertenecientes a *Empleados1* y ($\land$) no ($\neg$) pertenecientes a *Empleados2:*

$$\{t \mid (t \in Empleados1) \land \neg (t \in Empleados2)\}$$

$$\{< u, o, p> \mid (< u, o, p> \in Empleados1 \land \neg (< u, o, p> \in Empleados2))\}$$

Para obtener todos los puestos ocupados por los empleados de la relación *Empleados* de la Figura 1.4, en el álgebra relacional se debe usar el operador de proyección:

$$\pi_{Puesto} (Empleados)$$

Para transformar esta consulta al cálculo relacional, se debe hacer uso del constructor existe ($\exists$), como sigue:

$$\{t \mid \exists s \in Empleados \ (t.Puesto = s.Puesto)\}$$

$$\{<p> \mid \exists u, o, d \ (<u, o, p, d> \in Empleados)\}$$

Para obtener los datos de los empleados del departamento número 1 en el álgebra relacional se debe usar el operador selección o restricción:

$$\sigma_{NumDep = 1} (Empleados)$$

Para transformar esta consulta al cálculo relacional, se debe incluir una condición en el predicado unida por el operador $\wedge$ (y) para indicar que el número de departamento sea el 1:

$$\{t \mid (t \in Empleados) \wedge (t.NumDep = 1)\}$$

$$\{< u, o, p, d> \mid (< u, o, p, d> \in Empleados \wedge d = 1)\}$$

Para mostrar los datos de cada empleado y del departamento en el que trabaja cada uno de ellos, debemos realizar en el álgebra relacional una combinación natural:

$$Empleados \bowtie Departamentos$$

Para transformar esta consulta al cálculo relacional, se deben emplear dos constructores "existe" ($\exists$), el primero de ellos para hacer referencia a los atributos de la relación *Empleados*, y el segundo para combinar las dos tablas a través del atributo común a ambas (*NumDep*) y para seleccionar los atributos de la tabla *Departamentos*:

$$\{t \mid \exists s \in Empleados \ ((t.NumEmp = s.NumEmp) \wedge (t.NomEmp = s.NomEmp) \wedge (t.Puesto = s.Puesto) \wedge (t.NumDep = s.NumDep) \wedge \exists u \in Departamentos \ [(s.NumDep = u.NumDep) \wedge (t.NomDep = u.NomDep) \wedge (t.Ciudad = u.Ciudad)])\}$$

$$\{<ue, oe, p, nd, id, od, c> \mid \exists nd \ (<ue, oe, p, nd > \in Empleados \wedge \exists od, c \ (<nd, od, c> \in Departamentos)]\}$$

1.6. Lenguajes comerciales: SQL (Structured Query Language), QBE (Query By Example)

El lenguaje comercial por excelencia que se utiliza a nivel internacional para trabajar con bases de datos relacionales es el lenguaje SQL (*Structured Query Languaje*: lenguaje de consultas estructurado). Este lenguaje incluye a su vez tres sublenguajes:

- Un lenguaje de definición de datos (DDL), que suministra los medios para definir las estructuras física, lógica global y externas, correspondientes a cada uno de los niveles de la arquitectura ANSI/X3/SPARC. Cuando se emplea un DDL para definir los elementos que integran la base de datos, se deben definir objetos como tablas, vistas, índices, disparadores, procedimientos, funciones, etc. Los DDL dan la posibilidad de crear estos elementos (mediante sentencias del tipo CREATE), modificar su definición (mediante sentencias del tipo ALTER) y eliminarlos (mediante sentencias del tipo DROP). Así, para crear una tabla se usará una sentencia ALTER TABLE; para eliminarla de la base de datos, una sentencia DROP TABLE, y para modificar su definición (añadir nuevos atributos, eliminar algún atributo, añadir alguna restricción, etc.), una sentencia ALTER TABLE.

- Un lenguaje de manipulación de datos (DML), que suministra los medios para realizar consultas, inserciones, borrados y modificaciones sobre la base de datos. Para la realización de cada una de estas tareas, se utiliza una sentencia diferente: SELECT para consultas, INSERT para inserciones, DELETE para borrados y UPDATE para modificaciones.

- Un lenguaje de control de datos (DCL), que suministra los medios para realizar otras tareas de administración, como creación de usuarios, asignación y revocación de autorizaciones para trabajar con diferentes objetos de la base de datos, creación de copias de seguridad, restauración de copias de seguridad, etcétera.

Por otra parte, el lenguaje QBE (*Query By Example*: consulta mediante ejemplos) se trata de un lenguaje de manipulación de datos (DML) y un lenguaje de definición de datos (DDL) desarrollado en el centro de investigación T. J. Watson de IBM a principios de los años setenta del siglo pasado y utilizado más tarde en QMF (*Query Mangement Facility*), también de IBM. Actualmente, la aplicación Microsoft Access para manejo de bases de datos ofimáticas hace uso de una variante del QBE para crear gráficamente consultas, inserciones, borrados y modificaciones sobre una base de datos Access.

El lenguaje QBE se fundamenta en el cálculo relacional de dominios. Las dos características distintivas del lenguaje QBE son las siguientes:

- Presenta una sintaxis bidimensional, lo que quiere decir que las consultas se representan mediante tablas. Las consultas en la mayoría de los lenguajes relacionales son unidimensionales, lo que quiere decir que se pueden formular en una sola línea.

- Las consultas se expresan mediante un ejemplo: en lugar de indicar el procedimiento para obtener la respuesta deseada, se incluye un ejemplo indicando qué es lo que se desea, de manera que el sistema generaliza este ejemplo para obtener la respuesta a la consulta.

Para la creación de consultas, inserciones, borrados o modificaciones sobre la base de datos, se emplea una tabla, como la que se presenta en la Figura 1.17. En la primera columna de la primera fila aparecerá el nombre de la relación cuyos datos se desean consultar y luego habrá tantas columnas más como atributos de que consta la tabla, apareciendo en la primera fila los nombres de dichos atributos. En la segunda fila aparecerán instrucciones indicando lo que se quiere hacer con la tabla y limitando los datos que se quieren mostrar (para el caso de una consulta) mediante la especificación de criterios de selección de filas.

Nombre relación	Atributo$_1$	Atributo$_2$	...	Atributo$_n$
					→ instrucciones

Figura 1.17. Tabla de ejemplo QBE.

Así, por ejemplo, para obtener los nombres de los empleados del departamento número 1, considerando la relación *Empleados* de la Figura 1.4, habrá que construir una tabla como la siguiente:

Empleados	NumEmp	NomEmp	Puesto	NumDep
		P.NE		1

Figura 1.18. Primera tabla de ejemplo QBE.

En esta tabla, P es una orden de impresión del atributo *NomEmp* y NE es un elemento de ejemplo, los cuales siempre se muestran subrayados. El 1 debajo de *NumDep* selecciona solo las filas de la tabla *Empleados,* en las cuales el atributo *NumDep* toma dicho valor.

Para imprimir todos los atributos de los empleados con *NumDep* mayor que 1, habría que generar la siguiente tabla:

Empleados	NumEmp	NomEmp	Puesto	NumDep
P.				>1

Figura 1.19. Segunda tabla de ejemplo QBE.

1.7. Orígenes y evolución del SQL

El precursor del lenguaje SQL fue el lenguaje SEQUEL (*Structured English Query Language*, lenguaje inglés estructurado de consultas), implementado por IBM como parte del proyecto System R, llevado a cabo en la década de los setenta del siglo pasado.

En 1986 ANSI (American National Standards Institute, Instituto Nacional Americano de Normalización) e ISO (International Standards Organization, Organización Internacional de Normalización) publicaron la primera norma SQL, denominada SQL-86. En 1987 IBM publicó su propia norma de SQL corporativo, *Interfaz de bases de datos para arquitecturas de aplicación a sistemas*. En 1989 se publicó una norma extendida para SQL llamada SQL89. Sin embargo, este estándar no cubría todas las necesidades de los desarrolladores e incluía determinadas funcionalidades de definición de almacenamiento que se consideró conveniente suprimir. Así que en 1992 se lanzó un nuevo estándar revisado y ampliado del SQL, llamado SQL-92 o SQL-2, estándar implementado casi en su totalidad por la mayoría de los SGBD comerciales actuales. Posteriormente surgieron algunas versiones adicionales que proporcionaron nuevas funcionalidades al lenguaje, permitiendo trabajar con características orientadas a objetos, en combinación con XML, etcétera.

Se muestran en la siguiente tabla, para las diferentes versiones de SQL que han ido surgiendo, el año de su aparición, el nombre de la versión, su alias y diversos comentarios:

Tabla 1.1. Versiones de SQL

Año	Nombre	Alias	Comentarios
1986	SQL-86	SQL-87	Primera publicación hecha por ANSI. Ratificada por ISO en 1987.
1989	SQL-89	FIPS 127-1	Revisión menor.
1992	SQL-92	SQL2	Revisión mayor (ISO 9075).
		FIPS 127-2	
1999	SQL:1999	SQL3	Se añaden expresiones regulares, consultas recursivas, disparadores, soporte para sentencias de control de flujo y procedimientos, tipos no escalares y algunas características orientadas a objetos.
2003	SQL:2003		Se añaden aspectos relacionados con XML, cambios en las funciones, estandarización de las secuencias y las columnas autonuméricas.
2006	SQL:2006		Se define la manera en que se puede utilizar SQL en combinación con XML, la forma de importar y almacenar datos XML en una base de datos SQL, manipulándolos dentro de la base de datos y publicando el XML y los datos SQL convencionales en forma XML. Proporciona facilidades para que aplicaciones puedan incorporar en su código SQL el uso de XQuery, lenguaje de consulta XML publicado por el W3C para acceso concurrente a datos ordinarios SQL y documentos XML.
2008	SQL:2008		Permite el uso de la cláusula ORDER BY fuera de las definiciones de los cursores. Incluye disparadores de tipo INSTEAD OF y la sentencia TRUNCATE.

Año	Nombre	Alias	Comentarios
2011	SQL:2011		Incorpora bases de datos temporales (tipos de datos para periodos de tiempo, claves primarias temporales, predicados para hacer consultas sobre periodos de tiempo, etc.) y mejoras en las funciones de ventana o analíticas, y en la cláusula FETCH.
2016	SQL:2016		Incluye soporte para JSON, funciones polimórficas para tablas y búsquedas en tablas según el patrón definido por una expresión regular.
2019	SQL:2019-2020		Incluye *arrays* multidimensionales (tipo MDarray y operadores).
2023	SQL:2023		Incluye el tipo de dato JSON y el lenguaje *Property Graph Queries* (SQL/PGQ), que es un lenguaje de consulta sobre grafos que se añade al SQL estándar.

1.8. Características del SQL

Algunas de las características más relevantes del lenguaje SQL son las siguientes:

- Es un lenguaje dual. Para explicar esto, consideremos que, según la posibilidad de emplear el DML de manera independiente o no, podemos hablar de lenguajes huésped, autocontenidos o duales. Los DML huésped son aquellos cuyas instrucciones de manipulación de datos deben embeberse en otro lenguaje de programación (lenguaje anfitrión). Los DML autocontenidos, por su parte, son lenguajes autosuficientes que pueden ser empleados por usuarios con pocos conocimientos de programación para, desde un terminal y de un modo interactivo, acceder a la base de datos y manipular los datos almacenados en ella sin necesidad de apoyarse en un lenguaje de programación. Los lenguajes, como el SQL, que pueden operar como huésped o como autocontenido, reciben el nombre de *lenguajes duales*.

- Es un lenguaje poco procedimental, lo que quiere decir que en él no es preciso especificar el procedimiento que es necesario llevar a cabo para acceder a los datos y consultarlos o actualizarlos. Sin embargo, los lenguajes procedimentales son aquellos en los que es preciso especificar detalladamente dicho procedimiento. En el caso de los poco procedimentales, como el SQL, sin embargo, basta con indicar qué operación se desea llevar a cabo, obviando el cómo realizar el algoritmo.

- Es un lenguaje de especificación, lo que quiere decir que cada sentencia del DML puede recuperar o actualizar un conjunto de registros que satisfagan un criterio de selección especificado. Sin embargo, en los lenguajes navegacionales cada sentencia recupera o actualiza un solo registro, siendo el programador el encargado de indicar el camino que se debe recorrer hasta llegar al registro buscado.

Por todos estos motivos, el lenguaje SQL es un lenguaje sencillo que puede ser usado por personas con pocos conocimientos informáticos para que, desde un terminal y de modo interactivo, puedan realizar operaciones de manipulación y de definición de datos.

El lenguaje SQL incorpora los siguientes componentes:

- Lenguaje de definición de datos (DDL), que proporciona órdenes para la definición de esquemas de relación (conjuntos de tablas o relaciones), borrado de relaciones, creación de índices y modificación de esquemas de relación, etcétera.

- Lenguaje interactivo de manipulación de datos (DML), que incluye un lenguaje de consultas basado tanto en el álgebra relacional como en el cálculo relacional de tuplas y también órdenes para insertar, borrar y modificar tuplas en tablas de la base de datos.

- Definición de vistas: el DDL incluye órdenes para la definición, borrado y modificación de vistas.

- Control de transacciones: SQL incluye órdenes para especificar el comienzo y el final de una transacción.

- SQL incorporado y dinámico: es posible incorporar instrucciones SQL en lenguajes de programación de propósito general, como C, C++, Java, Cobol, Pascal, etcétera.

- Autorización: SQL incorpora órdenes para especificar derechos de acceso sobre relaciones y vistas.

1.9. Sistemas de gestión de bases de datos con soporte SQL

Hoy en día, prácticamente todos los SGBD soportan el lenguaje SQL. Se exponen a continuación los SGBD más utilizados en la actualidad:

- Oracle, propiedad de Oracle Corporation. Es el SGBD más veterano y más influyente, ya que la mayoría de mejoras al SQL original se desarrollaron para este SGBD. Sigue siendo uno de los SGBD comerciales más utilizados y además posee una gran relación con el lenguaje Java, acrecentada por la compra de la empresa creadora del mismo, Sun Microsystems.

Presume de su gran estabilidad y escalabilidad, un control avanzado de transacciones y de sus lenguajes internos de manejo, especialmente famoso es su lenguaje procedimental PL/SQL.

- MySQL: inicialmente creado por la empresa MySQL AB, posteriormente comprado por Sun Microsystems que, a su vez, fue comprado por Oracle. Ha sido considerado como el principal SGBD de la comunidad de programadores de código abierto y, de hecho, en Internet sigue siendo la principal base de datos asociada a una aplicación web. Mantiene su licencia de tipo GPL, pero posee una segunda licencia cerrada para opciones de trabajo más avanzadas. Es muy popular por su histórica asociación con PHP, por su buena estabilidad, gran escalabilidad, e incluso uso de transacciones y lenguaje procedimental; además de ser un producto con infinidad de plataformas posibles para su instalación.

- Microsoft SQL Server: es un SGBD producido por Microsoft cuyo lenguaje de consultas se llama Transact-SQL, que es una extensión al SQL de Microsoft y Sybase. Microsoft SQL Server constituye la alternativa de Microsoft a otros potentes SGBD, como Oracle, PostgreSQL y MySQL. Sus características más importantes son: soporte de transacciones, soporte de procedimientos almacenados, incluye un entorno gráfico que permite el uso de órdenes DDL y DML gráficamente, permite trabajar en modo cliente-servidor, donde la información se aloja en el servidor y los terminales o clientes de la red solo acceden a la información, y además permite administrar información de otros servidores de datos.

- PostgreSQL: versión de código abierto basada en el producto Ingres de la Universidad de Berkeley. Usa licencia de tipo MIT (del Instituto Tecnológico de Massachusetts), que es una de las más libres, permite su modificación, redistribución incluso hacia otro tipo de licencias del tipo que sean, sin usar en ningún momento *copyright*. Está considerado como el SGBD de código abierto más potente y, sobre todo, más fidedigno con los estándares. Posee uso de transacciones avanzadas, lenguaje procedimental, gran estabilidad y escalabilidad. Hoy en día está considerada como la más potente de las bases de datos de código abierto, y, a partir de su núcleo, se han creado otros productos libres de *software* de bases de datos.

Ejercicio propuesto

1.1. Se proporciona el siguiente esquema relacional:

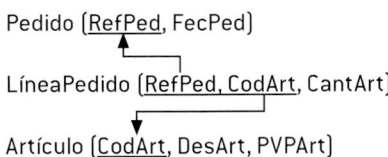

Pedido (<u>RefPed</u>, FecPed)

LíneaPedido (<u>RefPed</u>, <u>CodArt</u>, CantArt)

Artículo (<u>CodArt</u>, DesArt, PVPArt)

Con los siguientes datos:

Pedido

RefPed	FecPed
P0001	16/02/2024
P0002	18/02/2024
P0003	23/02/2024
P0004	25/02/2024

LíneaPedido

RefPed	CodArt	CantArt
P0001	A0043	10
P0001	A0078	12
P0002	A0043	5
P0003	A0075	20
P0004	A0012	15
P0004	A0043	5
P0004	A0089	50

Artículo

CodArt	DesArt	PVPArt
A0043	Bolígrafo azul fino	0,78
A0078	Bolígrafo rojo normal	1,05
A0075	Lápiz 2B	0,55
A0012	Goma de borrar	0,15
A0089	Sacapuntas	0,25

Se pide, para cada una de las siguientes consultas, indicar el resultado de la misma y escribir las expresiones correspondientes del álgebra relacional, cálculo relacional de tuplas y cálculo relacional de dominios:

a) Obtener todos los datos de los artículos con precio inferior a 0,75 €.

b) Obtener la descripción y el precio de los artículos con precio superior a 1 €.

c) Obtener la descripción de los artículos solicitados en el pedido P0004 y el número de unidades solicitadas de cada uno de ellos.

d) Obtener por cada pedido realizado con posterioridad al 20 de febrero de 2024 la fecha del pedido y por cada uno de los artículos solicitados en él su descripción, el precio del artículo y el número de unidades solicitadas.

2. El lenguaje de manipulación de la base de datos

Contenido

2.1. El lenguaje de definición de datos (DDL)

El lenguaje de definición de datos, como se explicó en la sección 1.6, proporciona los medios para definir los elementos que integran la base de datos (tablas, vistas, índices, etc.). Más concretamente, los DDL dan la posibilidad de crear estos elementos (mediante sentencias del tipo CREATE), modificar su definición (mediante sentencias del tipo ALTER) y eliminarlos (mediante sentencias del tipo DROP). Antes de adentrarnos en el estudio de estas sentencias, es conveniente estudiar los tipos de datos permitidos para atributos de tablas en PostgreSQL, que es el SGBD que vamos a utilizar.

2.1.1. Tipos de datos del lenguaje

Se van a presentar a continuación los tipos de datos más utilizados que se pueden asignar a los atributos de tablas en PostgreSQL. En los tipos que se indican a continuación lo que se especifica entre corchetes es opcional. Pues bien, los tipos de datos los vamos a clasificar del siguiente modo:

1) BOOLEAN o BOOL: permite almacenar uno de los siguientes valores: *true*, *false* o *null*. Al insertar datos en un atributo booleano, PostgreSQL realiza las siguientes conversiones:

   a) *1*, *yes*, *y*, *t* y *true* son convertidos a *true*.

   b) *0*, *no*, *false* y *f* son convertidos a *false*.

2) Tipos numéricos: permiten almacenar números, los cuales pueden ser enteros (sin parte decimal) o reales (con parte decimal). Los tipos de datos numéricos más empleados son los siguientes:

   a) SMALLINT: sirve para almacenar números enteros pequeños. El rango es entre -32 768 y 32 767.

   b) INT o INTEGER: sirve para almacenar números enteros de tamaño normal. El rango es entre -2 147 483 648 y 2 147 483 647.

   c) BIGINT: sirve para almacenar números enteros grandes. El rango es entre -2^{63} y 2^{63}-1.

   d) SMALSERIAL, SERIAL y BIGSERIAL: son tipos enteros con la peculiaridad de que PostgreSQL generará los valores de un atributo de este tipo automáticamente y se tratará de números correlativos empezando por el 1. El rango es desde 1 hasta 32 767 para SMALLSERIAL, desde 1 hasta 2 147 483 647 para SERIAL y desde 1 hasta 2^{63}-1 para BIGSERIAL.

e) NUMERIC [(n, d)]: es un tipo estándar de SQL que sirve para almacenar números con decimales exactos. Se usa, por tanto, cuando es importante mantener una precisión exacta, por ejemplo, con datos monetarios. Se suele especificar la precisión y la escala, siendo *n* la precisión o número total de dígitos y *d* la escala o número de dígitos después de la coma. Por ejemplo, con un tipo numeric (6,2) se pueden almacenar valores desde -9999,99 hasta 9999,99. El valor máximo de *n* es 131 082 y el de *d*, 16 383. Además de los valores numéricos ordinarios, el tipo numeric permite tres valores especiales:

— *Infinity*: representa el número infinito (∞).

— *-Infinity*: representa el número menos infinito (-∞).

— *NaN*: representa un valor no numérico (*not a number*) y se usa para representar resultados indefinidos de operaciones.

f) DECIMAL [(n, d)]: es un tipo equivalente a numeric.

g) REAL: sirve para almacenar en 4 *bytes* números con decimales aproximados de precisión simple. Los valores permitidos van desde $-1,10^{37}$ hasta $1,10^{37}$ con una precisión de al menos 6 dígitos decimales. Se pueden emplear como sinónimos los tipos no estándar de SQL FLOAT o FLOAT4. También se permiten los valores *Infinity*, *-Infinity* y *NaN*.

h) DOUBLE PRECISION: sirve para almacenar en 8 *bytes* números con decimales aproximados de precisión doble. Los valores permitidos van desde -1.10^{307} hasta 1.10^{307} con una precisión de al menos 15 dígitos decimales. Se puede emplear como sinónimo no estándar de SQL el tipo FLOAT8. También se permiten los valores *Infinity*, *-Infinity* y *NaN*.

3) Tipos de fecha y hora: permiten almacenar fechas y/u horas. Los tipos de fecha y hora más empleados son los siguientes:

a) DATE: permite almacenar una fecha en el formato 'AAAA-MM-DD'. Se puede asignar como valor por defecto a un campo de este tipo el valor CURRENT_DATE, que hace referencia a la fecha actual.

b) TIMESTAMP: permite almacenar una fecha y una hora en el formato 'AAAA-MM-DD HH:MM:SS'. Se puede asignar como valor por defecto a un campo de este tipo el valor CURRENT_TIMESTAMP, que hace referencia a la fecha y hora actuales.

c) TIME: permite almacenar una hora en el formato 'HH:MM:SS.mmm' donde *mmm* hace referencia a los milisegundos, que se pueden omitir. Permite el rango desde '00:00:00' hasta '24:00:00'.

d) INTERVAL: permite almacenar un intervalo de tiempo en años, meses, días, horas, minutos, segundos, etc. Por ejemplo, se podrían almacenar los siguientes intervalos: *interval '4 months ago'* o *interval '2 hours 40 minutes'*.

4) Tipos de cadenas de caracteres: permiten almacenar cadenas de caracteres, que incluyen cualquier carácter incluido dentro del conjunto de caracteres correspondiente a la tabla. Los tipos de cadenas de caracteres más utilizados son los que se indican a continuación:

a) CHARACTER [(M)] o CHAR [(M)]: sirve para almacenar cadenas de caracteres de longitud fija, esto es, cadenas que siempre ocupan el número de caracteres especificado en M. Si no se especifica M, se supone la longitud 1, por lo que CHAR y CHAR(1) son equivalentes. Si la cadena que se asigna a un dato con este tipo de dato tiene una longitud menor que M, se rellenará con espacios en blanco a la derecha hasta alcanzar la longitud M. El rango de M es desde 1 hasta 10 485 760.

b) CHARACTER VARYING(M) o VARCHAR(M): permite almacenar cadenas de caracteres de longitud variable, siendo la longitud máxima permitida M. El rango de M es desde 1 hasta 10 485 760.

c) CHARACTER VARYING o VARCHAR: permite almacenar cadenas de caracteres de cualquier longitud.

d) TEXT: permite almacenar cadenas de caracteres de cualquier longitud, igual que el tipo varchar.

e) BYTEA: permite almacenar objetos binarios de longitud variable.

5) XML: permite almacenar datos XML. Su ventaja respecto a almacenar datos XML en un campo de tipo texto es que se comprueba si los datos tienen una estructura correcta y, además, existen en PostgreSQL funciones específicas para datos de este tipo que permite llevar a cabo operaciones seguras. Este tipo permite almacenar documentos correctos de acuerdo con el estándar XML, así como fragmentos de código definidos de acuerdo con el modelo de datos de XQuery y XPath.

2.1.2. Creación, modificación y borrado de bases de datos

Antes de poder crear bases de datos, hemos de instalar en nuestro ordenador un SGBD en concreto. En este caso vamos a optar por un SGBD libre, como es PostgreSQL, cuya instalación se explica en el Anexo I.

Tras llevar a cabo exitosamente la instalación, nos podremos conectar a PostgreSQL en modo línea de comandos, o bien utilizando la aplicación pgAdmin.

Para conectarse a la línea de comandos de PostgreSQL, disponemos de dos opciones:

- Acceder al programa *psql* desde inicio de Windows. Para realizar la conexión, se deben indicar diferentes parámetros. Para cada uno de ellos, se indica entre corchetes el valor por defecto, de forma que, si se desea el valor que se muestra, basta con pulsar la tecla Intro; en caso de desear un valor diferente, hay que teclearlo y pulsar Intro. Los parámetros que se solicitan son:

  — El equipo al que deseamos conectarnos, por defecto el equipo local (*localhost*).

  — La base de datos, por defecto *postgres*.

  — El puerto, por defecto el 5432.

  — El nombre del usuario, por defecto *postgres*.

  — La contraseña: en este caso no se muestra valor por defecto, como es obvio, sino que se debe introducir su valor.

Una vez introducidos los datos correctamente, aparecerá un *prompt* con el nombre de la base de datos y el símbolo almohadilla (#), desde donde se podrán introducir comandos (Figura 2.1).

```
SQL Shell (psql)              ×    +    ∨                           —    □    ×
Server [localhost]:
Database [postgres]:
Port [5432]:
Username [postgres]:
Contraseña para usuario postgres:

psql (16.3)
ADVERTENCIA: El código de página de la consola (850) difiere del código
             de página de Windows (1252).
             Los caracteres de 8 bits pueden funcionar incorrectamente.
             Vea la página de referencia de psql «Notes for Windows users»
             para obtener más detalles.
Digite «help» para obtener ayuda.

postgres=#
```

Figura 2.1. Conexión a PostgreSQL desde *psql*.

- Desde el símbolo del sistema deberemos dirigirnos a la carpeta C:\Program Files\PostgreSQL\16\bin y conectarnos escribiendo el comando *psql –d baseDatos –U usuario –W*, indicando la base de datos y el usuario con el que se desea realizar la conexión (Figura 2.2).

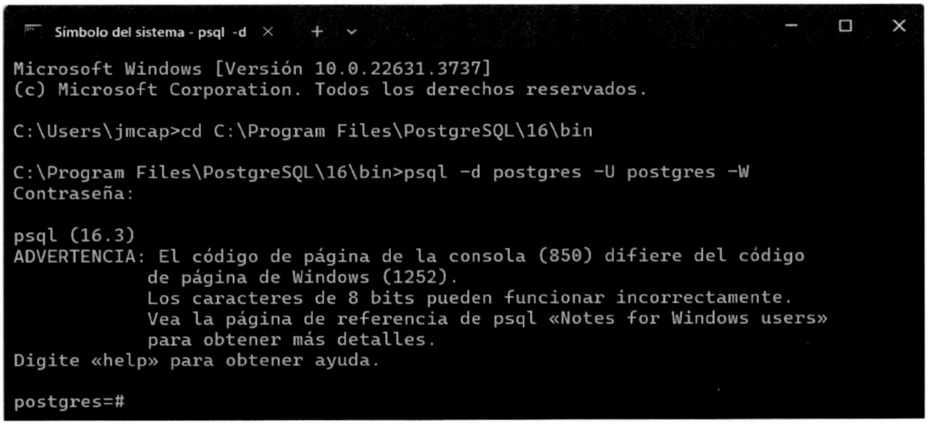

Figura 2.2. Conexión a PostgreSQL desde el indicador del sistema.

Para ejecutar órdenes SQL, simplemente habrá que escribirlas tras el *prompt* y tras escribir la orden, escribir el símbolo punto y coma (;) y pulsar Intro. Una misma orden puede abarcar varias líneas. Para pasar de una línea a la siguiente dentro de la misma orden, se deberá pulsar la tecla Intro, y para indicar que la orden ha finalizado, se deberá escribir punto y coma (;) y pulsar Intro. Para visualizar las bases de datos disponibles, se debe teclear el comando \l:

```
postgres=# \l
                                    Listado de base de datos
   Nombre   |  Dueło   | Codificaci³n |      Collate       |       Ctype        |       Privilegios
------------+----------+--------------+--------------------+--------------------+-------------------------------
 pedidos    | postgres | UTF8         | Spanish_Spain.1252 | Spanish_Spain.1252 |
 postgres   | postgres | UTF8         | Spanish_Spain.1252 | Spanish_Spain.1252 | =Tc/postgres                +
            |          |              |                    |                    | postgres=CTc/postgres       +
            |          |              |                    |                    | ccampayo_44442550h=c/postgres
 template0  | postgres | UTF8         | Spanish_Spain.1252 | Spanish_Spain.1252 | =c/postgres                 +
            |          |              |                    |                    | postgres=CTc/postgres
 template1  | postgres | UTF8         | Spanish_Spain.1252 | Spanish_Spain.1252 | =c/postgres                 +
            |          |              |                    |                    | postgres=CTc/postgres
(4 filas)
```

Las bases de datos *postgres*, *template0* y *template1* se crearon al instalar el servidor PostgreSQL. Para crear nuevas bases de datos, se deberá utilizar la correspondiente orden *CREATE DATABASE*.

Para conectarse a una nueva base de datos, se debe usar el comando \c con el formato:

```
\c baseDatos [usuario]
```

Al llevar a cabo esta acción, se cierra la conexión anterior. En caso de que se omita el nombre del usuario, se asume el usuario actual. Ejemplo de conexión a la base de datos pedidos sin cambiar de usuario:

```
postgres=# \c pedidos
Ahora está conectado a la base de datos «pedidos» con el
usuario «postgres».
```

Para visualizar las tablas disponibles en la base de datos actual, se debe usar el comando \dt:

```
pedidos=# \dt
             Listado de relaciones
 Esquema  |     Nombre      |  Tipo  |   Dueño
----------+-----------------+--------+----------
 public   | articulo        | tabla  | postgres
 public   | lineapedido     | tabla  | postgres
 public   | pedido          | tabla  | postgres
 public   | pedido2         | tabla  | postgres
 public   | resumenpedidos  | tabla  | postgres
(5 filas)
```

Para trabajar con PostgreSQL, también podemos hacer uso de la herramienta de gestión *pgAdmin 4*, que nos aparecerá como un programa en el equipo. Tras lanzar esta aplicación, en la parte izquierda de la pantalla desplegamos *Servers* y nos debe aparecer un servidor con cruz roja y se nos pedirá la contraseña del usuario *postgres* que introdujimos en el proceso de instalación.

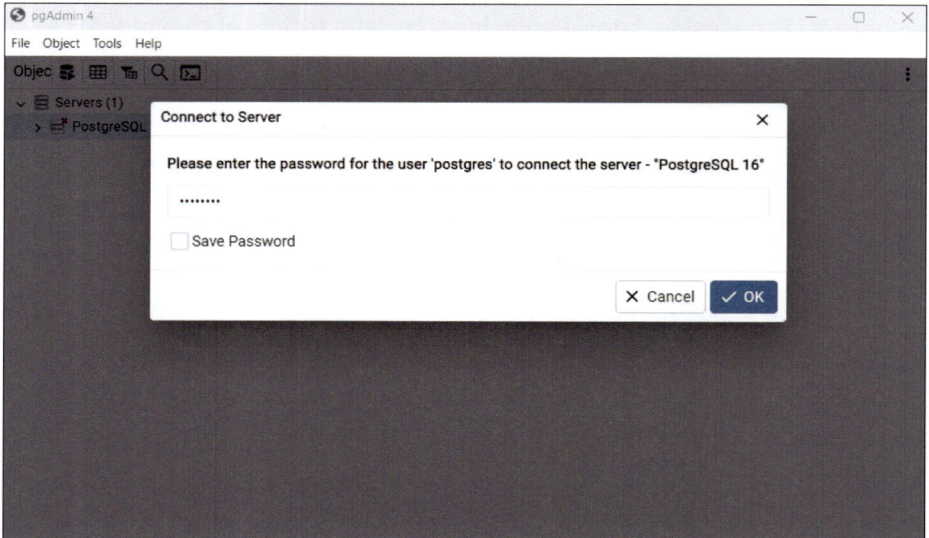

Figura 2.3. Inicio de la herramienta *pgAdmin 4*.

Se nos desplegarán en la parte izquierda los distintos elementos del servidor. Si hacemos clic en el icono 🗄 de la izquierda de la parte superior de la pantalla, nos aparecerá en la parte derecha una zona para escribir nuestras consultas en la parte superior. Podremos ver el resultado de la ejecución en la parte inferior tras pulsar el icono ▶ o la tecla F5.

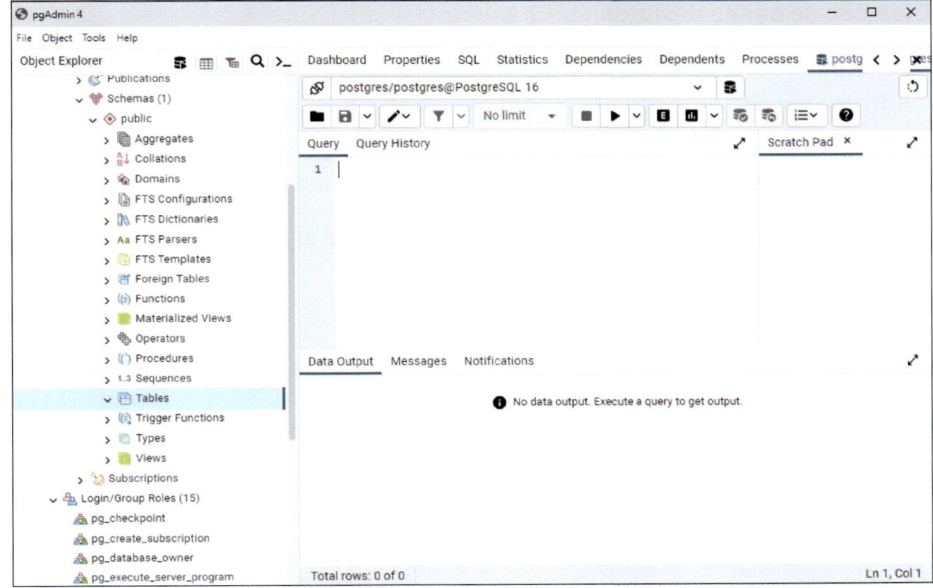

Figura 2.4. Uso de *pgAdmin 4.*

Cada servidor PostgreSQL maneja una o más bases de datos, por lo que se puede afirmar que controla un clúster de bases de datos. Las bases de datos constituyen el nivel jerárquico superior para la organización de objetos. Pocos objetos, como los roles y las bases de datos, se definen a nivel de clúster. Dentro de un clúster hay varias bases de datos que están aisladas de las demás bases de datos, pero que pueden acceder a objetos a nivel de clúster.

Dentro de una base de datos puede haber múltiples esquemas, que contienen objetos, como tablas y funciones. La jerarquía de PostgreSQL incluye, por tanto, los siguientes niveles: clúster, base de datos, esquema y tabla (o algún otro tipo de objeto, como función).

Al conectarse al servidor PostgreSQL, un cliente debe especificar el nombre de la base de datos a la que se desea conectar. No es posible acceder a más de una base de datos en una conexión. Sin embargo, es posible establecer múltiples conexiones con la misma o diferentes bases de datos.

Si el servidor está pensado para contener proyectos que no están relacionados o usuarios que no necesitan conocer la labor de otros usuarios, es recomendable colocarlos en distintas bases de datos, estableciendo convenientemente el control de acceso y autorizaciones. Sin embargo, si los proyectos o usuarios están relacionados, de manera que es necesario que hagan uso de otros proyectos o usuarios, deberían emplear la misma base de datos y diferentes esquemas para cada uno de ellos.

Creación de bases de datos

Para crear bases de datos se hace uso de la sentencia CREATE DATABASE. En los formatos de las instrucciones que se van a mostrar a partir de ahora, lo que se especifica entre corchetes ([]) es opcional y la barra vertical (|) indica que se debe escribir una de las opciones que se indican.

El formato de la instrucción CREATE DATABASE es el siguiente:

```
CREATE DATABASE nombre _ BD [TEMPLATE nombre _ plantilla]
[especificación _ creación];
Especificación _ creación:
    WITH
    [ENCODING = nombre _ codificación]
    [OWNER = nombre _ rol]
    [ALLOW _ CONNECTIONS = {true | false}]
    [CONNECTION LIMIT = número]
    [IS _ TEMPLATE = {true | false}]
```

Como se puede observar, se debe indicar después de CREATE DATABASE el nombre que se desea dar a la base de datos, teniendo en cuenta que no puede haber en el servidor otra base de datos con el mismo nombre. Se puede indicar la base de datos a partir de la que se desea crear especificando después de TEMPLATE el nombre de la base de datos que se toma como plantilla. Si no se especifica nada al respecto, se toma como plantilla la base de datos *template1*.

Si ya existe en el sistema una base de datos con el nombre indicado, se mostrará un mensaje de error.

Además, se puede indicar opcionalmente:

- La codificación que se desea para la base de datos.

- El nombre del rol propietario de la base de datos. Si no se indica, se sobreentiende que el propietario es el rol actual.

- Si se permiten o no conexiones, siendo el valor por defecto *true*.

- El número máximo de conexiones simultáneas a la base de datos que se van a permitir.

- Si va a poder ser utilizada como plantilla al crear otras bases de datos.

A modo de ejemplo, se va a crear con el usuario *postgres* una base de datos para una empresa en la que se va a almacenar información sobre los pedidos realizados a la misma. A la base de datos la vamos a llamar *Pedidos*, vamos a asignarle la codificación *utf8*, el propietario *postgres* y un número máximo de conexiones simultáneas de 40.

```
postgres=# CREATE DATABASE Pedidos
postgres-# WITH ENCODING = UTF8
postgres-# OWNER = postgres
postgres-# CONNECTION LIMIT = 40;
CREATE DATABASE
```

Modificación de bases de datos

Para realizar alguna modificación en una base de datos previamente creada, se usa la sentencia ALTER DATABASE.

Así, se puede modificar alguna de las opciones especificadas al crear la base de datos con la sintaxis:

```
ALTER DATABASE nombre _ BD WITH especificación _ alteración;
especificación _ creación:
   [ALLOW _ CONNECTIONS = {true | false}]
   [CONNECTION LIMIT = número]
   [IS _ TEMPLATE = {true | false}]
```

También es posible cambiar el nombre a la base de datos empleando la siguiente sintaxis:

```
ALTER DATABASE nombre _ BD RENAME TO nuevo _ nombre;
```

Se puede modificar el propietario de la base de datos escribiendo:

```
ALTER DATABASE nombre _ BD OWNER TO
{nuevo _ propietario | CURRENT _ ROLE | CURRENT _ USER | SESSION _
USER}
```

Borrado de bases de datos

Para eliminar una base de datos y, por tanto, todo su contenido, se usa la orden DROP DATABASE con el siguiente formato:

```
        DROP DATABASE [IF EXISTS] nombre _ BD
```

Como se puede observar, después de DROP DATABASE se debe indicar el nombre de la base de datos que se desea borrar. Esta orden, en el caso de que no exista una base de datos con el nombre indicado, devolverá un mensaje de error; se puede usar la cláusula IF EXISTS si se quiere omitir el mensaje de error en este caso.

La orden DROP DATABASE se debe emplear con cuidado, pues no se muestra un mensaje de confirmación antes de proceder al borrado de toda la base de datos.

Esta orden solo puede ser ejecutada por superusuarios y el propietario de la base de datos. Además, no es posible ejecutarla exitosamente si la base de datos tiene conexiones activas. En tal caso, es necesario desconectarse de la base de datos que se desea eliminar y conectarse a otra base de datos, por ejemplo, *postgres*, para poder ejecutar el comando DROP DATABASE.

2.1.3. Creación, modificación y borrado de esquemas

Un esquema es un espacio de nombres que contiene objetos de bases de datos, como tablas, vistas, índices, funciones, etc. Una base de datos puede contener uno o varios esquemas y cada esquema solo puede pertenecer a una base de datos. Puede haber objetos con el mismo nombre en distintos esquemas.

Hay algunos escenarios en los que es conveniente disponer de varios esquemas:

- Los esquemas ayudan a organizar objetos de bases de datos, como tablas, en grupos lógicos para hacerlos más manejables.

- Los esquemas permiten que varios usuarios utilicen la misma base de datos sin interferir entre ellos.

PostgreSQL crea automáticamente un esquema llamado *public* cada vez que se crea una base de datos. Si se crea cualquier objeto sin especificar el nombre del esquema, lo colocará en el esquema *public*.

Para acceder a un objeto de un esquema es necesario cualificarlo, es decir, hay que escribir nombre_esquema.nombre_objeto. No obstante, es posible no especificar el nombre del esquema, en cuyo caso PostgreSQL buscará dicho objeto en el camino de búsqueda de los esquemas disponibles dentro de la base de datos, de manera que escogerá el primer esquema en dicho camino. Si no se encuentra el objeto en ninguno de los esquemas, se producirá un error. El primer esquema en el camino es el esquema actual. Hay que tener en cuenta que cuando se crea un objeto sin especificar el nombre del esquema, PostgreSQL usará el esquema actual para el nuevo objeto. La función current_schema () devuelve el esquema actual:

```
postgres=# SELECT current _ schema;
 current _ schema
----------------
 public
(1 fila)
```

Este es el motivo por el que PostgreSQL crea las nuevas tablas en el esquema *public*. Se puede visualizar el camino de búsqueda de esquemas con el comando SHOW search_path:

```
postgres=# SHOW search _ path;
   search _ path
----------------
 "$user", public
    (1 fila)
```

En este resultado "$user" indica que el primer esquema que usará PostgreSQL para buscar objetos será uno con el mismo nombre que el usuario conectado. Por ejemplo, si nos conectamos con el usuario *postgres* y accedemos a una tabla llamada *A*, PostgreSQL buscará la tabla *A* en el esquema *postgres*. Si no la puede encontrar, seguirá buscando la tabla *A* en el esquema *public*, que es el segundo que aparece en el camino de búsqueda de esquemas.

Creación de esquemas

Para crear un nuevo esquema, se usa la orden CREATE SCHEMA, que debe seguir la siguiente sintaxis:

```
CREATE SCHEMA [IF NOT EXISTS] nombre _ esquema
```

Como se puede observar, después de CREATE SCHEMA se debe indicar el nombre del esquema que se desea crear. Esta orden, en el caso de que ya exista un esquema con ese nombre en la base de datos actual, devolverá un mensaje de error; se puede usar la cláusula IF NOT EXISTS si se quiere omitir el mensaje de error en este caso.

Por ejemplo, con la siguiente orden, creamos un esquema llamado *pedidos* en la base de datos actual (*postgres*):

```
postgres=# CREATE SCHEMA pedidos;
CREATE SCHEMA
```

Para añadir el nuevo esquema al camino de búsquedas de esquemas, se debe usar el siguiente comando:

```
postgres=# SET search _ path TO pedidos, public;
SET
```

Ahora, si se incluye una orden CREATE TABLE para crear una tabla llamada *Articulo*, por ejemplo, esa tabla se incluirá dentro del esquema *pedidos* porque es el primero que aparece en el camino de búsqueda de esquemas.

Modificación de esquemas

Para realizar alguna modificación sobre un esquema se usa la sentencia ALTER SCHEMA.

Así, se puede cambiar de nombre al esquema con la siguiente orden:

```
ALTER SCHEMA nombre_esquema RENAME TO nuevo_nombre;
```

Se puede modificar el propietario de un esquema escribiendo:

```
ALTER SCHEMA nombre_esquema OWNER TO
{nuevo_propietario | CURRENT_ROLE | CURRENT_USER | SESSION_USER}
```

Borrado de esquemas

Para eliminar un esquema y, por tanto, todo su contenido, se usa la orden DROP SCHEMA con el siguiente formato:

```
DROP SCHEMA [IF EXISTS] nombre_esquema [CASCADE | RESTRICT];
```

Como se puede observar, después de DROP SCHEMA se debe indicar el nombre del esquema que se desea eliminar. Esta orden, en el caso de que no exista un esquema con el nombre indicado en la base de datos actual, devolverá un mensaje de error; se puede usar la cláusula IF EXISTS si se quiere omitir el mensaje de error en este caso.

Con la opción CASCADE se elimina el esquema, todos sus objetos y todos los objetos que dependen de estos. Si solo se quiere borrar el esquema en caso de que esté vacío, se puede usar la opción RESTRICT, que es la opción por defecto.

Esta orden solo puede ser ejecutada por un superusuario o por el propietario del esquema.

Se pueden eliminar varios esquemas con la misma orden empleando la sintaxis:

```
DROP SCHEMA [IF EXISTS] nombre_esquema₁ [, nombre_esquema₂,...]
[CASCADE | RESTRICT];
```

2.1.4. Creación, modificación y borrado de tablas

Las tablas, que son el objeto fundamental de que consta una base de datos, se deben crear en PostgreSQL dentro de un esquema.

Creación de tablas

La orden para crear una tabla es la orden CREATE TABLE, cuyo formato genérico es el siguiente:

```
CREATE TABLE [IF NOT EXISTS] nombre_tabla
(columna₁ tipo_dato₁ [DEFAULT valor_defecto₁] [COLLATE nombre_
    cotejamiento] [restricciones_columna₁],
columna₂ tipo_dato₂ [DEFAULT <valor_defecto₂] [COLLATE nombre_
    cotejamiento] [restricciones_columna₂],
....
columnaₙ tipo_datoₙ [DEFAULT valor_defectoₙ] [COLLATE nombre_
    cotejamiento] [restricciones_columnaₙ],
[restricción_tabla₁],
[restricción_tabla₂], …);
```

Si ya existe dentro del esquema una tabla con el nombre indicado, se mostrará un mensaje de error. Para evitar esto, se puede incluir antes del nombre de la tabla la cláusula IF NOT EXISTS, de tal forma que, en este caso, si no existe ninguna tabla con el nombre indicado dentro del esquema, se crea; en caso contrario, no se crea, pero no se muestra ningún mensaje de error.

Una tabla consta de varios campos, atributos o columnas. Pues bien, por cada uno de estos atributos habrá de indicarse obligatoriamente su nombre y su tipo de datos y, opcionalmente, su valor por defecto, cotejamiento y las restricciones que debe soportar.

Con DEFAULT valor se puede especificar el valor por defecto que toma un atributo, de manera que, para todas las filas que se añadan a la tabla, ese atributo tomará ese valor inicial o por defecto a no ser que se especifique un valor distinto.

- Si se trata de un valor numérico, se especifica poniendo después de la palabra DEFAULT el número en cuestión. Si se trata de un número real, se emplea el punto para separar la parte entera de la parte decimal. Ejemplos: edad smallint DEFAULT 25, salario numeric(6,2) DEFAULT 1123.45.

- Si se trata de una cadena de caracteres, se especifica el valor por defecto entre comillas simples. Ejemplo: provincia varchar(20) DEFAULT 'Ávila'.

- Si se trata de una fecha o una hora, se especifica el valor por defecto entre comillas simples siguiendo la fecha el formato 'aaaa-mm-dd' y la hora el formato 'hhh:mm:ss'. Ejemplo: fecnac date DEFAULT '1990-01-01'.

Con COLLATE podemos especificar el cotejamiento deseado para el atributo. Un cotejamiento es un conjunto de reglas que permite comparar caracteres incluidos dentro de un conjunto de caracteres. Tengamos en cuenta que en un conjunto de caracteres a cada carácter se le asigna un código, como por ejemplo el código ASCII correspondiente. A la hora de comparar dos caracteres y saber cuál es menor, por ejemplo, se comparan sus códigos. Supongamos que, por ejemplo, la letra "A" tiene asignado el código 0 y la letra "B" el código 1. De esta manera, podremos decir que la letra A es "menor" que la letra B porque su código lo es. Hay cotejamientos correspondientes a diversos idiomas, por lo que si deseamos almacenar en un atributo que va almacenar cadenas (*char*, *varchar*, *text*, etc.) caracteres propios de un idioma, como la ñ o las letras con tilde, propias del español, deberemos asignar a este atributo el cotejamiento correspondiente a ese idioma escribiendo después de la palabra COLLATE, entre comillas dobles, el nombre de dicho cotejamiento; en el caso del español, "es-ES-x-icu".

Las restricciones que afectan a un único atributo se llaman restricciones de columna. A todas ellas se les puede asignar un nombre, aunque esto no es obligatorio. Para ello, se debe especificar la palabra CONSTRAINT y a continuación el nombre que se desea asignar a la restricción. Las restricciones de columna pueden ser las siguientes:

- [CONSTRAINT nombre_restricción] NOT NULL: indica que el atributo correspondiente es requerido u obligatorio, es decir, que se debe rellenar obligatoriamente.

- [CONSTRAINT nombre_restricción] PRIMARY KEY: sirve para indicar que ese atributo será la clave primaria de la tabla, lo que quiere decir que no podrá contener valores nulos ni podrá haber valores duplicados.

- [CONSTRAINT nombre_restricción] UNIQUE: sirve para indicar que ese atributo debe tomar un valor único, es decir, que no podrá haber dos filas con el mismo valor en ese campo. Sirve para definir claves alternativas.

- [CONSTRAINT nombre_restricción] CHECK (expresión): sirve para crear restricciones de rechazo, de manera que, si al actualizar el valor del atributo indicado no se cumpliese la condición especificada entre paréntesis, la operación en cuestión sería rechazada. En la expresión se incluirá el nombre del atributo en cuestión y muy probablemente algún valor constante. En la expresión se pueden emplear operadores aritméticos (+, - *, /), relacionales (>, >=, <, <=, =, <>, between ... and ..., in (..., ..., ...)) y lógicos (and, or, not). Ejemplo: CHECK (edad between 16 and 65).

- [CONSTRAINT nombre_restricción] FOREIGN KEY (columna$_1$) REFERENCES tabla [(columna$_2$)] [ON DELETE opción_referencia] [ON UPDATE opción_referencia]: sirve para indicar que el atributo columna$_1$ de la tabla que se está definiendo constituye una clave ajena que hace referencia a la tabla indicada después de la palabra REFERENCES y al atributo indicado a continuación entre paréntesis. Si no se indica este último atributo, se sobreentiende que la clave ajena hace referencia al atributo clave primaria de la tabla referenciada.

Se pueden indicar después de la cláusula REFERENCES las opciones seleccionadas para el borrado y modificación de filas que contienen la clave referenciada. Estas opciones pueden ser diferentes.

```
opción _ referencia:
{RESTRICT | CASCADE | SET NULL | NO ACTION | SET DEFAULT}
```

El significado de estas opciones es:

— RESTRICT: no se va a permitir el borrado o modificación de filas de la relación referenciada si hay alguna fila en la otra relación que contiene el mismo valor en la clave ajena. Es la opción por defecto.

— CASCADE: el borrado o modificación de filas de la relación que contiene la clave referenciada implica el borrado o modificación en cascada de las tuplas correspondientes en la tabla que contiene la clave ajena.

— SET NULL: el borrado o modificación de filas de la relación que contiene la clave referenciada lleva consigo poner a valor nulo el atributo que constituye la clave ajena.

— NO ACTION: es equivalente a la opción RESTRICT.

— SET DEFAULT: el borrado o modificación de filas de la relación que contiene la clave referenciada lleva consigo asignar al atributo que constituye la clave ajena el valor establecido por defecto para ese atributo.

Un atributo derivado es aquel cuyo valor se puede calcular a partir una expresión en la que aparecen otro u otros atributos. Se debe indicar el tipo de dato del atributo y la expresión por medio de la cual se calcula su valor. Estos atributos se definen del siguiente modo:

```
columna tipo _ dato GENERATED ALWAYS AS (expresión) STORED
```

A modo de ejemplo, se van a incluir en el esquema *pedidos* que se creó anteriormente, dentro de la base de datos *postgres*, varias tablas, concretamente, las que aparecen en el siguiente esquema relacional. Este esquema contiene información sobre los artículos que vende una librería (tabla *Articulo*), los pedidos realizados a la librería por parte de sus clientes (tabla *Pedido*) e información sobre los artículos solicitados en cada uno de los pedidos (tabla *LineaPedido*).

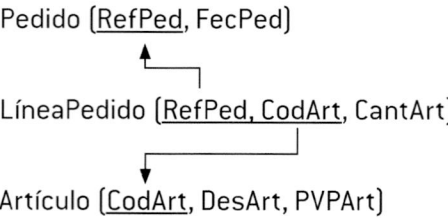

Pedido (RefPed, FecPed)

LíneaPedido (RefPed, CodArt, CantArt)

Artículo (CodArt, DesArt, PVPArt)

Algunos datos que podrían contener estas tablas se muestran a continuación:

PEDIDO

RefPed	FecPed
P0001	16/02/2024
P0002	18/02/2024
P0003	23/02/2024
P0004	25/02/2024

LÍNEAPEDIDO

RefPed	CodArt	CantArt
P0001	A0043	10
P0001	A0078	12
P0002	A0043	5
P0003	A0075	20
P0004	A0012	15
P0004	A0043	5
P0004	A0089	50

ARTÍCULO

CodArt	DesArt	PVPArt
A0043	Bolígrafo azul fino	0,78
A0078	Bolígrafo rojo normal	1,05
A0075	Lápiz 2B	0,55
A0012	Goma de borrar	0,15
A0089	Sacapuntas	0,25

Figura 2.5. Contenido del esquema *Pedidos*.

Pues bien, para crear estas tablas, en primer lugar, deberemos acceder al esquema *pedidos* dentro de la base de datos *postgres*, que creamos con anterioridad, por lo que incluiremos este esquema al principio del camino de búsqueda de esquemas con la siguiente orden:

```
postgres=# SET search _ path TO pedidos, public;
SET
```

Comencemos creando la tabla *Pedido*:

- Al atributo *RefPed* le asignamos el tipo char(5), ya que las referencias de los pedidos son cadenas de caracteres de longitud fija 5. Además, este atributo es la clave primaria de la tabla, por lo que pondremos la restricción PRIMARY KEY.

- Al atributo *FecPed* le asignamos el tipo date y, dado que es obligatorio, le pondremos la restricción NOT NULL.

La orden CREATE TABLE quedará así sin asignar nombre a las restricciones:

```
CREATE TABLE Pedido
(RefPed char(5) PRIMARY KEY,
FecPed date NOT NULL);
```

Tras crear una tabla, podemos ver que efectivamente está incluida dentro de la base de datos activa, escribiendo \d, como se puede observar a continuación:

```
pedidos=# \d
        Listado de relaciones
 Esquema | Nombre | Tipo  | Dueło
---------+--------+-------+----------
 pedidos | pedido | tabla | postgres
(1 fila)
```

Además, se puede observar la estructura o el diseño de una tabla en concreto escribiendo \d y a continuación el nombre de la tabla:

```
pedidos=# \d pedido
                   Tabla ½pedidos.pedido¬
 Columna  |     Tipo     | Ordenamiento | Nulable  | Por omisi¾n
----------+--------------+--------------+----------+-------------
 refped   | character(5) |              | NOT NULL |
 fecped   | date         |              | NOT NULL |
=ndices:
    "pedido_pkey" PRIMARY KEY, btree (refped)
```

En *pgAdmin* podremos ver la estructura de la tabla si hacemos clic en la opción de menú *Properties* que aparece si clicamos el botón derecho del ratón sobre el nombre de la tabla *Pedido*. Nos aparecerán diversas pestañas y en la pestaña *Columns* se nos muestra información sobre los atributos de la tabla.

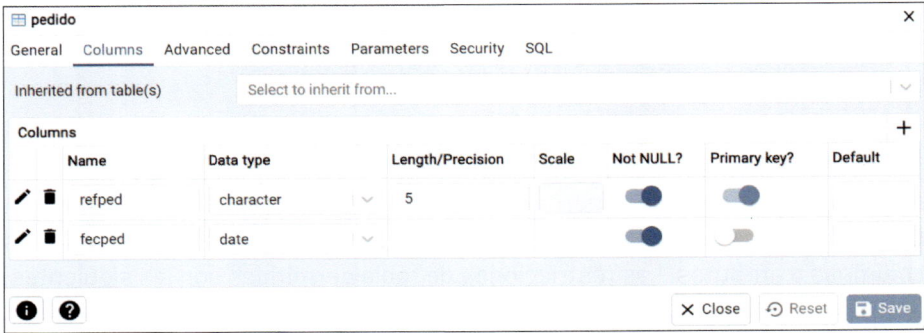

Figura 2.6. Información sobre los atributos de la tabla *Pedido* que se muestra en *pgAdmin*.

Creemos a continuación la tabla *Articulo*:

- Al atributo *CodArt* le asignaremos el tipo char(5) y la restricción PRIMARY KEY por ser este atributo la clave primaria de la tabla.

- Las descripciones de los artículos son cadenas alfanuméricas sin longitud fija, por lo que al atributo *DesArt* le asignaremos el tipo varchar(30) (se ha considerado 30 como longitud máxima). Como queremos almacenar cadenas de caracteres que pueden incluir caracteres propios del español, como letras con tilde, le asignaremos el cotejamiento "es-ES-x-icu". Además, pondremos la restricción NOT NULL por ser un atributo obligatorio.

- Al atributo *PVPArt* le asignaremos el tipo numeric (6,2) por ser una cantidad monetaria, que, por tanto, debe ser exacta. Contiene un máximo de 6 dígitos, de los cuales se sitúan dos después del separador decimal. Además, incluiremos la restricción NOT NULL por ser obligatorio. Para impedir precios de artículos incorrectos, indicaremos mediante una restricción de rechazo que el atributo *PVPArt* debe tomar un valor mayor que 0, asignando a la restricción el nombre *ck_PVPArt*.

La instrucción quedará como sigue:

```
CREATE TABLE Articulo
(CodArt char(5) PRIMARY KEY,
DesArt varchar(30) COLLATE "es-ES-x-icu" NOT NULL,
PVPArt numeric(6,2) NOT NULL CONSTRAINT ck _ PVPArt CHECK (PVPArt
> 0));

pedidos=# \d Articulo
                                              Tabla ½pedidos.articulo¬
 Columna |          Tipo          | Ordenamiento | Nulable  | Por omisi¾n
---------+------------------------+--------------+----------+-------------
 codart  | character(5)           |              | not null |
 desart  | character varying(30)  | es-ES-x-icu  | not null |
 pvpart  | numeric(6,2)           |              | not null |
=ndices:
    "articulo _ pkey" PRIMARY KEY, btree (codart)
Restricciones CHECK:
    "ck _ pvpart" CHECK (pvpart > 0::numeric)
```

Además, se pueden incluir, normalmente tras la definición de todos los atributos, una o varias restricciones de tabla, que son aquellas que afectan a varias columnas o atributos. Las restricciones de tabla permitidas son las siguientes:

- [CONSTRAINT nombre_restricción] PRIMARY KEY (columna$_1$, columna$_2$, ...): sirve para indicar que los atributos indicados entre paréntesis y separados por comas constituirán la clave primaria de la tabla, lo que quiere decir que ninguno de ellos podrá contener valor nulo ni podrá haber valores duplicados para el grupo de atributos indicado.

- [CONSTRAINT nombre_restricción] UNIQUE (columna$_1$, columna$_2$, ...): sirve para indicar que el conjunto de atributos especificados entre paréntesis debe tomar un valor único, es decir, que no podrá haber dos filas con la misma combinación de valores para el grupo de atributos. Sirve para definir claves alternativas.

- [CONSTRAINT nombre_restricción] FOREIGN KEY (columna$_{11}$, columna$_{12}$, ...) REFERENCES tabla [(columna$_{21}$, columna$_{22}$, ...)] [ON DELETE opción_referencia] [ON UPDATE opción_referencia]: sirve para indicar que los atributos columna$_{11}$, columna$_{12}$, etc., de la tabla que se está definiendo constituyen una clave ajena que hace referencia a la tabla indicada después de la palabra REFERENCES y a los atributos indicados a continuación entre paréntesis. Se pueden indicar después de la cláusula REFERENCES las opciones seleccionadas para el borrado y modificación de filas que contienen la clave referenciada.

- [CONSTRAINT nombre_restricción] CHECK (expresión): permite crear restricciones de rechazo en cuya expresión aparecen varios atributos de la tabla.

Para el esquema *pedidos* nos falta por crear la tabla *LineaPedido*. Pues bien, con respecto a esta tabla:

- Al atributo *RefPed* le asignaremos el tipo char(5), tipo exactamente igual que la clave primaria de la tabla *Pedido*, atributo al que referencia. Se trata de un atributo obligatorio, pero no es necesario que incluyamos en este caso la restricción NOT NULL. Tengamos en cuenta que este atributo forma parte de la clave primaria de la tabla (aspecto que indicaremos más abajo en la definición de la tabla), y por la restricción de integridad de la entidad, ningún atributo que forme parte de la clave primaria de una tabla puede tomar valor nulo, lo que se encuentra implementado en el SGBD PostgreSQL.

- Al atributo *CodArt* le asignaremos el tipo char(5), tipo exactamente igual que la clave primaria de la tabla *Articulo*, atributo al que referencia. Por el mismo motivo aducido para el atributo *RefPed*, no es necesario incluir la restricción NOT NULL, a pesar de tratarse de un atributo obligatorio.

- Al atributo *CantArt* le asignaremos el tipo int, pues es un número sin decimales. Además, le asignaremos como valor por defecto un 1. Por considerar que es obligatorio, pondremos la restricción NOT NULL. Para evitar cantidades incorrectas, indicaremos mediante una restricción de rechazo que *CantArt* debe ser mayor que 0.

- Especificaremos una restricción de clave ajena para el atributo *RefPed*. Recordemos que apunta al atributo homónimo de la tabla *Pedido*. Si deseamos que al modificar la referencia de un pedido en la tabla *Pedido* se modifique el atributo *RefPed* para todas sus líneas de pedido, entonces es necesario que añadamos la cláusula ON UPDATE CASCADE. Para el caso del borrado, es aconsejable ser más cauteloso y no realizar borrados en cascada. Por ello, optamos por la opción por defecto (RESTRICT). Al tratarse de la opción por defecto, no es necesario escribir nada.

- Especificaremos una restricción de clave ajena para el atributo *CodArt*. Recordemos que apunta al atributo homónimo de la tabla *Artículo*. Si deseamos que al modificar el código de un artículo en la tabla *Articulo* se modifique el atributo *CodArt* para todas las líneas de pedido en que aparece, entonces es necesario que añadamos la cláusula ON UPDATE CASCADE. Para el caso del borrado, es aconsejable ser más precavido y no realizar borrados en cascada.

- Debemos indicar mediante una restricción de tabla que la clave primaria de esta tabla está formada por la pareja de atributos (*RefPed, CodArt*).

La instrucción quedará como sigue:

```
CREATE TABLE LineaPedido
(RefPed char(5),
CodArt char(5),
CantArt int DEFAULT 1 NOT NULL CONSTRAINT ck_CantArt CHECK
    (CantArt > 0),
CONSTRAINT fk_RefPed_LineaPedido FOREIGN KEY (RefPed)
    REFERENCES Pedido(RefPed) ON UPDATE CASCADE,
CONSTRAINT fk_CodArt_LineaPedido FOREIGN KEY (CodArt)
    REFERENCES Articulo(CodArt) ON UPDATE CASCADE,
CONSTRAINT pk_LineaPedido PRIMARY KEY (RefPed, CodArt));


pedidos=# \d LineaPedido
                Tabla ½public.lineapedido¬
 Columna |     Tipo     | Ordenamiento | Nulable  | Por omisi¾n
---------+--------------+--------------+----------+-------------
 refped  | character(5) |              | NOT NULL |
 codart  | character(5) |              | NOT NULL |
 cantart | integer      |              |          | 1
=ndices:
    "pk_lineapedido" PRIMARY KEY, btree (refped, codart)
Restricciones CHECK:
    "ck_cantart" CHECK (cantart > 0)
Restricciones de llave forßnea:
    "fk_codart_lineapedido" FOREIGN KEY (codart) REFERENCES
articulo(codart) ON UPDATE CASCADE
    "fk_refped_lineapedido" FOREIGN KEY (refped) REFERENCES
pedido(refped) ON UPDATE CASCADE
```

Una vez creada la tabla *LineaPedido*, en *pgAdmin* se puede ver información sobre su estructura e, incluso, modificarla si hacemos clic con el botón derecho del ratón sobre el nombre de la tabla *LineaPedido* y elegimos la opción de menú *Properties*. Nos aparecerán diversas pestañas. Así, en la pestaña *Columns* se nos muestra información que se puede modificar sobre los atributos de la tabla:

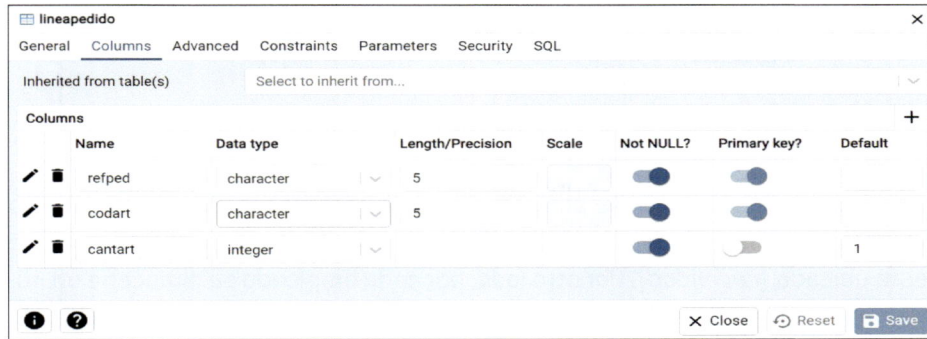

Figura 2.7. Se muestra en *pgAdmin* información modificable sobre los atributos de la tabla *LineaPedido*.

Al hacer clic en la pestaña *Constraints* y en la subpestaña *FOREIGN KEY*, se muestra información sobre las claves ajenas existentes en la tabla *LineaPedido*, como se muestra a continuación:

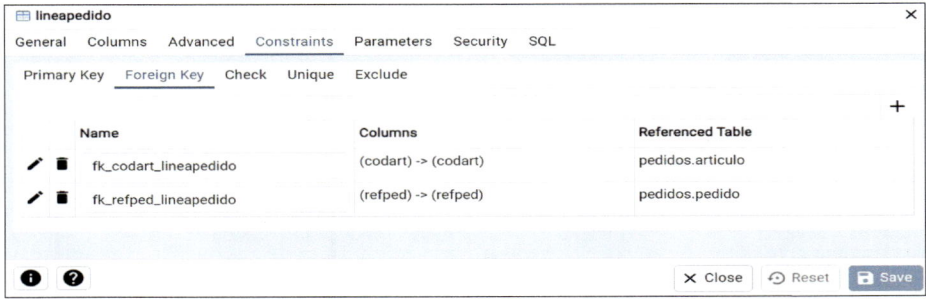

Figura 2.8. Se muestra en *pgAdmin* información modificable sobre las claves ajenas de la tabla *LineaPedido*.

Si bien a la hora de crear la tabla *LineaPedido* se ha distinguido entre restricciones de columna (aquellas que afectan a un solo atributo) y restricciones de tabla, todas ellas (tanto las de columna como las de tabla) se pueden especificar como si fuesen restricciones de tabla aunque afecten a un solo atributo.

Se proporcionan las instrucciones necesarias para crear el esquema *pedidos* y añadir datos en las tablas por medio del archivo *pedidos.sql* disponible en la web de Paraninfo.

A modo de segundo ejemplo, se va a crear en la base de datos *postgres* un esquema llamada *empresa,* en el que se van a crear dos tablas, concretamente, las que aparecen en el siguiente esquema relacional. Este esquema contiene información sobre los departamentos en que se divide una empresa (tabla *Departamento*) y los empleados que trabajan en los mismos (tabla *Empleado*):

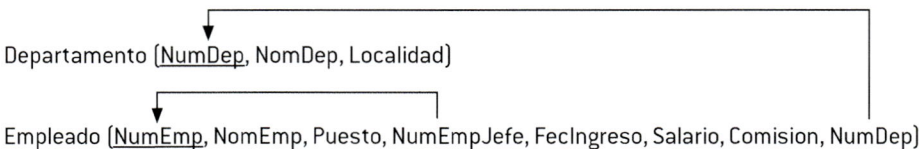

Departamento (NumDep, NomDep, Localidad)

Empleado (NumEmp, NomEmp, Puesto, NumEmpJefe, FecIngreso, Salario, Comision, NumDep)

Por cada departamento, se almacena en la tabla *Departamento* un número identificativo (*NumDep*), su nombre (*NomDep*) y la ciudad o localidad en la que está ubicado (*Localidad*). Por otro lado, por cada empleado se almacena un número que lo identifica (*NumEmp*), su nombre (*NomEmp*), el puesto que desempeña en la empresa (*Puesto*), el número de su empleado jefe (*NumEmpJefe*), su fecha de ingreso en la empresa (*FecIngreso*), el salario que cobra (*Salario*), su comisión (*Comision*) y el número identificativo del departamento en el que trabaja (*NumDep*). Los datos que se van a almacenar en esta base de datos se muestran en la Figura 2.9:

Tabla Departamento

NumDep	NomDep	Localidad
1	Compras	Madrid
2	Recursos humanos	Barcelona
3	Ventas	Bilbao

Tabla Empleado

NumEmp	NomEmp	Puesto	NumEmpJefe	FecIngreso	Salario	Comision	NumDep
1	Alberto Rey Ruiz	Gerente	NULL	2014-01-02	5500.00	0.00	1
2	Luis Grande Gil	Director	1	2014-01-02	3200.00	0.00	1
3	Ana Ruiz Almeida	Empleado	2	2014-01-02	1525.00	0.00	1
4	Albert Rius García	Director	1	2016-02-02	3100.00	0.00	2
5	Georgina Ruiz Plà	Empleado	4	2016-02-02	1420.00	0.00	2
6	Laura Díaz Folgado	Empleado	4	2016-12-12	1320.00	0.00	2
7	Esther Gómez Bilbao	Director	1	2018-01-02	2800.00	0.00	3
8	Vanessa Amor López	Vendedor	7	2018-01-02	1600.00	250.00	3
9	Ángel Jiménez Sánchez	Empleado	8	2018-01-02	1450.00	0.00	3
10	Sandra Rojo Núñez	Vendedor	8	2018-01-02	1900.00	400.00	3
11	María Galiano Lastra	Vendedor	10	2020-01-15	1300.00	900.00	3
12	Pedro Gómez Sanz	Vendedor	10	2022-05-05	1250.00	300.00	3

Figura 2.9. Contenido del esquema *empresa.*

En primer lugar, crearemos el esquema *empresa* dentro de la base de datos *postgres* y lo añadiremos al camino de búsqueda de esquemas:

```
postgres=# CREATE SCHEMA empresa;
CREATE SCHEMA
postgres=# SET search_path TO empresa, pedidos, public;
SET
```

Ahora pasaremos a crear las tablas. Comenzaremos creando la tabla *Departamento* porque *Empleado* tiene una clave ajena a *Departamento*:

- En cuanto al atributo *NumDep,* le asignaremos el tipo int. Indicaremos que este atributo es la clave primaria de la tabla y que solo puede tomar valores entre 1 y 100.

- Al atributo *NomDep* le asignaremos el tipo varchar por ser una cadena de caracteres de longitud variable. Como queremos almacenar cadenas de caracteres que pueden incluir caracteres propios del español, como letras con tilde, le asignaremos el cotejamiento "es-ES-x-icu". Pondremos la restricción NOT NULL por ser un atributo obligatorio y si sabemos además que los nombres de los departamentos no se pueden repetir, le asignaremos también la restricción UNIQUE.

- El atributo *Localidad* lo definiremos también como cadena de caracteres de longitud variable, le asignaremos el cotejamiento del español e indicaremos que es obligatorio.

La orden CREATE TABLE nos quedará como sigue:

```
CREATE TABLE Departamento
(NumDep int PRIMARY KEY
            CONSTRAINT cK_NumDep CHECK (NumDep between 1 and 100),
NomDep varchar(40) COLLATE "es-ES-x-icu" NOT NULL
                 CONSTRAINT UQ_NomDep_Departamento UNIQUE,
Localidad varchar(40) COLLATE "es-ES-x-icu" NOT NULL);

postgres=# \d Departamento
                Tabla ½empresa.departamento¬
```

Columna	Tipo	Ordenamiento	Nulable	Por omisi¾n
numdep	integer		not null	
nomdep	character varying(40)	es-ES-x-icu	not null	
localidad	character varying(40)	es-ES-x-icu	not null	

```
=ndices:
    "departamento_pkey" PRIMARY KEY, btree (numdep)
    "uq_nomdep_departamento" UNIQUE CONSTRAINT, btree (nomdep)
Restricciones CHECK:
    "ck_numdep" CHECK (numdep >= 1 AND numdep <= 100)
```

En cuanto a la tabla *Empleado*:

- Como vemos en la Figura 2.9, el atributo *NumEmp* es un campo numérico entero. Además, se debe indicar que es clave primaria. Para impedir números negativos, pondremos una restricción de tipo CHECK.

- Al atributo *NomEmp* le asignaremos el tipo varchar y longitud máxima 40. Además, le asignaremos el cotejamiento del español e indicaremos que es obligatorio con la restricción NOT NULL.

- El puesto de los empleados solo puede tomar los valores 'Gerente', 'Director', 'Empleado' o 'Vendedor'. Lo definiremos de tipo varchar con la longitud máxima de estos 4 valores (8). Le asignaremos el cotejamiento del español y obligaremos a introducir siempre uno de estos valores poniendo la restricción NOT NULL. Para restringir los valores a solo estos 4, incluiremos una restricción de tipo CHECK indicando que el atributo *Puesto* solo puede tomar uno de los valores de la lista indicada después del operador *in*.

- El atributo *NumEmpJefe* es una clave ajena al atributo *NumEmp* de la misma tabla *Empleado*, por lo que su tipo debe ser igual (int). Como este atributo es una clave ajena, deberemos especificar una restricción de clave ajena indicando que apunta al atributo *NumEmp* de la tabla *Empleado* (cláusula REFERENCES). Si deseamos que al cambiar el atributo *NumEmp* de un empleado, se modifique automáticamente el atributo *NumEmpJefe* para aquellos empleados que lo tienen como jefe, pondremos la cláusula ON UPDATE CASCADE.

- El atributo *FecIngreso* es de tipo date. Lo pondremos como un atributo obligatorio (NOT NULL).

- El atributo *Salario* debe ser un atributo de tipo real exacto por ser un dato monetario. Si consideramos que el salario debe tener como máximo 4 dígitos antes del separador decimal y 2 después de este, le pondremos el tipo numeric (6,2). Indicaremos que es un atributo obligatorio, y mediante una restricción de rechazo, que el salario mínimo es de 1100 €.

- El atributo *Comision* será del mismo tipo que el atributo *Salario*, pero, en este caso, no es obligatorio. Indicaremos mediante una restricción de rechazo que la comisión no puede ser negativa.

- El atributo *NumDep* es clave ajena al atributo homónimo de la tabla *Departamento*, por lo que su tipo debe ser igual (int). Le asignaremos por defecto el valor 1 y lo pondremos como obligatorio. Por tratarse de una clave ajena, especificaremos una restricción FOREIGN KEY apuntando al atributo *NumDep* de la tabla *Departamento*. Nos interesa que al modificarse el número de un departamento en la tabla *Departamento* se modifique automáticamente el atributo *NumDep* para los empleados que trabajen en ese departamento, por lo que añadimos ON UPDATE CASCADE.

- Sabemos que hay una limitación en la comisión de un empleado consistente en que esta no puede superar el salario multiplicado por 1.5. Crearemos, para reflejar esta limitación, una restricción de tipo CHECK, indicando que la comisión debe ser menor o igual que el salario * 1.5.

La orden CREATE TABLE nos quedará como sigue:

```
CREATE TABLE Empleado
(NumEmp int PRIMARY KEY CONSTRAINT ck_NumEmp CHECK (NumEmp > 0),
NomEmp varchar(40) COLLATE "es-ES-x-icu" NOT NULL,
Puesto varchar(8) COLLATE "es-ES-x-icu" NOT NULL CONSTRAINT ck_Puesto
CHECK (Puesto in ('Gerente', 'Director', 'Empleado', 'Vendedor')),
NumEmpJefe int,
FecIngreso date NOT NULL,
Salario numeric(6,2) NOT NULL
        CONSTRAINT ck_salario CHECK (salario >= 1100),
Comision numeric(6,2) CONSTRAINT ck_comision CHECK (comision >= 0),
NumDep int DEFAULT 1 NOT NULL,
CONSTRAINT fk_Jefe_Empleado FOREIGN KEY(NumEmpJefe)
        REFERENCES Empleado(NumEmp)ON UPDATE CASCADE,
CONSTRAINT fk_NumDep_Empleado FOREIGN KEY(NumDep)
        REFERENCES departamento(NumDep) ON UPDATE CASCADE,
CONSTRAINT ck_comision_salario CHECK (Comision <= 1.5 * Salario));

postgres=# \d Empleado
                    Tabla ½empresa.empleado¬

   Columna    |         Tipo          | Ordenamiento | Nulable  | Por omisi¾n
--------------+-----------------------+--------------+----------+------------
 numemp       | integer               |              | not null |
 nomemp       | character varying(40) | es-ES-x-icu  | not null |
 puesto       | character varying(8)  | es-ES-x-icu  | not null |
 numempjefe   | integer               |              |          |
 fecingreso   | date                  |              | not null |
 salario      | numeric(6,2)          |              | not null |
 comision     | numeric(6,2)          |              |          |
 numdep       | integer               |              | not null | 1
=ndices:
    "empleado_pkey" PRIMARY KEY, btree (numemp)
Restricciones CHECK:
    "ck_comision" CHECK (comision >= 0::numeric)
    "ck_comision_salario" CHECK (comision <= (1.5 * salario))
```

```
"ck_numemp" CHECK (numemp > 0)

"ck_puesto" CHECK (puesto::text = ANY (ARRAY['Gerente'::character
varying, 'Director'::character varying, 'Empleado'::character
varying, 'Vendedor'::character varying]::text[]))

"ck_salario" CHECK (salario >= 1100::numeric)
Restricciones de llave forßnea:

"fk_jefe_empleado" FOREIGN KEY (numempjefe) REFERENCES
empleado(numemp) ON UPDATE CASCADE

"fk_numdep_empleado" FOREIGN KEY (numdep) REFERENCES
departamento(numdep) ON UPDATE CASCADE
Referenciada por:

TABLE "empleado" CONSTRAINT "fk_jefe_empleado" FOREIGN KEY
(numempjefe) REFERENCES empleado(numemp) ON UPDATE CASCADE
```

Se proporcionan las instrucciones necesarias para crear el esquema *empresa* y añadir datos en las tablas por medio del archivo *empresa.sql* disponible en la web de Paraninfo.

Modificación de tablas

Sobre una tabla también se puede modificar su estructura o diseño haciendo uso de la sentencia ALTER TABLE.

Para practicar la sentencia ALTER TABLE, vamos a crear dentro de la base de datos *postgres* un esquema llamado *instituto* que almacenará información sobre los alumnos que cursan en un instituto ciclos formativos de Formación Profesional. En este esquema crearemos dos tablas: *Alumnos* y *Estudios*, con la siguiente estructura:

Alumnos (<u>NIF</u>, Nombre, Apellidos, Ciclo, Curso, Idioma, Dirección)

Estudios (<u>CodCiclo</u>, NomCiclo, Nivel, Duración)

Comenzaremos creando dentro de la base de datos *postgres* el esquema *instituto* y lo añadiremos al camino de búsqueda de esquemas de la siguiente manera:

```
CREATE SCHEMA instituto;
SET search_path TO instituto, public;
```

Ahora comenzaremos creando la tabla *Estudios* con la siguiente orden SQL:

```
CREATE TABLE Estudios
(CodCiclo char(3) PRIMARY KEY,
```

```
NomCiclo varchar(40) COLLATE "es-ES-x-icu" NOT NULL UNIQUE,
Nivel char NOT NULL CONSTRAINT ck_Nivel CHECK (Nivel in ('M','S')),
Duracion int NOT NULL);
```

A continuación, se va a crear la tabla *Alumnos*, pero sin incluir varios aspectos que añadiremos después a la tabla mediante sentencias ALTER TABLE, como, por ejemplo, la indicación de la clave primaria de la tabla, de la clave ajena, etc. La orden SQL con la que crearemos por ahora la tabla *Alumnos* es la siguiente:

```
CREATE TABLE Alumnos
(NIF char(9),
Nombre varchar(20) COLLATE "es-ES-x-icu" NOT NULL,
Apellidos varchar(40) COLLATE "es-ES-x-icu" NOT NULL,
Ciclo char(3) NOT NULL,
Curso int NOT NULL CONSTRAINT ck_Curso CHECK (Curso in (1,2)),
Idioma varchar(10) COLLATE "es-ES-x-icu"
          CONSTRAINT ck_Idioma CHECK (Idioma in ('Inglés', 'Francés')),
Direccion varchar(40) COLLATE "es-ES-x-icu" NOT NULL);
```

Veamos a continuación las opciones para la sentencia ALTER TABLE. Pues bien, la modificación del diseño de una tabla puede implicar:

- Añadir un nuevo atributo a la tabla, lo que se llevará a cabo de acuerdo con la siguiente sintaxis:

```
ALTER TABLE nombre_tabla
ADD [COLUMN] columna tipo_dato [DEFAULT valor_defecto₁]
          [COLLATE nombre_cotejamiento] [restricciones_columna];
```

  Como se puede observar, se debe indicar después de ADD el nombre del atributo que se desea añadir, su tipo de dato y, opcionalmente, un valor por defecto, su cotejamiento y la o las restricciones de columna que se deseen para él.

  A modo de ejemplo, añadamos un atributo llamado *NumMatricula* a la tabla *Alumnos* como un número entero obligatorio y no negativo:

```
instituto=# ALTER TABLE Alumnos
instituto-# ADD NumMatricula int NOT NULL CHECK (NumMatricula >= 0);
ALTER TABLE
```

- Añadir una restricción a una tabla, para lo que se empleará la sintaxis:

```
ALTER TABLE nombre_tabla
ADD [CONSTRAINT nombre_restricción] restricción;
```

Se puede asignar un nombre a la restricción y se debe indicar a continuación la restricción en concreto, como si se tratara de una restricción de tabla.

A modo de ejemplo, indiquemos para la tabla *Alumnos* que su clave primaria es el NIF:

```
instituto=# ALTER TABLE Alumnos
instituto-# ADD PRIMARY KEY(NIF);
ALTER TABLE
```

A modo de ejemplo, se va a indicar que el atributo *Ciclo* de la tabla *Alumnos* es una clave ajena al atributo *CodCiclo* de la tabla *Estudios*. Vamos a indicar que al modificar el código de un ciclo se modifique dicho código en todas las filas de la tabla *Alumnos* para todos los alumnos que cursen dicho ciclo:

```
instituto=# ALTER TABLE Alumnos
instituto-# ADD FOREIGN KEY (Ciclo) REFERENCES Estudios(CodCiclo)
ON UPDATE CASCADE;
ALTER TABLE
```

A modo de ejemplo, se va a asignar una restricción de unicidad al atributo *NumMatricula* de la tabla *Alumnos*:

```
instituto=# ALTER TABLE Alumnos
instituto-# ADD UNIQUE (NumMatricula);
ALTER TABLE
```

- Asignar un valor por defecto a un atributo o cambiarle el valor por defecto asignado, para lo que se usa la siguiente sintaxis:

```
ALTER TABLE nombre _ tabla
ALTER [COLUMN] columna SET DEFAULT literal;
```

Como se puede observar, se debe indicar el atributo al que se desea asignar el valor por defecto y dicho valor después de SET DEFAULT.

A modo de ejemplo, se va a asignar al atributo *Duracion* de la tabla *Estudios* el valor 2000, ya que la mayoría de los ciclos formativos tienen una duración de 2000 horas:

```
instituto=# ALTER TABLE Estudios
instituto-# ALTER Duracion SET DEFAULT 2000;
ALTER TABLE
```

- Cambiar el tipo de dato de un atributo, para lo que se usa la sintaxis:

```
ALTER TABLE nombre _ tabla
ALTER [COLUMN] columna TYPE tipo _ dato;
```

- Cambiar el nombre de un atributo, para lo que se usa la siguiente sintaxis:

```
ALTER TABLE nombre_tabla
RENAME [COLUMN] columna nombre_antiguo TO nombre_nuevo.
```

A modo de ejemplo, se va a cambiar en la tabla *Alumnos* el nombre del atributo *Idioma* por *Lengua*:

```
instituto=# ALTER TABLE Alumnos
instituto-# RENAME Idioma TO Lengua;
ALTER TABLE
```

- Eliminar un atributo, para lo que se usa la sintaxis:

```
ALTER TABLE nombre_tabla
DROP [COLUMN] columna;
```

A modo de ejemplo, se va a eliminar el atributo *Duracion* de la tabla *Estudios*:

```
instituto=# ALTER TABLE Estudios
instituto-# DROP Duracion;
ALTER TABLE
```

- Eliminar una restricción, para lo que se usa la sintaxis:

```
ALTER TABLE nombre_tabla
DROP CONSTRAINT nombre_restricción;
```

Por tanto, para poder eliminar una restricción, se requiere conocer su nombre. Si se desconoce este, se puede consultar con el comando \d *nombre_tabla*. A modo de ejemplo, se va a eliminar de la tabla *Alumnos* la restricción *ck_Idioma*, que limita los valores de este atributo:

```
instituto=# ALTER TABLE Alumnos
instituto-# DROP CONSTRAINT ck_Idioma;
ALTER TABLE
```

- Renombrar una tabla, para lo que se utiliza la sintaxis:

```
ALTER TABLE nombre_tabla
RENAME [TO] nuevo_nombre_tabla;
```

- Cambiar el propietario de una tabla, para lo que se utiliza la sintaxis:

```
ALTER TABLE nombre_tabla OWNER TO
{nuevo_propietario | CURRENT_ROLE | CURRENT_USER | SESSION_USER}
```

Borrado de tablas

La orden que se emplea para la eliminación completa de una tabla es la orden DROP TABLE. Su sintaxis es la siguiente:

```
DROP TABLE [IF EXISTS] tabla₁, tabla₂, …;
```

Esta orden no solo borra los datos contenidos en la tabla, sino también toda la tabla de la base de datos en la que está definida. Se pueden borrar con la misma orden varias tablas simplemente poniendo los diversos nombres de las tablas separados por comas. La opción IF EXISTS sirve para que si no existe alguna de las tablas, no se muestre el mensaje de error que aparece por defecto.

Para borrar con la misma orden SQL las tablas *t1* y *t2* habría que escribir:

```
DROP table t1, t2;
```

2.1.5. Creación, modificación y borrado de vistas

Las vistas son objetos de la base de datos que incluyen mediante una consulta un subconjunto de datos de la base de datos. A veces, se llama a las vistas "tablas virtuales" porque se puede trabajar con ellas en la mayoría de los casos como si fuesen tablas, pero no lo son porque las vistas no contienen datos almacenados. Las tablas que aparecen en la consulta asociada a la vista reciben el nombre de tablas subyacentes. Cada vez que se realiza una operación sobre una vista se ejecuta la sentencia SELECT asociada a la vista para obtener los datos de la misma. Las vistas no almacenan datos excepto si se trata de vistas materializadas.

Las vistas pueden ser útiles por diversos motivos:

* Una vista simplifica la complejidad de una consulta porque se puede realizar una consulta sobre una vista basada en una consulta compleja mediante una SELECT sencilla.

* Las vistas permiten que el administrador de la base de datos solo ponga a disposición de determinados usuarios aquellos datos a los que estos deben poder acceder creando las vistas correspondientes. Para los usuarios, ver los datos contenidos en tablas o en vistas es exactamente igual, pero no para el administrador, quien debe velar por la integridad de los datos. Además, es posible dar permisos sobre vistas como si se tratase de tablas, permitiendo de esta manera proteger las tablas originales.

* Una vista proporciona una capa consistente incluso si cambian las columnas de la tabla o tablas subyacentes.

Creación de vistas

Para crear una vista, se debe emplear la sentencia CREATE VIEW, cuyo formato es el siguiente:

```
CREATE [OR REPLACE]
VIEW Nombre _ vista [(atributo₁, atributo ₂, …, atributo ₙ)]
AS sentencia _ SELECT
[WITH CHECK OPTION];
```

La opción OR REPLACE sirve para que, en el caso de que ya exista una vista con el nombre indicado, no se produzca un mensaje de error y esa vista sea sustituida por la que se está creando.

A toda vista es necesario asignarle un nombre, que no puede coincidir con el nombre de ninguna otra vista ni tabla dentro del esquema actual. Después de indicar el nombre de la vista, se pueden especificar entre paréntesis y separados por comas los nombres de sus atributos. En caso de omitir esta lista, se asignan a los atributos de la vista los mismos nombres que aparecen en la sentencia SELECT con la que se crea la vista.

Vamos a trabajar con vistas a partir de algunas tablas del esquema *pedidos*, cuyo esquema relacional se muestra a continuación:

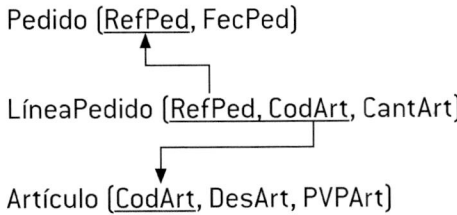

Pedido (RefPed, FecPed)

LíneaPedido (RefPed, CodArt, CantArt)

Artículo (CodArt, DesArt, PVPArt)

A modo de ejemplo, se va a crear una vista llamada *ArticulosBaratos* con la descripción y precio de los artículos, cuyo precio es inferior a 0.50 €. En este caso, no se van a especificar los nombres de los atributos de la vista, por lo que coincidirán con los de la tabla *Articulo* sobre la que se define:

```
CREATE VIEW ArticulosBaratos
AS SELECT DesArt, PVPArt FROM Articulo WHERE PVPArt < 0.50;

postgres=# SELECT * FROM ArticulosBaratos;
      desart      | pvpart
------------------+--------
 Goma de borrar   |   0.15
 Sacapuntas       |   0.25
(2 filas)
```

En la sentencia SELECT asociada a la vista pueden aparecer varias tablas y/o vistas en su cláusula FROM.

Si a algún atributo de la vista se le desea asignar un nombre diferente de lo que viene especificado en la cláusula SELECT de la consulta con la que se crea la vista, se puede obrar de una de las dos siguientes maneras:

- Asignar un alias al atributo en la sentencia SELECT.

- Escribir después del nombre de la vista dentro de un paréntesis los nombres de todos sus atributos separados por comas.

A modo de ejemplo, vamos a crear una vista que contenga por cada artículo solicitado en más de un pedido su código, descripción, el número de pedidos en que ha sido solicitado y el número de unidades totales solicitadas del artículo. Para obtener estos dos últimos datos, tenemos que realizar agrupamientos y aplicar funciones de grupo (*count* y *sum*) a dos atributos. La podemos crear con la siguiente instrucción:

```
CREATE VIEW ArticulosPedidos AS
SELECT A.CodArt, DesArt, count(RefPed), sum(CantArt)
FROM LineaPedido L JOIN Articulo A ON L.CodArt = A.CodArt
GROUP BY A.CodArt, DesArt
HAVING count(RefPed) > 1;

postgres=# SELECT * FROM ArticulosPedidos;
 codart |     desart     | count | sum
--------+----------------+-------+-----
 A0043  | Bolígrafo azul |     3 |  20
(1 fila)
```

Pero de esta manera hay dos atributos en la vista (los dos últimos), cuyos nombres pueden no resultar muy adecuados. Para asignarles otros nombres, podríamos haber ejecutado una de las dos siguientes órdenes:

```
CREATE VIEW ArticulosPedidos (CodArt, DesArt, NumPed, Unidades) AS
SELECT A.CodArt, DesArt, count(RefPed), sum(CantArt)
FROM LineaPedido L JOIN Articulo A ON L.CodArt = A.CodArt
GROUP BY A.CodArt, DesArt
HAVING count(RefPed) > 1;

CREATE VIEW ArticulosPedidos AS
SELECT A.CodArt, DesArt, count(RefPed) NumPed, sum(CantArt) Unidades
FROM LineaPedido L JOIN Articulo A ON L.CodArt = A.CodArt
GROUP BY A.CodArt, DesArt
HAVING count(RefPed) > 1;
```

Vamos a crear ahora dentro del esquema *empresa* una vista llamada *SalariosAnuales* con los números de empleado, nombre y salarios anuales de los empleados de la tabla *Empleado* que trabajan en el departamento número 2. Hemos de tener en cuenta que los salarios en la tabla *Empleado* son mensuales, por lo que para obtener los anuales, si no consideramos pagas extra, habrá que multiplicarlos por 12. Crearemos la vista con la siguiente sentencia:

```
CREATE VIEW SalariosAnuales (Número, Nombre, SalarioAnual)
AS SELECT NumEmp, NomEmp, Salario * 12
FROM Empleado
WHERE NumDep = 2;

postgres=# SELECT * FROM SalariosAnuales;

 número |        nombre       | salarioanual
--------+---------------------+-------------
      4 | Albert Rius García  |     37200.00
      6 | Laura Díaz Folgado  |     15840.00
(2 filas)
```

Modificación de vistas

Se puede modificar la definición de una vista mediante la opción CREATE OR REPLACE VIEW. Dada la vista *SalariosAnuales* que se acaba de crear, podemos modificarla de manera que a la hora de calcular el salario anual se tengan en cuenta también dos pagas extras al año (14 pagas mensuales en lugar de 12) con la siguiente orden:

```
CREATE OR REPLACE VIEW SalariosAnuales (Número, Nombre, SalarioAnual)
AS SELECT NumEmp, NomEmp, Salario * 14
FROM Empleado
WHERE NumDep = 2;

postgres=# SELECT * FROM SalariosAnuales;

 número |        nombre       | salarioanual
--------+---------------------+-------------
      4 | Albert Rius García  |     43400.00
      6 | Laura Díez Folgado  |     18480.00
(2 filas)
```

Por su parte, la orden ALTER VIEW permite modificar algunas propiedades de una vista:

• Para cambiar el nombre de un atributo de la vista, se emplea la sintaxis:

```
ALTER VIEW [IF EXISTS] Nombre_vista
RENAME [COLUMN] nombre_atributo TO nuevo_nombre_atributo;
```

Para cambiar el nombre del atributo *SalarioAnual* por *Salario* en la vista *SalariosAnuales*, usaremos la orden:

```
ALTER VIEW SalariosAnuales
RENAME SalarioAnual TO Salario;
```

- Para cambiar el nombre de la vista, se emplea la sintaxis:

```
ALTER VIEW [IF EXISTS] Nombre _ vista
RENAME TO nuevo _ nombre _ vista;
```

Para cambiar el nombre de la vista *SalariosAnuales* por *Salarios,* usaremos la orden:

```
ALTER VIEW SalariosAnuales
RENAME TO Salarios;
```

- Para cambiar el esquema en el que se encuentra la vista, se emplea la sintaxis:

```
ALTER VIEW [IF EXISTS] Nombre _ vista
SET SCHEMA nuevo _ esquema;
```

Borrado de vistas

Para eliminar una vista, se usa la instrucción DROP VIEW, cuya sintaxis es la siguiente:

```
DROP VIEW [IF EXISTS] Nombre _ vista₁, Nombre _ vista₂,…
[CASCADE | RESTRICT]
```

La opción IF EXISTS sirve para que si no existe alguna de las vistas indicadas, no se muestre el mensaje de error que aparece por defecto. Con la opción CASCADE se borran junto con la vista aquellos objetos que dependen de ella, como otras vistas y, además, todos los objetos que dependen de estos. Con la opción RESTRICT no se permite borrar una vista si hay objetos que dependen de ella; esta es la opción por defecto. Para borrar la vista *Salarios*, emplearemos la orden:

```
                    DROP VIEW Salarios;
```

Vistas materializadas

Las vistas no contienen datos almacenados y muestran cada vez que se hace uso de ellas, el resultado de la consulta sobre las tablas subyacentes o tablas base. En PostgreSQL existe el concepto de vista materializada. Una vista materializada es como una vista, pero contiene datos almacenados físicamente. Este tipo de vistas sirve para almacenar el resultado de una consulta compleja y se puede refrescar periódicamente. Son útiles en aquellos casos en los que se requiere un acceso rápido a los datos a cambio de incrementar el tamaño de la base de datos. Se usan frecuentemente en grandes almacenes de datos (*data warehouses*) y aplicaciones de *business intelligence*.

Los datos de una vista materializada se deberán actualizar de forma periódica para que no queden obsoletos, lo que es debido a que los cambios que se realizan sobre las tablas base no se ven automáticamente reflejados en la vista materializada. Por esto, se suele decir que las vistas materializadas constituyen fotografías de la base de datos.

Para crear una vista materializada se usa la orden CREATE MATERIALIZED VIEW con el siguiente formato:

```
CREATE MATERIALIZED VIEW [IF NOT EXISTS]
Nombre _ vista [(atributo₁, atributo       ₂, …, atributo ₙ)]
AS sentencia _ SELECT
[WITH [NO] DATA];
```

Si se utiliza la opción WITH NO DATA, no será posible consultar datos de la vista hasta que se lleve a cabo la carga de datos.

Para cargar datos en una vista materializada, se usa la orden REFRESH MATERIALIZED VIEW, con la siguiente sintaxis:

```
REFRESH MATERIALIZED VIEW Nombre _ vista;
```

Para eliminar una vista materializada, se usa la siguiente orden:

```
DROP MATERIALIZED VIEW Nombre _ vista;
```

2.1.6. Creación, modificación y borrado de índices

Los índices son una herramienta útil para incrementar el rendimiento de la base de datos y se pueden definir como estructuras de datos que aceleran las operaciones de búsqueda basadas en los campos sobre los que se definen los índices. No obstante, los índices también suponen una sobrecarga para la base de datos, por lo que se deben manejar con cuidado.

Supongamos que disponemos de la siguiente consulta sobre la tabla *Articulo* del esquema *pedidos*:

```
SELECT PVPArt FROM Articulo WHERE DesArt = 'Bolígrafo rojo normal';
```

Pues bien, para devolver el resultado de la consulta, el SGBD debería recorrer todas las filas de la tabla *Articulo* para encontrar aquellas que cumplen la condición especificada. Si hay muchas filas en la tabla *Articulo* y solo unas pocas filas (cero o una, en este caso) que devolver, este método resulta muy ineficiente. Pero si existiese un índice sobre el atributo *DesArt*, se podría usar un método más eficiente para encontrar las filas que cumplen la condición especificada en la cláusula WHERE. Por ejemplo, solo debería recorrer varios niveles de profundidad en un árbol de búsqueda.

Una vez que se crea un índice, no se requiere mayor intervención, ya que el sistema actualizará el índice cuando se vean modificados los datos de la tabla y utilizará el índice en consultas cuando considere que hacerlo sería más eficiente que un recorrido secuencial de la tabla. No obstante, puede ser necesario ejecutar el comando ANALYZE regularmente para actualizar las estadísticas con el fin de permitir que el planificador de consultas tome las mejores decisiones posibles.

Los índices también pueden ser beneficiosos para las operaciones UPDATE y DELETE con cláusula WHERE.

Un índice definido sobre un atributo que se usa para combinar una tabla con otra puede mejorar significativamente las consultas que requieran combinaciones de tablas.

Después de crear un índice, el sistema debe mantenerlo sincronizado con la tabla, lo que añade una sobrecarga a las operaciones de actualización de datos. Debido a esto, aquellos índices que no sean usados apenas o nunca deben ser eliminados.

PostgreSQL crea índices automáticamente para las claves primarias (PRIMARY KEY) y alternativas (UNIQUE).

Además, los índices pueden ser multicolumna, es decir, pueden abarcar más de un atributo de una tabla, lo que puede resultar de utilidad cuando se usan esos atributos en diversas cláusulas de sentencias SELECT.

PostgreSQL proporciona diversos tipos de índices, de los cuales los índices *B-tree* y *hash* son los más relevantes:

- Los índices de tipo *B-tree* son índices ordenados que permiten resolver eficientemente cualquier acceso por valor, ya sea directo o secuencial. Los árboles B+, que se usan para representar este tipo de índices, son árboles de búsqueda cuyo objetivo es minimizar las operaciones de entrada/salida en las búsquedas. Un árbol B+ se compone de nodos interconectados. Las relaciones entre nodos conectan un nodo padre con un nodo hijo, de manera que cada nodo del árbol, excepto el nodo raíz, tiene un nodo padre y cero o más nodos hijos.

- Los índices de tipo *hash* almacenan un código *hash* de 32 bits obtenido a partir del valor de la columna indexada. Existe una función de dispersión (*hash*) que calcula a partir del valor de la columna indexada el lugar de disco donde se encuentra la fila de la tabla con ese valor. Este tipo de índices solo son adecuados para accesos directos por valor.

Pues bien, cada tipo de índice usa un algoritmo diferente que puede resultar más adecuado para distintos tipos de búsquedas:

- El planificador de consultas de PostgreSQL considerará usar un índice de tipo *B-tree* cuando una columna indexada está involucrada en una comparación en la que se usan alguno de los siguientes operadores: <, <=, >, >=, >. No obstante, también se puede usar un índice de tipo *B-tree* para consultas en las que se empleen operadores basados en estos, como BETWEEN o IN. También se puede usar un índice *B-tree* cuando en la condición aparece IS NULL, IS NOT NULL o el operador LIKE o para recuperar datos ordenados.

- El planificador solo considerará utilizar un índice de tipo *hash* si la columna indexada aparece involucrada en una comparación en la que se use el operador =.

Creación de índices

La instrucción para crear un índice es CREATE INDEX, que requiere de la siguiente sintaxis:

```
CREATE INDEX nombre _ índice
ON nombre _ tabla (atributo _ índice, ....);

atributo _ índice: nombre _ atributo [{ASC | DESC}]
```

Como se puede observar, después de la palabra INDEX se debe indicar el nombre que se le asigna al índice. Hay que indicar después de la palabra ON la tabla sobre la que se crea el índice y el o los atributos correspondientes. Además, se puede indicar si se desea que el índice sea en orden ascendente o descendente. El orden por defecto es ascendente.

Por defecto, el comando CREATE INDEX crea índices de tipo *B-tree* porque es el tipo de índice que más se ajusta a las situaciones más comunes. Para crear un índice de tipo *hash*, hay que añadir delante del atributo o atributos sobre el/los que se crea el índice, las palabras USING HASH:

```
CREATE INDEX nombre _ índice
ON nombre _ tabla USING HASH(atributo _ índice, ....);
```

En los ejemplos que se exponen a continuación se van a crear índices de tipo *B-tree*. Por ejemplo, vamos a crear un índice sobre la descripción de un artículo:

```
CREATE INDEX IDesArt ON Articulo(DesArt);
```

Creemos ahora otro índice sobre el atributo *PVPArt* en orden descendente. Usaremos la siguiente orden:

```
CREATE INDEX IPVPArt ON Articulo (PVPArt DESC);
```

Para visualizar los índices definidos sobre una tabla, se puede usar el comando \d seguido del nombre de la tabla:

```
postgres=# \d Articulo;
                        Tabla ½pedidos.articulo⌐

                        Tabla ½pedidos.articulo⌐
  Columna |          Tipo          | Ordenamiento | Nulable  | Por omisi¾n
 ---------+------------------------+--------------+----------+-------------
  codart  | character(5)           |              | not null |
  desart  | character varying(30)  | es-ES-x-icu  | not null |
  pvpart  | numeric(6,2)           |              | not null |
Índices:
    "articulo_pkey" PRIMARY KEY, btree (codart)
    "idesart" btree (desart)
    "ipvpart" btree (pvpart DESC)
Restricciones CHECK:
    "ck_pvpart" CHECK (pvpart > 0::numeric)
Referenciada por:
    TABLE "lineapedido" CONSTRAINT "fk_codart_lineapedido"
FOREIGN KEY (codart) REFERENCES articulo(codart) ON UPDATE CASCADE
```

Se puede observar que además de los dos índices que se acaban de crear explícitamente con la instrucción CREATE INDEX (*IDesArt* e *IPVPArt*), PostgreSQL creó implícitamente un índice para el atributo clave primaria de la tabla (*CodArt*).

Modificación de índices

En PostgreSQL es posible usar una instrucción ALTER INDEX para cambiar el nombre de un índice empleando la siguiente sintaxis:

```
ALTER INDEX nombre_índice RENAME TO nuevo_nombre;
```

Borrado de índices

La instrucción para eliminar un índice es la instrucción DROP INDEX, cuya sintaxis es la siguiente:

```
DROP INDEX [IF EXISTS] nombre_índice;
```

Como se puede observar, se debe indicar el nombre del índice que se desea eliminar únicamente. Así, para borrar el índice *IPVPArt* definido sobre el atributo *PVPArt* de la tabla *Articulo*, deberemos emplear la siguiente instrucción:

```
DROP INDEX IPVPArt;
```

2.1.7. Especificación de restricciones de integridad

Las principales restricciones de integridad del modelo relacional son las siguientes:

- Clave primaria (PRIMARY KEY): permite declarar un atributo o un conjunto de atributos como clave primaria de una relación, por lo que sus valores no se podrán repetir ni se admitirán los valores nulos (o inexistentes).

- Unicidad (UNIQUE): mediante la cual se indica que los valores de un atributo o conjunto de atributos no pueden repetirse en una relación. Esta restricción permite la definición de claves alternativas.

- Obligatoriedad de uno o más atributos (NOT NULL): con lo que se indica que un atributo o conjunto de atributos no admite valores nulos.

- Integridad referencial (FOREIGN KEY): la restricción de integridad referencial establece que una clave ajena solo podrá tomar valor nulo, o bien alguno de los valores que toma la clave candidata de la relación apuntada.

- Restricciones de rechazo y aserciones (CHECK): para crear estas restricciones, el usuario especifica un predicado o condición sobre un atributo o conjunto de atributos de manera que cada vez que se lleve a cabo una operación de actualización sobre la base de datos, se comprueba si se cumple el predicado especificado, y en caso de que este no se cumpla, la operación no es permitida. La diferencia entre las restricciones de verificación o de rechazo y las aserciones es que, en el primer caso, el predicado afecta a una sola relación y en el segundo caso (aserciones), a varias relaciones.

Ya se ha estudiado en la sección 2.1.4 cómo especificar todas estas restricciones de integridad, tanto si se trata de restricciones que afectan a un solo atributo, como si son restricciones de tablas, esto es, restricciones que afectan a varios atributos.

2.2. El lenguaje de manipulación de datos (DML)

El SGBD debe proporcionar los medios necesarios para permitir a los usuarios consultar y actualizar los datos almacenados en la base de datos. La actualización de una base de datos puede implicar tres tipos de operaciones:

- Inserción o adición de nuevos datos, por ejemplo, añadir los datos de un nuevo artículo que vende la empresa.

- Borrado o eliminación, por ejemplo, eliminar los datos de un artículo que la empresa ha dejado de vender.

- Modificación, por ejemplo, el cambio del precio de un determinado artículo.

Esta función de manipulación se llevará a cabo por medio de un lenguaje de manipulación de datos (DML: *Data Manipulation Language*). Estos lenguajes deben permitir, por tanto, realizar operaciones de consulta (SELECT), inserción (INSERT) y borrado (DELETE).

2.2.1. Construcción de consultas de selección: agregación, subconsultas, unión, intersección, diferencia

Trabajaremos con el esquema *pedidos* creado anteriormente, cuya estructura es la siguiente:

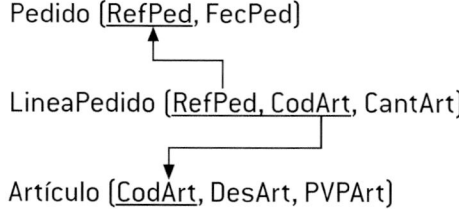

Pedido (RefPed, FecPed)

LineaPedido (RefPed, CodArt, CantArt)

Artículo (CodArt, DesArt, PVPArt)

Para realizar la consulta de datos contenidos en tablas de una base de datos relacional, se usa la sentencia SELECT. El formato básico de la sentencia SELECT es el siguiente:

```
SELECT expresión₁, expresión₂, ..., expresiónₙ
FROM tabla₁, tabla₂, ..., tablaₙ
WHERE criterio de selección
ORDER BY expresión₁ [ASC|DESC], expresión₂ [ASC|DESC],..., expresiónₙ [ASC|DESC]
LIMIT {número|ALL};
```

Se van a explicar en esta sección cada una de estas cinco cláusulas de la sentencia SELECT y las consultas sobre varias tablas. Las consultas creadas con este formato pueden ser consultas sobre una o varias tablas, pero sin agregaciones ni subconsultas. Las agregaciones se estudiarán en la sección 2.3 y las subconsultas, en la 2.7. Asimismo, tampoco se estudiarán en la sección actual la unión, la intersección ni la diferencia de consultas, que se analizan en la sección 2.8.

Cláusula FROM

Después de la cláusula FROM se especifican separados por comas los nombres de las tablas sobre las que se desea efectuar la consulta. Por ejemplo, si deseamos realizar una consulta sobre las tablas *Pedido* y *LineaPedido*, escribiremos:

```
SELECT expresión₁, expresión₂, ..., expresiónₙ
FROM Pedido, LineaPedido;
```

Se pueden asignar nuevos nombres o alias a las tablas, los cuales deberán especificarse a continuación del nombre de la tabla tal cual o separados por la/s palabra/as. Por ejemplo, en las siguientes sentencias SQL asignaríamos el nombre *P* a la tabla *Pedido* y *L* a la tabla *LineaPedido*:

```
SELECT expresión₁, expresión₂, ..., expresiónₙ
FROM Pedido P, LineaPedido L;

SELECT expresión₁, expresión₂, ..., expresiónₙ
FROM Pedido as P, LineaPedido as L;
```

A la hora de escribir el nombre de una tabla, también se puede indicar el esquema al que pertenece mediante la sintaxis *NombreEsquema.NombreTabla*. Esto se puede hacer siempre que se desee, pero no es necesario si se hace referencia a una tabla de un esquema dentro de la base de datos actual. Así, en la siguiente sentencia SELECT se emplea la sintaxis *NombreEsquema.NombreTabla*.

```
SELECT expresión₁, expresión₂, ..., expresiónₙ
FROM Pedidos.Pedido P, Pedidos.LineaPedido L;
```

Cláusula SELECT

En la cláusula SELECT se especifican varias expresiones separadas por comas, que normalmente son atributos de las tablas que se consultan. Por ejemplo, si queremos consultar el código y descripción de los artículos de la tabla *Articulo*, escribiremos:

```
SELECT CodArt, DesArt
FROM Articulo;
```

También se puede escribir después de la cláusula SELECT el símbolo *, indicando que se desea mostrar la totalidad de los atributos de la tabla especificada tras la cláusula FROM. Por ejemplo, para mostrar todos los atributos de la tabla *Artículo*, podríamos usar cualquiera de las dos siguientes sentencias SQL. Como se puede observar, el resultado de la ejecución es el mismo en ambos casos:

```
SELECT CodArt, DesArt, PVPArt
FROM Articulo;

 codart |        desart        | pvpart
--------+----------------------+-------
 A0043  | Bolígrafo azul       |  0.78
 A0078  | Bolígrafo rojo normal|  1.05
 A0075  | Lápiz 2B             |  0.55
 A0012  | Goma de borrar       |  0.15
 A0089  | Sacapuntas           |  0.25

(5 filas)

SELECT *

FROM Articulo;

 codart |        desart
--------+----------------------
 A0043  | Bolígrafo azul
 A0078  | Bolígrafo rojo normal
 A0075  | Lápiz 2B
 A0012  | Goma de borrar
 A0089  | Sacapuntas

(5 filas)
```

En la cláusula SELECT también se pueden asignar alias a los atributos si no consideramos conveniente o descriptivo el nombre del atributo. Para asignar un alias a un atributo, basta con escribir después del nombre del atributo el texto que queremos que se muestre en lugar de su nombre. Este texto, si se trata de una sola palabra, se puede poner tal cual o entre comillas dobles ("). En el caso de que este texto conste de varias palabras, es decir, si presenta algún espacio en blanco, será imprescindible ponerlo entre comillas simples o dobles. Por ejemplo, en la siguiente consulta se usan alias para dos atributos de la tabla *Articulo*:

```
SELECT CodArt "Código del artículo", PVPArt Precio
FROM Articulo;

 codart |        desart        | pvpart
--------+----------------------+-------
 A0043  | Bolígrafo azul       |  0.78
 A0078  | Bolígrafo rojo normal|  1.05
 A0075  | Lápiz 2B             |  0.55
 A0012  | Goma de borrar       |  0.15
 A0089  | Sacapuntas           |  0.25

(5 filas)
```

A veces es conveniente o incluso necesario especificar por cada atributo la tabla a la que pertenece. Será necesario en aquel caso en el que se realice una consulta sobre varias tablas y en ellas haya algún atributo con el mismo nombre. Para ello, se empleará la sintaxis *NombreTabla.NombreAtributo,* o bien *AliasTabla.NombreAtributo.* Por ejemplo, en la siguiente consulta, aunque usemos esta sintaxis, no sería necesario por tratarse de una consulta sobre una sola tabla.

```
SELECT A.CodArt, A.DesArt
FROM Articulo A;

Código del artículo | precio
--------------------+--------
 A0043              |   0.78
 A0078              |   1.05
 A0075              |   0.55
 A0012              |   0.15
 A0089              |   0.25
(5 filas)
```

Es posible indicar por cada atributo, además de la tabla a la que pertenece, el esquema en el que está definida la tabla a la que pertenece el atributo, empleando la sintaxis *NombreEsquema.NombreTabla.NombreAtributo.* Si consideramos que la tabla *Articulo* está dentro del esquema *pedidos,* la anterior consulta empleando esta sintaxis se escribiría así:

```
SELECT pedidos.Articulo.CodArt, pedidos.Articulo.DesArt
FROM pedidos.Articulo;

 codart |         desart
--------+----------------------
 A0043  | Bolígrafo azul
 A0078  | Bolígrafo rojo normal
 A0075  | Lápiz 2B
 A0012  | Goma de borrar
 A0089  | Sacapuntas
(5 filas)
```

Puede ocurrir que a la hora de realizar una consulta no nos interese que aparezcan en el resultado varias filas repetidas. Pues bien, para evitarlo deberemos añadir la palabra DISTINCT después de la palabra SELECT. Por ejemplo, si deseamos visualizar los códigos de los artículos que han sido solicitados en los pedidos que tenemos en la base de datos, podríamos emplear la instrucción:

```
SELECT CodArt
FROM LineaPedido;

 codart
 --------
 A0043
 A0078
 A0043
 A0075
 A0012
 A0043
 A0089
(7 filas)
```

Pero, como podemos ver, en el resultado nos aparecen los códigos de varios artículos repetidos; en concreto, el código *A0043* aparece tres veces, porque este artículo ha sido solicitado en varios pedidos. Si no deseamos que nos aparezcan estos datos repetidos, tenemos que escribir DISTINCT después de SELECT:

```
SELECT DISTINCT CodArt
FROM LineaPedido;

codart
--------
 A0012
 A0075
 A0078
 A0043
 A0089
(5 filas)
```

Cláusula WHERE

En la cláusula WHERE se especifica un criterio de selección, esto es, la condición o condiciones que deben cumplir las filas de la tabla que se desean mostrar. Esta cláusula no es obligatoria, por lo que no hay que escribirla en caso de que se deseen mostrar todas las filas de la tabla. En esta condición se pueden emplear distintos tipos de operadores. Estos son:

Operadores de comparación o relacionales

Estos operadores actúan sobre dos operandos colocados antes y después del operador y nos devuelven un valor verdadero, falso o nulo. Estos operadores son los siguientes:

Tabla 2.1. Operadores de comparación

Operador	Significado
<	Menor que
<=	Menor o igual que
>	Mayor
>=	Mayor o igual que
=	Igual a
!= <>	Distinto de

Por ejemplo, para mostrar la descripción y el precio de los artículos con precio inferior a 0,75 €, escribiremos:

```
SELECT DesArt, PVPArt
FROM Articulo
WHERE PVPArt < 0.75;

      desart     | pvpart
-----------------+--------
 Lápiz 2B        |   0.55
 Goma de borrar  |   0.15
 Sacapuntas      |   0.25
(3 filas)
```

Si queremos mostrar los datos de los pedidos realizados el 23 de febrero de 2024, escribiremos:

```
SELECT *
FROM Pedido
WHERE FecPed = '2024-02-23';

refped |   fecped
--------+------------
 P0003  | 2024-02-23
(1 fila)
```

Operadores aritméticos

Los operadores aritméticos que se pueden emplear en PostgreSQL son:

Tabla 2.2. Operadores aritméticos

Operador	Significado
+	Suma o más unario
-	Resta o menos unario
*	Multiplicación
/	División
% mod	Resto de división entera
^	Exponenciación
|/	Raíz cuadrada
||/	Raíz cúbica
@	Valor absoluto

Estos operadores se pueden emplear tanto en la cláusula SELECT, para crear campos calculados, como en la cláusula WHERE.

El operador / aplicado sobre dos números enteros devuelve el cociente como un número entero, es decir, truncado y sin parte decimal, por lo que 5/2 devuelve 2. En caso de que el dividendo o el divisor sea un número real, devuelve un número real, por lo que 5/2.0 devuelve 2.5.

Operadores lógicos

Estos operadores actúan sobre valores verdadero, falso o nulo y devuelven también un valor verdadero, falso o nulo. Existen tres operadores lógicos:

- El operador AND actúa sobre dos operandos y devuelve verdadero si los operandos sobre los que opera son verdaderos, de acuerdo con la siguiente tabla:

Tabla 2.3. Tabla de verdad del operador AND

AND	VERDADERO	FALSO	NULO
VERDADERO	VERDADERO	FALSO	NULO
FALSO	FALSO	FALSO	FALSO
NULO	NULO	FALSO	NULO

- El operador OR también se aplica sobre dos operandos y devuelve verdadero si uno de los valores sobre los que opera es verdadero, de acuerdo con la siguiente tabla:

Tabla 2.4. Tabla de verdad del operador OR

OR	VERDADERO	FALSO	NULO
VERDADERO	VERDADERO	VERDADERO	VERDADERO
FALSO	VERDADERO	FALSO	NULO
NULO	VERDADERO	NULO	NULO

- El operador NOT actúa sobre un solo operando y devuelve el valor contrario a aquel sobre el que opera, es decir, NOT VERDADERO = FALSO, NOT FALSO = VERDADERO y NOT NULO = NULO.

Por ejemplo, si deseamos mostrar todos los datos de los artículos con precio entre 50 céntimos y un euro, emplearemos la siguiente consulta:

```
SELECT *
FROM Articulo
WHERE PVPArt >= 0.50 AND PVPArt <= 1;
```

```
 codart |      desart     | pvpart
--------+-----------------+--------
 A0043  | Bolígrafo azul  |   0.78
 A0075  | Lápiz 2B        |   0.55
(2 filas)
```

Para mostrar la descripción y precio de los artículos con precio inferior a 50 céntimos o mayor que un euro, emplearemos la siguiente consulta:

```
SELECT *
FROM Articulo
WHERE PVPArt < 0.50 OR PVPArt > 1;
```

```
 codart |         desart         | pvpart
--------+------------------------+--------
 A0078  | Bolígrafo rojo normal  |   1.05
 A0012  | Goma de borrar         |   0.15
 A0089  | Sacapuntas             |   0.25
(3 filas)
```

Operador *LIKE*

Este operador se utiliza para comparar cadenas de caracteres. Se pueden emplear dos caracteres comodín:

- %, que simboliza cualquier cadena de 0 a n caracteres.

- _, que simboliza cualquier carácter, pero solo uno.

Por ejemplo, si queremos mostrar el código y descripción de los artículos cuya descripción comience por la letra *B*, pondremos:

```
SELECT CodArt, DesArt
FROM Articulo
WHERE DesArt LIKE 'B%';
```

```
 codart |        desart
--------+----------------------
 A0043  | Bolígrafo azul
 A0078  | Bolígrafo rojo normal
(2 filas)
```

Para mostrar todos los datos de los artículos cuya descripción comience por la letra *B* y contenga alguna *u*, pondremos:

```
SELECT *
FROM Articulo
WHERE DesArt LIKE 'B%u%';
```

```
 codart |     desart      | pvpart
--------+-----------------+--------
 A0043  | Bolígrafo azul  |  0.78
(1 fila)
```

Si lo que deseamos es ver todos los datos de los artículos cuyo código contenga el número 4 en la penúltima posición, escribiremos:

```
SELECT *
FROM Articulo
WHERE CodArt LIKE '%4 _ ';
```

```
 codart |     desart      | pvpart
--------+-----------------+--------
 A0043  | Bolígrafo azul  |  0.78
(1 fila)
```

Operador *BETWEEN*

Este operador se utiliza para especificar los valores entre los que se desea que se encuentre el valor de un atributo, ambos valores incluidos. Se emplea el formato:

$$BETWEEN \ valor_1 \ AND \ valor_2$$

Por ejemplo, si queremos visualizar las descripciones y precios de todos los artículos con precio entre 0.25 y 0.75 €, escribiremos:

```
SELECT DesArt, PVPArt
FROM Articulo
WHERE PVPArt BETWEEN 0.25 AND 0.75;
```

```
   desart    | pvpart
-------------+--------
 Lápiz 2B    |  0.55
 Sacapuntas  |  0.25
(2 filas)
```

También se puede preguntar si el valor de un atributo no se encuentra en un cierto intervalo anteponiendo a la palabra *BETWEEN* el operador lógico *NOT*.

Por ejemplo, para visualizar los datos de los artículos con código no incluido entre el A0050 y A0080, escribiremos la siguiente consulta:

```
SELECT *
FROM Articulo
WHERE CodArt NOT BETWEEN 'A0050' AND 'A0080';

 codart |     desart     | pvpart
--------+----------------+--------
 A0043  | Bolígrafo azul |   0.78
 A0012  | Goma de borrar |   0.15
 A0089  | Sacapuntas     |   0.25
(3 filas)
```

Operador *IN*

Este operador permite consultar si el valor de un atributo se encuentra o no entre una serie de valores escribiendo a continuación de la palabra *IN* dentro de un paréntesis dichos valores separados por comas.

Por ejemplo, para mostrar los datos de las líneas de pedido correspondientes a los artículos con código A0043, A0012 y A0075, podríamos usar cualquiera de las dos siguientes consultas:

```
SELECT *
FROM LineaPedido
WHERE CodArt IN('A0043', 'A0012' , 'A0075');

SELECT *
FROM LineaPedido
WHERE CodArt = 'A0043' OR CodArt = 'A0012' OR CodArt = 'A0075';

 refped | codart | cantart
--------+--------+---------
 P0001  | A0043  |      10
 P0002  | A0043  |       5
 P0003  | A0075  |      20
 P0004  | A0012  |      15
 P0004  | A0043  |       5
(5 filas)
```

Al igual que ocurría con el operador BETWEEN, también se puede consultar si el valor de un atributo no se encuentra entre los especificados en una lista mediante *NOT IN*. Así, si queremos mostrar los datos de todas las líneas de pedido, excepto aquellas en las que se solicitan 10 o 20 artículos, pondremos:

```
SELECT *
FROM LineaPedido
WHERE CantArt NOT IN (10,20);
 refped | codart | cantart
--------+--------+---------
 P0001  | A0078  |      12
 P0002  | A0043  |       5
 P0004  | A0012  |      15
 P0004  | A0043  |       5
 P0004  | A0089  |      50
(5 filas)
```

Operador *IS*

Este operador se utiliza para saber si un atributo toma o no valor nulo dependiendo de si se utiliza *IS NULL* o *IS NOT NULL,* respectivamente. Por ejemplo, si quisiésemos mostrar los datos de los artículos con descripción, escribiríamos la siguiente orden SQL:

```
SELECT *
FROM Articulo
WHERE DesArt IS NOTNULL;
```

También se puede emplear el operador NOTNULL, de forma que la consulta también se puede escribir así:

```
SELECT *
FROM Articulo
WHERE DesArt NOTNULL;
```

Si lo que queremos es mostrar los datos de todos los artículos que no tienen un precio asignado, usaremos la sentencia:

```
SELECT *
FROM Articulo
WHERE PVPArt IS NULL;
```

También se puede emplear el operador ISNULL, de forma que la consulta también se puede escribir así:

```
SELECT *
FROM Articulo
WHERE DesArt ISNULL;
```

También se puede emplear el operador *IS* para comprobar si un valor es:

• Verdadero, escribiendo: valor IS TRUE.

- Falso, escribiendo: valor IS FALSE.

- Desconocido, escribiendo: valor IS UNKNOWN.

Prioridad de los operadores

La prioridad de los operadores determina el orden de evaluación de los términos de una expresión. No obstante, es posible alterar este orden si se emplean paréntesis. En caso de que haya varios operadores con la misma prioridad en ausencia de paréntesis, la evaluación de la expresión se realiza de izquierda a derecha. Se muestra en la siguiente tabla la prioridad de los operadores de mayor a menor:

Tabla 2.5. Prioridad de los operadores

Operador/es	Nivel de prioridad
+ - (más y menos unarios)	11
^	10
* / % mod	9
+ - (suma y resta)	8
|/ ||/ @	7
BETWEEN LIKE IN	6
= > >= < <= <> !=	5
IS	4
NOT	3
AND	2
OR	1

Cláusula ORDER BY

La cláusula ORDER BY es opcional y sirve para especificar el o los campos o expresiones incluidas en la cláusula SELECT por los cuales se desea ordenar el resultado de la consulta. Por defecto, la ordenación se realiza en orden ascendente, es decir, para los números y horas de menor a mayor, para los caracteres alfabéticos de la *a* a la *z* y para las fechas de la más antigua a la más moderna.

Después de cada expresión, en función de la cual se desea realizar la ordenación, se puede especificar:

- ASC: sirve para indicar que se realice una ordenación ascendente. No es necesario incluir esta cláusula porque es la ordenación que se realiza por defecto.

- DESC: sirve para indicar que se realice una ordenación descendente.

Por ejemplo, si deseamos mostrar los datos de los artículos de menos de 1 euro del más caro al más barato, emplearemos la orden SQL:

```
SELECT *
FROM Articulo
WHERE PVPArt < 1
ORDER BY PVPArt DESC;
```

```
 codart |      desart     | pvpart
--------+-----------------+--------
 A0043  | Bolígrafo azul  |   0.78
 A0075  | Lápiz 2B        |   0.55
 A0089  | Sacapuntas      |   0.25
 A0012  | Goma de borrar  |   0.15
(4 filas)
```

Si se incluye más de una expresión en la cláusula ORDER BY, se indica que en caso de que para varias filas del resultado el primer criterio no permita ordenarlas, se emplee (a modo de desempate) el segundo criterio especificado y así sucesivamente. Por ejemplo, si queremos mostrar todos los datos para las líneas de pedido en las que se soliciten menos de 15 unidades, ordenando el resultado en primer lugar por número de unidades (de más a menos) y en segundo lugar por referencia de pedido (de la *a* a la *z*), pondremos:

```
SELECT RefPed, CodArt, CantArt
FROM LineaPedido
WHERE CantArt < 15
ORDER BY CantArt DESC, RefPed;
```

```
 refped | codart | cantart
--------+--------+---------
 P0001  | A0078  |      12
 P0001  | A0043  |      10
 P0002  | A0043  |       5
 P0004  | A0043  |       5
(4 filas)
```

También se puede hacer referencia a las expresiones sobre las que se desee realizar la ordenación escribiendo los números que hacen referencia a su posición ordinal en la sentencia SELECT. Por ejemplo, en este caso podríamos poner:

```
SELECT RefPed, CodArt, CantArt
FROM LineaPedido
WHERE CantArt < 15
ORDER BY 3 DESC, 1;
```

```
 refped | codart | cantart
--------+--------+---------
 P0001  | A0078  |      12
 P0001  | A0043  |      10
 P0002  | A0043  |       5
 P0004  | A0043  |       5
(4 filas)
```

Cláusula LIMIT

La cláusula LIMIT es opcional y sirve para limitar el número de filas de la consulta que se mostrarán. LIMIT ALL equivale a omitir la cláusula LIMIT.

Cuando se usa la cláusula LIMIT, es importante usar también ORDER BY para ordenar las filas resultado de la consulta, pues, en caso contrario, no es posible predecir el orden en el que se mostrarán las filas, no teniendo sentido en estos casos limitar el resultado a cierto número de filas.

Por ejemplo, si deseamos que se nos muestren todos los datos de los 3 artículos más caros que están a la venta, deberemos usar la siguiente consulta, en la que ordenamos el resultado por precio de mayor a menor con la cláusula ORDER BY y limitamos el número filas a 3:

```
SELECT *
FROM Articulo
ORDER BY PVPArt DESC
LIMIT 3;
```

```
 codart |        desart        | pvpart
--------+----------------------+--------
 A0078  | Bolígrafo rojo normal |   1.05
 A0043  | Bolígrafo azul        |   0.82
 A0075  | Lápiz 2B              |   0.58
(3 filas)
```

Consultas sobre varias tablas

Las consultas que se han realizado hasta ahora solo han afectado a una tabla, pero en muchos casos es necesario crear consultas que afecten a varias tablas. Para crear consultas multitabla, hemos de tener en cuenta lo siguiente:

- Se pueden combinar tantas tablas como se desee, las cuales deberán especificarse después de la cláusula FROM.

- En todas las cláusulas se puede hacer referencia a atributos de cualquiera de las tablas incluidas después de la cláusula FROM.

- Si hay atributos con el mismo nombre en varias tablas, para hacer referencia a alguno de estos se debe utilizar la sintaxis NombreTabla.NombreAtributo.

- El criterio de combinación de tablas se puede especificar mediante la palabra JOIN en la cláusula FROM, o bien en la cláusula WHERE. Si no se especifica ningún criterio de combinación de tablas, se hará el producto cartesiano de las tablas especificadas tras la cláusula FROM.

Combinación de tablas empleado JOIN o INNER JOIN

Veamos, para comenzar, la manera de combinar tablas mediante la especificación del criterio de combinación de tablas con JOIN o INNER JOIN en la cláusula FROM.

Vamos a crear una consulta sobre el esquema *pedidos,* en la que mostremos por cada línea de pedido la referencia del pedido, el código del artículo solicitado, su descripción, el número de unidades solicitadas y el precio de cada artículo. Se mostrará el resultado ordenado por referencia del pedido y código de artículo. Observamos que hay atributos tanto de la tabla *LineaPedido* (*RefPed, CodArt* y *CantArt*) como de la tabla *Articulo* (*DesArt* y *PVPArt*), motivo por el cual en la cláusula FROM de la consulta habremos de especificar estas dos tablas. Asignaremos alias a las tablas con el fin de poder referirnos a ellas con la letra inicial, en lugar de tener que escribir el nombre completo de la tabla. En la cláusula SELECT deberán aparecer todos los atributos que queremos mostrar (los cinco indicados), pero para hacer referencia al atributo *CodArt* debemos escribir AliasTabla.NombreAtributo, porque este atributo está repetido en las dos tablas. Podríamos pensar que la consulta sería así:

```
SELECT RefPed, L.CodArt, DesArt, CantArt, PVPArt
FROM LineaPedido L, Articulo A
ORDER BY RefPed, L.CodArt;
```

refped	codart	desart	cantart	pvpart
P0001	A0043	Bolígrafo azul	10	0.78
P0001	A0043	Bolígrafo rojo normal	10	1.05
P0001	A0043	Lápiz 2B	10	0.55
P0001	A0043	Goma de borrar	10	0.15
P0001	A0043	Sacapuntas	10	0.25
P0001	A0078	Bolígrafo azul	12	0.78
P0001	A0078	Bolígrafo rojo normal	12	1.05
P0001	A0078	Lápiz 2B	12	0.55

```
P0001  | A0078  | Goma de borrar        |        12 |    0.15
P0001  | A0078  | Sacapuntas            |        12 |    0.25
P0002  | A0043  | Bolígrafo azul        |         5 |    0.78
P0002  | A0043  | Bolígrafo rojo normal |         5 |    1.05
P0002  | A0043  | Lápiz 2B              |         5 |    0.55
P0002  | A0043  | Goma de borrar        |         5 |    0.15
P0002  | A0043  | Sacapuntas            |         5 |    0.25
P0003  | A0075  | Bolígrafo azul        |        20 |    0.78
P0003  | A0075  | Bolígrafo rojo normal |        20 |    1.05
P0003  | A0075  | Lápiz 2B              |        20 |    0.55
P0003  | A0075  | Goma de borrar        |        20 |    0.15
P0003  | A0075  | Sacapuntas            |        20 |    0.25
P0004  | A0012  | Bolígrafo azul        |        15 |    0.78
P0004  | A0012  | Bolígrafo rojo normal |        15 |    1.05
P0004  | A0012  | Lápiz 2B              |        15 |    0.55
P0004  | A0012  | Goma de borrar        |        15 |    0.15
P0004  | A0012  | Sacapuntas            |        15 |    0.25
P0004  | A0043  | Bolígrafo azul        |         5 |    0.78
P0004  | A0043  | Bolígrafo rojo normal |         5 |    1.05
P0004  | A0043  | Lápiz 2B              |         5 |    0.55
P0004  | A0043  | Goma de borrar        |         5 |    0.15
P0004  | A0043  | Sacapuntas            |         5 |    0.25
P0004  | A0089  | Bolígrafo azul        |        50 |    0.78
P0004  | A0089  | Bolígrafo rojo normal |        50 |    1.05
P0004  | A0089  | Lápiz 2B              |        50 |    0.55
P0004  | A0089  | Goma de borrar        |        50 |    0.15
P0004  | A0089  | Sacapuntas            |        50 |    0.25
(35 filas)
```

Como podemos observar en el resultado obtenido, se ha realizado el producto cartesiano entre las dos tablas (*LineaPedido* y *Articulo*), es decir, se ha relacionado cada línea de pedido de la tabla *LineaPedido* con cada artículo de la tabla *Articulo*. Se habría obtenido el mismo resultado si hubiésemos combinado las tablas mediante CROSS JOIN del siguiente modo:

```
SELECT RefPed, L.CodArt, DesArt, CantArt, PVPArt
FROM LineaPedido L CROSS JOIN Articulo A
ORDER BY RefPed, L.CodArt;
```

Pero esto no es lo que normalmente nos interesa, sino que deseamos que se relacione el artículo solicitado en cada línea de pedido identificado por su código (*CodArt*) con los datos de dicho artículo (*DesArt* y *PVPArt*). Para conseguir esto, hemos de realizar una combinación interna de las dos tablas escribiendo JOIN o INNER JOIN entre ellas, después la palabra ON y, a continuación, la condición que vincule ambas tablas a través del atributo común a ambas (la clave ajena), en este caso, *CodArt*. Esta condición deberá indicar, por tanto, que el atributo clave ajena *CodArt* de la tabla *LineaPedido* debe coincidir con el valor que tome el atributo clave primaria *CodArt* de la tabla *Articulo*. La consulta, por tanto, nos quedaría así:

```
SELECT RefPed, L.CodArt, DesArt, CantArt, PVPArt
FROM LineaPedido L JOIN Articulo A on L.CodArt = A.CodArt
ORDER BY RefPed, L.CodArt;
```

```
 refped | codart |         desart         | cantart | pvpart
--------+--------+------------------------+---------+--------
 P0001  | A0043  | Bolígrafo azul         |      10 |   0.78
 P0001  | A0078  | Bolígrafo rojo normal  |      12 |   1.05
 P0002  | A0043  | Bolígrafo azul         |       5 |   0.78
 P0003  | A0075  | Lápiz 2B               |      20 |   0.55
 P0004  | A0012  | Goma de borrar         |      15 |   0.15
 P0004  | A0043  | Bolígrafo azul         |       5 |   0.78
 P0004  | A0089  | Sacapuntas             |      50 |   0.25
(7 filas)
```

En el resultado obtenido se puede observar cómo se ha relacionado cada línea de pedido con los datos del artículo solicitado en la misma.

En este caso, en la cláusula FROM se han incluido dos tablas, pero no existe ninguna limitación en cuanto al número de tablas. Eso sí, se debe tener en cuenta que deberán combinarse cada dos tablas escribiendo JOIN entre ambas y después de ON la condición de combinación.

Supongamos que queremos mostrar por cada pedido con fecha posterior al 20 de febrero de 2024, su referencia y fecha y, además, por cada uno de los artículos solicitados en él, su código, descripción, número de unidades solicitadas, importe del artículo e importe de la línea de pedido. Este último dato se calculará multiplicando el número de unidades solicitadas por el importe unitario de cada artículo. Vemos cómo en esta consulta necesitamos atributos de las tres tablas, por lo que deberemos incluir en las tres tras la palabra FROM. En este caso, además, vamos a utilizar alias para las tablas. Combinaremos en primer lugar la tabla *Pedido* con *LineaPedido* indicando que el atributo clave ajena de *LineaPedido* (*RefFed*) debe coincidir con el atributo clave primaria de *Pedido* (*RefPed*). El resultado de esta combinación lo combinaremos a su vez con la tabla *Articulo* indicando que el atributo clave ajena de *LineaPedido* (*CodArt*) coincida con el atributo clave primaria de *Articulo* (*CodArt*). Para referirnos a los atributos *CodArt* y *RefPed*, al estar repetidos en dos tablas, deberemos poner AliasTabla.NombreAtributo. Por otro lado, en este caso, necesitamos crear un campo calculado como resultado de multiplicar el número de unidades solicitadas de un artículo en una línea de pedido por el precio del artículo. A estos campos es adecuado asignarles un alias. La consulta nos quedaría como sigue:

```
SELECT P.RefPed, FecPed, A.CodArt, DesArt, CantArt, PVPArt,
CantArt * PVPArt "Importe línea"
FROM Pedido P JOIN LineaPedido L on P.RefPed = L.RefPed JOIN Articulo A
ON A.CodArt = L.CodArt
WHERE FecPed > '2024-02-20';
```

```
refped |   fecped   | codart |    desart      | cantart | pvpart | Importe línea
--------+------------+--------+----------------+---------+--------+---------------
P0003  | 2024-02-23 | A0075  | Lápiz 2B       |      20 |  0.55  |         11.00
P0004  | 2024-02-25 | A0012  | Goma de borrar |      15 |  0.15  |          2.25
P0004  | 2024-02-25 | A0043  | Bolígrafo azul |       5 |  0.78  |          3.90
P0004  | 2024-02-25 | A0089  | Sacapuntas     |      50 |  0.25  |         12.50
(4 filas)
```

(4 filas)

Estas consultas multitabla que hemos llevado a cabo hasta el momento han sido composiciones internas, es decir, en ellas solo se han mostrado las filas de las tablas combinadas para las cuales se cumple el criterio de combinación.

Esta manera de combinar tablas es la aconsejada en el último estándar de SQL. Sin embargo, hay otras maneras de combinar tablas, algunas de las cuales se exponen a continuación:

Combinación de tablas empleando WHERE

Esta es la forma tradicional de combinar tablas. La sintaxis consiste en escribir después de la palabra FROM, separados por comas, los nombres de las tablas que se desean combinar y especificar el criterio de combinación de las mismas en la cláusula WHERE. Este criterio de combinación de tablas se unirá a las demás condiciones que pueda haber en la cláusula WHERE mediante el operador AND. Para combinar las tablas correctamente, deberán incluirse en la cláusula WHERE tantas condiciones unidas por el operador lógico AND como número de tablas menos 1, relacionando cada una de estas condiciones una clave ajena con su correspondiente clave primaria.

Vamos a ver cómo sería la siguiente consulta realizada con anterioridad. Se trata de mostrar por cada línea de pedido la referencia del pedido, el código y descripción del artículo solicitado, el número de unidades solicitadas y el precio unitario del artículo:

```
SELECT RefPed, L.CodArt, DesArt, CantArt, PVPArt
FROM LineaPedido L, Articulo A
WHERE L.CodArt = A.CodArt
ORDER BY RefPed, L.CodArt;
```

```
 refped | codart |         desart        | cantart | pvpart
--------+--------+-----------------------+---------+--------
 P0001  | A0043  | Bolígrafo azul        |      10 |   0.78
 P0001  | A0078  | Bolígrafo rojo normal |      12 |   1.05
 P0002  | A0043  | Bolígrafo azul        |       5 |   0.78
 P0003  | A0075  | Lápiz 2B              |      20 |   0.55
 P0004  | A0012  | Goma de borrar        |      15 |   0.15
 P0004  | A0043  | Bolígrafo azul        |       5 |   0.78
 P0004  | A0089  | Sacapuntas            |      50 |   0.25
```

(7 filas).

Veamos también cómo sería la segunda consulta multitabla creada anteriormente:

```
SELECT P.RefPed, FecPed, A.CodArt, DesArt, CantArt, PVPArt,
CantArt * PVPArt "Importe línea"
FROM Pedido P, LineaPedido L, Articulo A
WHERE P.RefPed = L.RefPed AND A.CodArt = L.CodArt AND FecPed >
'2024-02-20';
```

```
 refped |   fecped   | codart |     desart     | cantart | pvpart | Importe línea
--------+------------+--------+----------------+---------+--------+---------------
 P0003  | 2024-02-23 | A0075  | Lápiz 2B       |      20 |   0.55 |         11.00
 P0004  | 2024-02-25 | A0012  | Goma de borrar |      15 |   0.15 |          2.25
 P0004  | 2024-02-25 | A0043  | Bolígrafo azul |       5 |   0.78 |          3.90
 P0004  | 2024-02-25 | A0089  | Sacapuntas     |      50 |   0.25 |         12.50
```
(4 filas)

Combinación de tablas empleando JOIN USING

La sintaxis consiste en escribir las tablas que se combinan en la cláusula FROM unidas por JOIN y a continuación indicar USING y, entre paréntesis, uno o varios atributos, que son aquellos por los que se vinculan las tablas, es decir, la clave ajena y correspondiente clave primaria. Debe tenerse en cuenta que estos atributos en las dos tablas deben tener el mismo nombre; en caso contrario, no es posible combinar ambas tablas usando JOIN USING.

A modo de ejemplo, vamos a ver cómo sería la siguiente consulta realizada con anterioridad. Se trata de mostrar por cada línea de pedido, la referencia del pedido, el código y descripción del artículo solicitado, el número de unidades solicitadas y el precio unitario del artículo. Pues bien, pondremos en la cláusula FROM las dos tablas involucradas (*LineaPedido* y *Articulo*) unidas con JOIN. Ambas tablas están vinculadas a través del atributo *CodArt*, que es clave ajena en *LineaPedido* y clave primaria en *Articulo*. Recordemos que un requisito para poder usar JOIN USING es que el atributo que vincula las tablas tenga igual nombre en las dos, condición que se cumple en este caso. Pues bien, pondremos USING y después, entre paréntesis, el nombre de este atributo. De esta manera, prescindimos de la cláusula WHERE. La consulta quedará como sigue:

```
SELECT RefPed, L.CodArt, DesArt, CantArt, PVPArt
FROM LineaPedido L JOIN Articulo A USING (CodArt)
ORDER BY RefPed, L.CodArt;
```

```
 refped | codart |         desart        | cantart | pvpart
--------+--------+-----------------------+---------+--------
 P0001  | A0043  | Bolígrafo azul        |      10 |   0.78
 P0001  | A0078  | Bolígrafo rojo normal |      12 |   1.05
 P0002  | A0043  | Bolígrafo azul        |       5 |   0.78
 P0003  | A0075  | Lápiz 2B              |      20 |   0.55
 P0004  | A0012  | Goma de borrar        |      15 |   0.15
 P0004  | A0043  | Bolígrafo azul        |       5 |   0.78
 P0004  | A0089  | Sacapuntas            |      50 |   0.25
(7 filas)
```

La segunda consulta multitabla creada anteriormente también se podría llevar a cabo empleando este método de combinación de tablas, porque los atributos que combinan cada par de tablas tienen el mismo nombre. Veamos cómo quedaría esta consulta:

```
SELECT P.RefPed, FecPed, A.CodArt, DesArt, CantArt, PVPArt,
CantArt * PVPArt "Importe línea"
FROM Pedido P JOIN LineaPedido L USING(RefPed) JOIN Articulo A
USING (CodArt)
WHERE FecPed>'2024-02-20';
```

```
 refped |   fecped   | codart |     desart     | cantart | pvpart | Importe línea
--------+------------+--------+----------------+---------+--------+---------------
 P0003  | 2024-02-23 | A0075  | Lápiz 2B       |      20 |   0.55 |         11.00
 P0004  | 2024-02-25 | A0012  | Goma de borrar |      15 |   0.15 |          2.25
 P0004  | 2024-02-25 | A0043  | Bolígrafo azul |       5 |   0.78 |          3.90
 P0004  | 2024-02-25 | A0089  | Sacapuntas     |      50 |   0.25 |         12.50
(4 filas)
```

Combinación de tablas empleando NATURAL JOIN

Esta tercera opción de JOIN, al igual que ocurría con la anterior, requiere que los atributos que vinculan las tablas (clave ajena y correspondiente clave primaria) tengan el mismo nombre y, además, que no haya, aparte de la clave ajena y correspondiente clave primaria, ningún otro atributo con igual nombre en las tablas que se vinculan. En este caso, solo hay que unir las tablas con NATURAL JOIN, y el SGBD entiende que debe combinarlas a través del/ los atributo/s con idéntico nombre en las dos tablas, no siendo necesario especificar para nada los nombres de estos atributos. En el caso que venimos haciendo, por tanto, no sería necesario especificar que el atributo que vincula las dos tablas es *CodArt*. La consulta nos quedaría como sigue:

```
SELECT RefPed, L.CodArt, DesArt, CantArt, PVPArt
FROM LineaPedido L NATURAL JOIN Articulo A
ORDER BY RefPed, L.CodArt;
```

refped	codart	desart	cantart	pvpart
P0001	A0043	Bolígrafo azul	10	0.78
P0001	A0078	Bolígrafo rojo normal	12	1.05
P0002	A0043	Bolígrafo azul	5	0.78
P0003	A0075	Lápiz 2B	20	0.55
P0004	A0012	Goma de borrar	15	0.15
P0004	A0043	Bolígrafo azul	5	0.78
P0004	A0089	Sacapuntas	50	0.25

(7 filas)

La segunda multitabla creada anteriormente también se podría llevar a cabo empleando este método de combinación de tablas porque los atributos que combinan cada par de tablas tienen el mismo nombre, y además, no hay ningún otro atributo con nombre repetido en las tablas que se combinan. Veamos cómo quedaría esta consulta:

```
SELECT P.RefPed, FecPed, A.CodArt, DesArt, CantArt, PVPArt,
CantArt * PVPArt "Importe línea"
FROM Pedido P NATURAL JOIN LineaPedido L NATURAL JOIN Articulo A
WHERE FecPed > '2024-02-20';
```

refped	fecped	codart	desart	cantart	pvpart	Importe línea
P0003	2024-02-23	A0075	Lápiz 2B	20	0.55	11.00
P0004	2024-02-25	A0012	Goma de borrar	15	0.15	2.25
P0004	2024-02-25	A0043	Bolígrafo azul	5	0.78	3.90
P0004	2024-02-25	A0089	Sacapuntas	50	0.25	12.50

(4 filas)

Combinaciones externas

Las consultas multitabla que se han llevado a cabo hasta el momento han sido composiciones internas, es decir, en ellas solo se han mostrado las filas de las tablas combinadas para las que se cumple el criterio de combinación.

Las composiciones externas son combinaciones entre dos o más tablas en las cuales aparecen en el resultado filas de una tabla, aunque no exista correspondencia con filas de la otra tabla con la que se combina. Para explicar esto, en primer lugar, vamos a añadir a la tabla *Pedido* dos nuevos pedidos con los siguientes datos, para los cuales no vamos a crear líneas de pedido:

RefPed	FecPed
P0005	2024/03/18
P0006	2024/03/23

```
pedidos=# insert into pedido values ('P0005', '2024-03-18');
INSERT 0 1
pedidos=# insert into pedido values ('P0006', '2024-03-23');
INSERT 0 1
```

Vamos a realizar una consulta entre las tablas *Pedido* y *LineaPedido* que nos muestre por cada pedido su referencia y fecha, y por cada uno de los artículos solicitados en él, su código y el número de unidades pedidas. Esta consulta mediante una combinación interna nos quedaría como sigue:

```
SELECT P.RefPed, FecPed, CodArt, CantArt
FROM Pedido P JOIN LineaPedido L on P.RefPed = L.RefPed;

 refped |   fecped   | codart | cantart
--------+------------+--------+---------
 P0001  | 2024-02-16 | A0043  |      10
 P0001  | 2024-02-16 | A0078  |      12
 P0002  | 2024-02-18 | A0043  |       5
 P0003  | 2024-02-23 | A0075  |      20
 P0004  | 2024-02-25 | A0012  |      15
 P0004  | 2024-02-25 | A0043  |       5
 P0004  | 2024-02-25 | A0089  |      50
(7 filas)
```

Como se puede observar, en el resultado no aparecen los pedidos que se acaban de añadir (los de referencia *P0005* y *P0006*) porque no hay filas para estos pedidos en la tabla *LineaPedido*. Si deseamos realizar una combinación externa consistente en este caso en que se muestren todas las filas de la tabla *Pedido,* aunque no tengan correspondencia con filas de la tabla *LineaPedido*, debemos escribir LEFT OUTER JOIN o simplemente LEFT JOIN en lugar de JOIN, indicando que para la tabla de la izquierda (*Pedido*) queremos que se muestren todos sus datos, aunque no haya filas correspondientes en la tabla de la derecha (*LineaPedido*).

```
SELECT P.RefPed, FecPed, CodArt, CantArt
FROM Pedido P LEFT OUTER JOIN LineaPedido L on P.RefPed = L.RefPed;

 refped |   fecped   | codart | cantart
--------+------------+--------+---------
 P0001  | 2024-02-16 | A0043  |      10
 P0001  | 2024-02-16 | A0078  |      12
 P0002  | 2024-02-18 | A0043  |       5
 P0003  | 2024-02-23 | A0075  |      20
 P0004  | 2024-02-25 | A0012  |      15
 P0004  | 2024-02-25 | A0043  |       5
 P0004  | 2024-02-25 | A0089  |      50
 P0005  | 2024-03-18 |        |
 P0006  | 2024-03-23 |        |
(9 filas)
```

El mismo resultado habríamos obtenido si hubiésemos especificado en la cláusula FROM primero la tabla *LineaPedido* y después *Pedido,* y hubiésemos escrito RIGHT OUTER JOIN o RIGHT JOIN en lugar de LEFT OUTER JOIN, pues en este caso estaríamos indicando a PostgreSQL que queremos que se muestren los datos de la tabla de la derecha, aunque no haya filas combinadas en la tabla de la izquierda:

```
SELECT P.RefPed, FecPed, CodArt, CantArt
FROM LineaPedido L RIGHT JOIN Pedido P on P.RefPed = L.RefPed;

 refped |   fecped   | codart | cantart
--------+------------+--------+---------
 P0001  | 2024-02-16 | A0043  |      10
 P0001  | 2024-02-16 | A0078  |      12
 P0002  | 2024-02-18 | A0043  |       5
 P0003  | 2024-02-23 | A0075  |      20
 P0004  | 2024-02-25 | A0012  |      15
 P0004  | 2024-02-25 | A0043  |       5
 P0004  | 2024-02-25 | A0089  |      50
 P0005  | 2024-03-18 |        |
 P0006  | 2024-03-23 |        |
(9 filas)
```

Hay una tercera modalidad de combinación externa, que se escribe con FULL OUTER JOIN. En este caso, se estaría indicando que deseamos que se muestren filas de cualquiera de las dos tablas combinadas, aunque no haya filas relacionadas en la otra. Así, si tenemos una consulta con la cláusula FROM siguiente:

```
FROM A FULL OUTER JOIN B on A.x = B.x
```

PostgreSQL ejecuta la consulta del siguiente modo:

1º Realiza una combinación interna (INNER JOIN) de las dos tablas, mostrando en el resultado, por tanto, todas las filas de las tablas A y B para las cuales se cumple la condición de combinación (A.x = B.x).

2º Para cada fila de A que no cumple la condición de combinación con ninguna fila de B, se muestra una fila con los atributos de A y valores nulos para los atributos de B.

3º Para cada fila de B que no cumple la condición de combinación con ninguna fila de A, se muestra una fila con los atributos de B y valores nulos para los atributos de A.

2.2.2. Construcción de consultas de inserción

La introducción de datos en una tabla se realiza empleando la sentencia INSERT, que admite varios formatos.

Inserción con *VALUES*

El primero de los formatos es el siguiente:

```
INSERT INTO Nombre _ Tabla [(atributo₁,…, atributoₙ)]
VALUES ([DEFAULT|valor₁₁],…, [DEFAULT|valor₁ₙ]),
([DEFAULT|valor₂₁],…, [DEFAULT|valor₂ₙ]),…
[RETURNING {*|expresión}];
```

Como se puede observar, se debe indicar obligatoriamente el nombre de la tabla en la que se desean insertar los datos y se pueden especificar a continuación entre paréntesis los nombres de los atributos a los que se va a dar valor. Los valores se especifican después de la palabra VALUES, entre paréntesis, y cada $valor_{ji}$ se asigna al correspondiente $atributo_i$, es decir, $valor_{11}$ se asigna al $atributo_1$, $valor_{12}$ se asigna al $atributo_2$ y así sucesivamente en la primera fila; $valor_{21}$ se asigna al $atributo_1$, $valor_{22}$ se asigna al $atributo_2$ en la segunda fila, y así sucesivamente. Debe haber obviamente una concordancia de tipos entre los atributos y sus correspondientes valores. Se puede en la misma instrucción añadir más de una fila a la tabla. En vez de indicar un valor concreto para un atributo, se puede escribir DEFAULT para indicar que se le asigne el valor por defecto especificado para el mismo en la instrucción de creación de la tabla. En los valores de los atributos se puede hacer referencia a atributos indicados previamente en la sentencia INSERT.

Si no se indican los atributos a los que se va a dar valor después del nombre de la tabla, se sobreentiende que se va a dar valor a todos los atributos de la tabla en el mismo orden en el que aparecen en la definición de la tabla.

La cláusula RETURNING permite mostrar con * todos los atributos de la fila o filas insertadas. Se pueden especificar en lugar de * los nombres de los atributos cuyos valores se desean mostrar para la fila o filas añadidas.

Por ejemplo, vamos a añadir dos nuevos artículos a la tabla *Articulo* del esquema *pedidos*: uno con código *A0022*, descripción *Cuaderno grande de espiral* y precio 2.80 €, y otro con código *A0023*, descripción *Paquete de 500 folios DIN A-4* y precio 4.10 €. Para ello, deberemos emplear la siguiente instrucción:

```
postgres=# INSERT INTO Articulo (CodArt, DesArt, PVPArt)
postgres-# VALUES ('A0022', 'Cuaderno grande de espiral', 2.80),
postgres-#  ('A0023', 'Paquete de 500 folios DIN A-4', 4.10);
INSERT 0 2
```

En la salida del comando, después de la palabra INSERT y un cero, se indica el número de filas añadidas, en este caso 2. Nos habría valido también la siguiente instrucción:

```
INSERT INTO Articulo
VALUES ('A0022', 'Cuaderno grande de espiral', 2.80),
('A0023', 'Paquete de 500 folios DIN A-4', 4.10);
```

porque vamos a dar valor a todos los atributos y hemos especificado los valores en el mismo orden en el que están definidos en la tabla *Articulo*.

Ahora queremos añadir un nuevo empleado a la tabla *Empleado* del esquema *empresa* con los siguientes datos: número *15*, nombre *Juan Piñeiro Sala*, puesto *Empleado*, fecha de ingreso *15/04/2024*, salario *2200 €* y número de departamento *3*. Como en este caso no vamos a dar valor a todos los atributos, podemos especificar tras el nombre de la tabla los nombres de los atributos a los que vamos a dar valor. En este caso incluimos RETURNING * para mostrar todos los atributos de la fila añadida:

```
INSERT INTO Empleado (NumEmp, NomEmp, Puesto, FecIngreso,
Salario, NumDep)
VALUES (15, 'Juan Piñeiro Sala', 'Empleado', '2024/04/15', 2200, 3)
RETURNING *;
```

numemp	nomemp	puesto	numempjefe	fecingreso	salario	comision	numdep
15	Juan Piñeiro Sala	Empleado		2024-04-15	2200.00		3

(1 fila)

No obstante, si no queremos indicar los nombres de los atributos a los que se va a dar valor, podemos dar valor a todos los atributos en el orden en el que aparecen en la tabla asignando valores nulos a los atributos con valor desconocido:

```
INSERT INTO Empleado
VALUES (15, 'Juan Pérez Sala', 'Empleado', NULL, '2024/04/15', 2200,
NULL, 3);
```

Si a un atributo se le desea asignar el valor por defecto establecido para él al crear la tabla, se puede omitir dicho atributo de la lista de atributos, o bien, en caso contrario, poner el valor DEFAULT.

En PostgreSQL también es posible asignar valor por defecto a todos sus atributos escribiendo:

```
                  INSERT INTO Nombre_ Tabla DEFAULT VALUES;
```

Inserción con SELECT

Esta modalidad de sentencia INSERT también permite añadir varias filas a una tabla a partir de los datos de otra tabla, o de la misma tabla, obtenidos mediante una sentencia SELECT. Su formato es el siguiente:

```
INSERT INTO Nombre_ Tabla [(atributo₁, atributo₂, …, atributoₙ)]
SELECT...
```

Igual que con el otro formato de sentencia INSERT, si no se indican los atributos opcionales, se entiende que se va a dar valor a la totalidad de los atributos de la tabla y en el orden en el que aparecen en su definición.

Para explicar esta modalidad de sentencia INSERT, primero vamos a crear una nueva tabla llamada *Director*, con la misma estructura que la tabla *Empleado,* con la excepción del campo *Puesto*. La creamos con la siguiente sentencia CREATE TABLE:

```
CREATE TABLE Director
(NumEmp int PRIMARY KEY CONSTRAINT ck_ NumEmp CHECK (NumEmp > 0),
NomEmp varchar(40) COLLATE "es-ES-x-icu" NOT NULL,
NumEmpJefe int,
FecIngreso date NOT NULL,
Salario numeric(6,2) NOT NULL
                CONSTRAINT ck_ salario CHECK (salario >= 1100),
Comision numeric(6,2) CONSTRAINT ck_ comision CHECK (comision >= 0),
NumDep int default 1 NOT NULL,
```

```
CONSTRAINT fk _ Jefe _ Empleado FOREIGN KEY(NumEmpJefe) REFERENCES
Empleado(NumEmp)ON UPDATE CASCADE,
CONSTRAINT fk _ NumDep _ Empleado FOREIGN KEY(NumDep) REFERENCES
departamento(NumDep) ON UPDATE CASCADE,
CONSTRAINT ck _ comision _ salario CHECK (Comision <= 1.5 *
Salario));
```

Ahora vamos a añadir a esta tabla todos los datos de la tabla *Empleado* correspondientes a los directores. Como vamos a dar valor a todos los atributos de la tabla *Director*, no los indicamos:

```
INSERT INTO Director
SELECT NumEmp, NomEmp, NumEmpJefe, FecIngreso, Salario, Comision,
NumDep
FROM Empleado
WHERE Puesto = 'Director';
```

Tras la ejecución de esta inserción, el contenido de la tabla *Director* es el siguiente:

```
postgres=# select * from Director;

 numemp |       nomemp        | numempjefe | fecingreso | salario | comision | numdep
--------+---------------------+------------+------------+---------+----------+--------
      2 | Luis Grande Gil     |          1 | 2014-01-02 | 3200.00 |     0.00 |      1
      4 | Albert Rius García  |          1 | 2016-02-02 | 3100.00 |     0.00 |      2
      7 | Esther Gómez Bilbao |          1 | 2018-01-02 | 2800.00 |     0.00 |      3
(3 filas)
```

2.2.3. Construcción de consultas de modificación

La modificación de datos de una tabla se puede realizar con la sentencia UPDATE, cuyo formato es el siguiente:

```
UPDATE NomTabla
SET atributo₁ = valor₁, atributo₂ = valor₂,…, atributoₙ = valorₙ
[WHERE condición]
[RETURNING {*|expresión}];
```

Se debe especificar tras la palabra UPDATE, como se puede observar, el nombre de la tabla en la que se desean modificar los datos. Tras la palabra SET, se debe indicar por cada uno de los atributos cuyo valor se desea modificar, el nombre del atributo y el nuevo valor que se le desea asignar. Este valor puede ser un literal, una expresión en la que puede aparecer el nombre de este u otros atributos de la tabla o la palabra DEFAULT, que indica que se desea asignar al atributo el valor por defecto que se especificó para él al crear la tabla.

Tras la cláusula WHERE, se indicará la condición que selecciona las filas que se desean modificar. Si se omite esta cláusula, se actualizarán todas las filas de la tabla.

Se puede incluir una cláusula RETURNING para mostrar los datos que deseemos de las filas modificadas. En caso de no incluir esta cláusula, en la salida del comando se muestra la palabra UPDATE y el número de filas modificadas.

Por ejemplo, supongamos que deseamos incrementar en un 5 % los precios de los artículos con precio inferior a 1 €. Para ello, deberemos escribir la siguiente sentencia:

```
UPDATE Articulo
SET PVPArt = PVPArt + PVPArt * 5 / 100
WHERE PVPArt < 1
RETURNING *;
 codart |      desart      | pvpart
--------+------------------+--------
 A0043  | Bolígrafo azul   |   0.82
 A0075  | Lápiz 2B         |   0.58
 A0012  | Goma de borrar   |   0.16
 A0089  | Sacapuntas       |   0.26
(4 filas)
```

La sentencia UPDATE puede incluir una o varias subconsultas en la cláusula WHERE, siguiendo el formato:

```
UPDATE NomTabla
SET atributo₁ = valor₁, atributo₂ = valor₂,…, atributoₙ = valorₙ
WHERE atributoₓ operador (select …)
[RETURNING {*|expresión}];
```

donde *operador* puede ser cualquiera de los que se pueden colocar antes de una subconsulta: =, !=, <>, <, <=, >, >=, in, etcétera.

Mediante la siguiente orden, se asigna la fecha de hoy a los pedidos para los que no se ha solicitado ningún artículo, es decir, para aquellos que no aparecen en la tabla *LineaPedido*:

```
UPDATE Pedido
SET FecPed = CURRENT _ DATE
WHERE RefPed NOT IN (SELECT RefPed FROM LineaPedido);
```

También se pueden incluir una o varias subconsultas en la cláusula SET, para obtener el valor que se desea asignar a cada atributo cuyo valor se desea modificar, empleando uno de los siguientes formatos:

```
UPDATE NomTabla
SET atributo₁ = (select … ), atributo₂ = (select … ), …
[WHERE condición]
[RETURNING {*|expresión}];

UPDATE NomTabla
SET (atributo₁, atributo₂, …) = (select atributoₓ, atributoᵧ , …)
[WHERE condición]
[ORDER BY criterio];
```

Se ha de tener en cuenta que estas subconsultas deben seleccionar una única fila y un atributo, si se sigue el primero de los formatos, o bien el mismo número de atributos que los que hay entre paréntesis al lado de SET, en el caso del segundo formato.

Mediante la siguiente orden se modifica el departamento en el que trabaja la empleada Esther Gómez Bilbao, asignándole el departamento ubicado en Madrid y se pide que se muestre de la fila modificada el nombre de la empleada y el número del departamento:

```
UPDATE Empleado
SET NumDep = (SELECT NumDep FROM Departamento WHERE Localidad = 'Madrid')
WHERE NomEmp = 'Esther Gómez Bilbao'
RETURNING NomEmp, NumDep;

     nomemp           | numdep
----------------------+--------
 Esther Gómez Bilbao |      1
(1 fila)
```

2.2.4. Construcción de consultas de borrado

La eliminación de datos de una tabla se puede realizar empleando la sentencia DELETE, cuyo formato es el siguiente:

```
DELETE FROM Nombre_Tabla
[WHERE condición]
[RETURNING {*|expresión}];
```

Se debe especificar, como es obvio, el nombre de la tabla de la que se desean borrar los datos. Si no se incluye cláusula WHERE, se borrarán todas las filas de la tabla. En caso contrario, en la cláusula WHERE se indicará la condición que deben cumplir las filas que se desean eliminar. Se pueden incluir en la cláusula RETURNING los datos de la fila borrada que se quieren mostrar. Si no se incluye esta cláusula, como resultado de una orden DELETE correcta se mostrará la palabra DELETE y el número de filas borradas.

Si deseamos eliminar, por ejemplo, de la tabla *Articulo* los productos con precio inferior a 0.30 €, pondremos:

```
DELETE FROM Articulo
WHERE PVPArt < 0.3;
ERROR:  update o delete en «articulo» viola la llave foránea
«fk _ codart _ lineapedido» en la tabla «lineapedido»
DETALLE:  La llave (codart)=(A0012) todavía es referida desde la
tabla «lineapedido».
```

Como se puede observar, nos sale un mensaje de error, porque falla una restricción de clave ajena. Y es que ocurre que hay alguna línea de pedido para algún artículo con precio inferior a 0.30 €, por lo que no se puede llevar a cabo el borrado. Sin embargo, sí que podremos borrar algún artículo con precio superior a 2 €:

```
postgres=# DELETE FROM  Articulo
postgres-# WHERE PVPArt > 2;
DELETE 2
```

En este caso, como se puede observar, se eliminan dos artículos.

Si deseamos eliminar los pedidos para los cuales no se ha creado ninguna línea de pedido, precisaremos de una subconsulta en la cláusula WHERE, como se indica a continuación:

```
DELETE FROM Pedido
WHERE RefPed NOT IN (SELECT RefPed FROM LineaPedido);
```

Si quisiésemos eliminar todos los pedidos de la tabla *Pedido*, deberíamos emplear la siguiente orden:

```
DELETE FROM Pedido;
```

2.3. Cláusulas de lenguaje para la agrupación y ordenación de consultas

Para la ordenación de los datos resultado de una consulta, se emplea la cláusula ORDER BY estudiada dentro de la sección 2.2.1. Para la agrupación de datos, se usan dos cláusulas nuevas en las sentencias SELECT, que son GROUP BY y HAVING.

El lenguaje SQL dispone de un conjunto de funciones de resumen que nos permiten resumir datos de la base de datos, es decir, datos referidos a varias filas de tablas de la base de datos. Mediante estas funciones podemos obtener, por ejemplo, el precio medio de los artículos de la base de datos, el precio máximo, el número de artículos que vende la empresa, etc. Estas funciones se aplican normalmente sobre un atributo, aunque también se podrían aplicar sobre una expresión, y son las siguientes:

- COUNT (*): cuenta el número de filas seleccionadas en la consulta.
- COUNT (atributo): cuenta el número de filas en las cuales el atributo indicado no toma valor nulo.
- MAX (atributo): devuelve el valor máximo que toma el atributo indicado.
- MIN (atributo): devuelve el valor mínimo del atributo indicado.
- SUM (atributo): devuelve la suma de los valores del atributo especificado.
- AVG (atributo): devuelve el valor medio del atributo indicado.

Al aplicar estas funciones, los valores nulos son ignorados, es decir, se realizan los cálculos como si esos valores no existiesen.

Por ejemplo, para calcular el número de artículos que vende la empresa emplearemos la orden:

```
SELECT COUNT(*) "N° artículos" FROM Articulo;

 N° artículos
 -------------
           5
(1 fila)
```

Para calcular la fecha más reciente de los pedidos de la base de datos, escribiremos la orden:

```
SELECT MAX(FecPed) "Fecha más reciente" FROM Pedido;

 Fecha más reciente
 --------------------
 2024-03-23
(1 fila)
```

Si queremos saber cuántos artículos distintos están solicitados en el pedido con referencia P0004, usaremos la sentencia:

```
SELECT COUNT(*)"N° artículos" FROM LineaPedido
WHERE RefPed = 'P0004';

 N° artículos
 -------------
           3
(1 fila)
```

Para saber el importe del pedido P0001, deberemos sumar los importes de sus líneas de pedido, que se calcularán multiplicando *CantArt* (atributo de la tabla *LineaPedido*) por el precio de cada artículo (*PVPArt*), atributo que está en la tabla *Articulo*, por lo que será necesario combinar las tablas *LineaPedido* y *Articulo*:

```
SELECT SUM(CantArt * PVPArt) "Importe del pedido"
FROM LineaPedido L JOIN Articulo A ON L.CodArt = A.CodArt
WHERE RefPed = 'P0001';

 Importe del pedido
--------------------
             20.40
(1 fila)
```

Si queremos saber el número medio de unidades solicitadas en cada línea de pedido que hay en la base de datos, emplearemos la orden:

```
SELECT AVG(CantArt) "N° medio unidades" FROM LineaPedido;

  N° medio unidades
--------------------
 16.7142857142857143
(1 fila)
```

Si no deseamos que el resultado tenga tantos decimales, se puede realizar un redondeo haciendo uso de la función *round*. Esta función recibe dos parámetros: el número que se desea redondear y el número de decimales que se desean en el resultado del redondeo. Si queremos redondear a un decimal, deberemos escribir:

```
SELECT ROUND(AVG(CantArt), 1) "N° medio unidades" FROM LineaPedido;

  N° medio unidades
--------------------
              16.7
(1 fila)
```

Para contar el número de artículos distintos solicitados en los pedidos que tenemos en la base de datos, no podemos usar las siguientes órdenes SQL:

```
SELECT COUNT(*)"N° artículos pedidos" FROM LineaPedido;

  N° artículos pedidos
--------------------
                    7
(1 fila)
```

```
SELECT COUNT(CodArt) "Nº artículos pedidos" FROM LineaPedido;

 Nº artículos pedidos
---------------------
                    7
(1 fila)
```

Ambas consultas nos devuelven el valor 7, que es el número de filas de la tabla *LineaPedido*, pero lo que ocurre es que hay un artículo (el de código A0043) que ha sido solicitado en tres pedidos diferentes (P0001, P0002 y P0004), y este artículo no se debería contabilizar tres veces, sino solo una. Para conseguir esto, debemos colocar la palabra DISTINCT delante del atributo *CodArt*, de forma que se nos devolverán los códigos de artículos distintos, es decir, los códigos de artículos no repetidos (A0043, A0078, A0075, A0012 y A0089). Como tenemos que contarlos, usaremos la función *count*, quedándonos, por tanto, la consulta de la siguiente manera:

```
SELECT COUNT(DISTINCT CodArt) "Nº artículos pedidos" FROM Linea-
Pedido;

 Nº artículos pedidos
---------------------
                    5
(1 fila)
```

Muchas veces nos interesa obtener varios datos de resumen y no solo uno, como hemos hecho hasta ahora. Por ejemplo, nos puede interesar conocer por cada pedido el número de artículos distintos solicitados. Para conseguir esto también deberemos emplear las funciones de resumen que hemos visto, pero en lugar de aplicarlas sobre todas las filas de la consulta, deberemos aplicarlas sobre subconjuntos de filas o grupos.

Para crear grupos o realizar agrupamientos en SQL se usa una cláusula adicional en la sentencia SELECT, que es la cláusula GROUP BY, en la cual deberán especificarse los atributos en función de los cuales se desean establecer los grupos. Por ejemplo, para dar respuesta a la consulta enunciada en el párrafo anterior, deberíamos utilizar la siguiente sentencia SQL:

```
SELECT RefPed, COUNT(CodArt) "Nº artículos"
FROM LineaPedido
GROUP BY RefPed;

 refped | Nº artículos
--------+--------------
 P0004  |             3
 P0001  |             2
```

```
P0003  |              1
P0002  |              1
(4 filas)
```

En este caso, la función *count* no se aplica sobre todas las líneas de pedido, sino sobre cada uno de los grupos que resultan de agrupar las líneas de pedido según el atributo *RefPed*. El resultado de agrupar la tabla *LineaPedido* sobre el atributo *RefPed* se puede representar así:

Tabla 2.6. Representación de los datos de la tabla LineaPedido agrupados

RefPed	CodArt	CantArt
P0001	A0043	10
	A0078	12
P0002	A0043	5
P0003	A0075	20
P0004	A0012	15
	A0043	5
	A0089	50

El resultado de aplicar *count(CodArt)* sobre cada uno de los cuatro grupos (correspondientes a cada uno de los pedidos) nos devuelve para cada uno de ellos el número de filas del grupo en las cuales *CodArt* no es nulo; por ejemplo, para P0001 un dos (porque se piden dos artículos representados en dos filas: el A0043 y el A0078). Por ello, el resultado de la consulta es el siguiente:

```
refped | Nº artículos
-------+--------------
P0004  |              3
P0001  |              2
P0003  |              1
P0002  |              1
```

La sentencia SELECT para efectuar consultas de resumen permite, además de la cláusula GROUP BY, otra cláusula (HAVING), con lo que el formato ampliado de la sentencia SELECT quedaría como sigue:

```
SELECT expresión₁, expresión₂,…, expresiónₙ
FROM tabla₁, tabla₂, ..., tablaₙ
WHERE criterio de selección de filas
GROUP BY expresión₁, expresión₂,...
HAVING criterio de selección de grupos
ORDER BY expresión₁ [ASC|DESC], expresión₂ [ASC|DESC],…, expresiónₙ [ASC|DESC]
LIMIT {número | ALL};
```

Se explica a continuación lo que ha de incluirse en cada cláusula:

- En la cláusula SELECT se especifican los atributos que se desean mostrar y en función de los cuales se realiza el agrupamiento y la aplicación de funciones de resumen sobre esos u otros atributos.

- En la cláusula FROM se especifican las tablas sobre las que se efectúa la consulta.

- En la cláusula WHERE se indica el criterio de selección de filas de las tablas, o lo que es lo mismo, la condición que deben cumplir las filas para ser seleccionadas.

- En la cláusula GROUP BY se especifican los atributos por los cuales se agrupa, los que suelen coincidir con los atributos que aparecen en la cláusula SELECT.

- En la cláusula HAVING se especifica la condición que debe cumplir el grupo para aparecer en el resultado de la consulta. En esta condición suelen aparecer funciones de resumen.

- En la cláusula ORDER BY se especifican los campos en función de los cuales se debe ordenar el resultado de la consulta.

- Si en la cláusula LIMIT se especifica un número, se muestran tantas filas como indica dicho número.

El orden de especificación de las cláusulas es obligatoriamente el expuesto, si bien no todas las cláusulas son obligatorias. De hecho, para crear una consulta de resumen solo son imprescindibles las cláusulas SELECT, FROM y GROUP BY.

Si bien el orden de especificación de las cláusulas es el ya indicado, el orden en el que las aplica el SGBD no es el mismo. De hecho, lo que hace el SGBD cuando se encuentra con una consulta de resumen es lo siguiente:

1º. Toma las tablas de la cláusula FROM, realizando el producto cartesiano de las tablas si se especifican varias y no hay cláusula JOIN. Si hay cláusula JOIN, se combinan las tablas en función de la/s condición/es de combinación indicada/s.

2º. Se eliminan las filas que no cumplen la condición especificada en la cláusula WHERE.

3º. Se agrupan las filas de acuerdo con los atributos especificados en la cláusula GROUP BY.

4º. Se eliminan los grupos que no cumplen la condición especificada en la cláusula HAVING.

5º. Se selecciona lo especificado en la cláusula SELECT.

6º. Se ordena el resultado de acuerdo con los atributos indicados en la cláusula ORDER BY.

7º. Se limita el resultado al número de filas especificado en la cláusula LIMIT.

Hagamos una consulta que nos muestre por cada pedido en el que se solicite más de un artículo y que haya sido realizado con fecha posterior al 20 de febrero de 2024, su referencia y fecha, así como el número de artículos diferentes solicitados y el importe del pedido. Pues bien, necesitamos las tablas *Pedido*, *LineaPedido* y *Articulo* (por requerir el atributo *PVPArt* para calcular el importe del pedido), que deberemos poner en la cláusula FROM. Vamos a realizar una combinación interna de estas tres tablas combinándolas con JOIN y escribiendo las condiciones de combinación en la cláusula FROM. En la cláusula WHERE debemos indicar que solo queremos quedarnos con los pedidos que tengan una fecha posterior al 20 de febrero de 2024. Luego agruparemos por los atributos *RefPed* y *FecPed* (cláusula GROUP BY) y nos quedaremos solo con los pedidos en los que se solicite más de un artículo. Para contar el número de artículos solicitados en un pedido usaremos la función *count (CodArt)* y especificaremos la condición correspondiente en la cláusula HAVING. Luego especificamos en la cláusula SELECT los datos que deseamos mostrar. En definitiva, la orden SQL nos quedará como sigue:

```
SELECT P.RefPed, FecPed, COUNT(A.CodArt) "2N°Artículos",
    SUM(CantArt*PVPArt) "Importe pedido"
FROM Pedido P JOIN LineaPedido L ON P.RefPed = L.RefPed
    JOIN Articulo A ON L.CodArt = A.CodArt
WHERE FecPed > '2024-02-20'
GROUP BY P.RefPed, FecPed
HAVING COUNT(A.CodArt) > 1;
```

```
 refped |   fecped   | N°Artículos | Importe pedido
--------+------------+-------------+----------------
 P0004  | 2024-02-25 |          3  |          18.65
(1 fila)
```

Otro ejemplo de consulta de este tipo es el siguiente: indicar por cada artículo de la base de datos con precio superior a 0.5 € su código, descripción, precio, el número de pedidos en que ha sido solicitado y el número total de unidades solicitadas, ordenando el resultado por precio del más caro al más barato.

Para esta consulta, precisamos dos tablas: *Articulo* y *LineaPedido*. Las combinamos de la manera habitual escribiendo la condición correspondiente en la cláusula FROM y uniéndolas por JOIN. En la cláusula WHERE deberemos incluir la condición de que el precio del artículo sea superior a 0.5 €. Debemos agrupar los datos por código, descripción del artículo y precio, y mostrar (cláusula SELECT) además de estos tres atributos, el resultado de contar el número de pedidos en que aparece cada artículo (función *count*) y la suma de unidades solicitadas (función *sum*). La consulta quedará así:

```
SELECT A.CodArt, DesArt, PVPArt, COUNT(RefPed) "N°Pedidos",
       SUM(CantArt) Unidades
FROM LineaPedido L JOIN Articulo A ON L.CodArt = A.CodArt
WHERE PVPArt > 0.5
GROUP BY A.CodArt, DesArt, PVPArt
ORDER BY PVPArt DESC;
```

```
 codart |        desart        | pvpart | N°Pedidos | unidades
--------+----------------------+--------+-----------+----------
 A0078  | Bolígrafo rojo normal |  1.05  |         1 |       12
 A0043  | Bolígrafo azul        |  0.78  |         3 |       20
 A0075  | Lápiz 2B              |  0.55  |         1 |       20
(3 filas)
```

2.4. Capacidades aritméticas, lógicas y de comparación del lenguaje

En la sección 2.2.1 se han estudiado los operadores lógicos AND, OR y NOT. Allí también se han expuesto sus correspondientes tablas de verdad.

En la misma sección también se han estudiado los operadores de comparación del lenguaje SQL, a saber, <, <=, >, >=, =, <> y !=. Existen en PostgreSQL además dos funciones que se pueden usar para comparar datos de cualquier tipo:

- GREATEST (valor$_1$, valor$_2$, ..., valor$_n$): devuelve el valor mayor de los pasados como parámetro. En caso de que se trate de cadena de caracteres, devuelve la mayor por orden alfabético. Por ejemplo:

```
SELECT GREATEST (25, 4, 123, -5, 0, -12);
 greatest
----------
      123
(1 fila)
```

```
SELECT GREATEST ('Ana', 'Jose', 'Anita', 'Santi');
 greatest
----------
 Santi
(1 fila)
```

- LEAST (valor$_1$, valor$_2$, ..., valor$_n$): devuelve el valor menor de los pasados como parámetro. En caso de que se trate de cadena de caracteres, devuelve la menor por orden alfabético. Por ejemplo:

```
SELECT LEAST (25, 4, 123, -5, 0, -12);
 least
-------
   -12
(1 fila)

SELECT LEAST ('Ana', 'Jose', 'Anita', 'Santi');
 least
-------
 Ana
(1 fila)
```

En la misma sección también se han estudiado los operadores aritméticos, a saber, +, -, *, /, etc. Pues bien, además de estos operadores, existen en PostgreSQL muchas funciones aritméticas, algunas de las cuales se exponen a continuación.

- ABS (número): devuelve el valor absoluto del número, es decir, el número sin signo. Por ejemplo:

```
SELECT ABS(-12);
 abs
-----
  12
(1 fila)

SELECT ABS(8);
 abs
-----
   8
(1 fila)
```

- CBRT (número): devuelve la raíz cúbica del número. Por ejemplo:

```
SELECT CBRT(64);
 cbrt
------
    4
(1 fila)

SELECT CBRT(-120);
       cbrt
------------------
 -4.93242414866094
(1 fila)
```

- CEIL (número) o CEILING (número): devuelve el número entero más pequeño mayor o igual que el pasado como parámetro. Es un redondeo al alza que genera un número entero. Por ejemplo:

```
SELECT CEIL(3.14);
 ceil
------
    4
(1 fila)
```

```
SELECT CEIL(-3.14);
 ceil
------
   -3
(1 fila)
```

- PI (): devuelve el valor del número π (pi). Por ejemplo:

```
SELECT PI();
        pi
-----------------
 3.14159265358979
(1 fila)
```

- DEGREES (radianes): convierte radianes a grados. Ten en cuenta que π radianes son 180 grados. Por ejemplo:

```
SELECT DEGREES (PI() / 2);
 degrees
---------
      90
(1 fila)
```

- DIV (dividendo, divisor): devuelve un número entero que es el cociente de la división entre el dividendo y el divisor. Por ejemplo:

```
SELECT DIV(12, 5);
 div
-----
   2
(1 fila)
```

```
SELECT DIV(-20, 8);
 div
-----
  -2
(1 fila)
```

- EXP (número): devuelve el valor del número *e* elevado al número pasado como parámetro. Por ejemplo:

```
SELECT EXP(1);
       exp
------------------
 2.71828182845905
(1 fila)

SELECT EXP(-2);
        exp
-------------------
 0.135335283236613
(1 fila)
```

- FACTORIAL (número): devuelve el factorial del número. Por ejemplo:

```
SELECT FACTORIAL(4);
 factorial
-----------
        24
(1 fila)
```

- FLOOR (número): devuelve el número entero más grande menor o igual que el pasado como parámetro. Es un redondeo a la baja que genera un número entero. Por ejemplo:

```
SELECT FLOOR(5.9);
 floor
-------
     5
(1 fila)

SELECT FLOOR(-5.4);
 floor
-------
    -6
(1 fila)
```

- GCD (número1, número2): devuelve el máximo común divisor (MCD) de los dos números, es decir, el número positivo más grande que divide sin resto a los dos números. Por ejemplo:

```
SELECT GCD(24, 30);
 gcd
-----
   6
(1 fila)
```

```
SELECT GCD(10, 24);
 gcd
-----
   2
(1 fila)
```

- LCM (número1, número2): devuelve el mínimo común múltiplo (MCM) de los dos números, es decir, el número positivo más pequeño múltiplo de los dos números. Por ejemplo:

```
SELECT LCM(24, 30);
 lcm
-----
 120
(1 fila)

SELECT LCM(8, 6);
 lcm
-----
  24
(1 fila)
```

- LN (número): devuelve el logaritmo neperiano del número pasado como parámetro. Por ejemplo:

```
SELECT LN(EXP(1));
 ln
----
  1
(1 fila)

SELECT LN(3);
        ln
-----------------
 1.09861228866811
(1 fila)

SELECT LN(-2);
ERROR:  no se puede calcular logaritmo de un número negativo
```

- LOG10 (número): devuelve el logaritmo en base 10 del número pasado como parámetro. Por ejemplo:

```
SELECT LOG10(100);
 log
-----
   2
(1 fila)
```

```
SELECT LOG10(0.1);
          log
--------------------
 -1.0000000000000000
(1 fila)
```

- LOG (base, número): devuelve el logaritmo en la base especificada del número pasado como parámetro. Por ejemplo:

```
SELECT LOG(2, 64);
          log
--------------------
 6.0000000000000000
(1 fila)


SELECT LOG(2, -0.5);
ERROR:  no se puede calcular logaritmo de un número negativo

SELECT LOG(2, 0.5);
          log
--------------------
 -1.0000000000000000
(1 fila)
```

- MOD (dividendo, divisor) o dividendo % divisor o dividendo MOD divisor: devuelve el resto de la división del dividendo entre el divisor. Por ejemplo:

```
postgres=# SELECT MOD(12, 5);
 mod
-----
   2
(1 fila)


postgres=# SELECT MOD(-20, 8);
 mod
-----
  -4
(1 fila)
```

- POWER (base, exponente): devuelve la base elevada al exponente. Por ejemplo:

```
SELECT POWER(4, 3);
 power
-------
    64
(1 fila)
```

```
SELECT POWER(3, -2);
        power
------------------
 0.111111111111111
(1 fila)
```

- RADIANS (grados): convierte grados a radianes. Por ejemplo:

```
SELECT RADIANS(180);
       radians
------------------
 3.14159265358979
(1 fila)
```

- RANDOM (): devuelve un número aleatorio entre 0 y 1. Por ejemplo:

```
postgres=# SELECT RANDOM();
        random
--------------------
 0.0362024624276067
(1 fila)
```

- ROUND (número): devuelve el número pasado como parámetro redondeado al número entero más cercano. Por ejemplo:

```
SELECT ROUND(5.6);
 round
-------
     6
(1 fila)
```

```
SELECT ROUND(-12.45);
 round
-------
   -12
(1 fila)
```

- ROUND (número, número de decimales): devuelve el número pasado como parámetro redondeado con el número de decimales indicado. Por ejemplo:

```
SELECT ROUND(12.4567, 3);
 round
--------
 12.457
(1 fila)
```

```
SELECT ROUND(-20.359, 1);
 round
-------
 -20.4
(1 fila)
```

- **SCALE (número):** devuelve el número de decimales del número pasado como parámetro. Por ejemplo:

```
SELECT SCALE(12.3456);
 scale
-------
     4
(1 fila)

SELECT SCALE(24);
 scale
-------
     0
(1 fila)
```

- **SIGN (número):** devuelve el signo del número pasado como parámetro (1 si es positivo, -1 si es negativo o cero). Por ejemplo:

```
SELECT SIGN(24);
 sign
------
    1
(1 fila)

SELECT SIGN(-105);
 sign
------
   -1
(1 fila)

SELECT SIGN(0);
 sign
------
    0
(1 fila)
```

- **SQRT (número):** devuelve la raíz cuadrada del número no negativo pasado como parámetro. Por ejemplo:

```
SELECT SQRT(16);
 sqrt
------
    4
(1 fila)

SELECT SQRT(1000);
        sqrt
-----------------
 31.6227766016838
(1 fila)

SELECT SQRT(-4);
ERROR:  no se puede calcular la raíz cuadrada un de número
negativo
```

- **TRIM_SCALE (número):** reduce la escala del número pasado como parámetro, es decir, el número de dígitos decimales, eliminando los ceros del final sobrantes. Por ejemplo:

```
SELECT TRIM _ SCALE(24.56000);
 trim _ scale
-----------
       24.56
(1 fila)

SELECT TRIM _ SCALE(1223.56);
 trim _ scale
-----------
     1223.56
(1 fila)
```

- **TRUNC (número):** devuelve el número pasado como parámetro sin decimales. Por ejemplo:

```
SELECT TRUNC(-12.2356);
 trunc
------
   -12
(1 fila)

SELECT TRUNC(1223.56);
 trunc
------
  1223
(1 fila)
```

- TRUNC (número, número de decimales): devuelve el número pasado como parámetro truncado al número de decimales indicado. Si el número de decimales es negativo, hace ceros tantos dígitos como indica el número de decimales. Por ejemplo:

```
SELECT TRUNC(-12.2356, 2);
  trunc
--------
 -12.23
(1 fila)

SELECT TRUNC(1223.56, -2);
  trunc
-------
   1200
(1 fila)
```

En el caso de que estemos usando cadenas de caracteres se puede usar el operador ‖ para concatenar o unir cadenas de caracteres. Ejemplo:

```
SELECT 'El' || ' SGBD ' || 'Postgre' || 'SQL';
     ?column?
--------------------
 El SGBD PostgreSQL
(1 fila)
```

Entre las funciones de cadenas de caracteres cabe destacar las siguientes:

- CHAR_LENGTH (cadena) o CHARACTER_LENGTH (cadena): devuelve la longitud en caracteres de la cadena pasada como parámetro. Por ejemplo:

```
SELECT CHAR _ LENGTH('PostgreSQL');
 char _ length
-------------
          10
(1 fila)
```

- LOWER (cadena): devuelve la cadena pasada como parámetro, pero con todos sus caracteres en minúsculas. Por ejemplo:

```
SELECT LOWER('BASES DE DATOS');
     lower
---------------
 bases de datos
(1 fila)
```

- LPAD (cadena, longitud[, carácter de relleno]): devuelve la cadena rellenada por la izquierda con el carácter de relleno hasta que la cadena resultante adquiere la longitud indicada. Si no se especifica carácter de relleno, se supone un espacio en blanco por defecto. Por ejemplo:

```
SELECT LPAD('Qué', 5, '¿');
 lpad
-------
 ¿¿Qué
(1 fila)
```

Si la cadena tiene una longitud mayor que la pasada como segundo parámetro, la cadena se acorta a la longitud indicada. Por ejemplo:

```
SELECT LPAD('Qué', 2, '¿');
 lpad
------
 Qu
(1 fila)
```

- LTRIM (cadena[, caracteres]): devuelve la cadena con los caracteres indicados eliminados desde el inicio. Si no se especifica el segundo parámetro, se supone un espacio en blanco Por ejemplo:

```
SELECT LTRIM('      Bases de datos');
      ltrim
----------------
 Bases de datos
(1 fila)

SELECT LTRIM('aabbccPostgreSQL', 'bac');
    ltrim
-----------
 PostgreSQL
(1 fila)
```

- POSITION (subcadena IN cadena): devuelve la primera posición de la subcadena dentro de la cadena o cero si no está presente. Por ejemplo:

```
SELECT POSITION ('dato' IN 'Bases de datos');
 position
----------
       10
(1 fila)
```

```
SELECT POSITION ('SQL' IN 'Bases de datos');
 position
----------
        0
(1 fila)
```

- RPAD (cadena, longitud[, carácter de relleno]): devuelve la cadena rellenada por la derecha con el carácter de relleno hasta que la cadena resultante adquiere la longitud indicada. Si no se indica carácter de relleno, se
  supone por defecto un espacio en blanco. Por ejemplo:

```
SELECT RPAD ('Hola', 8, '!');
   rpad
----------
 Hola!!!!
(1 fila)
```

- RTRIM (cadena[, caracteres]): devuelve la cadena con los caracteres fina-
  les indicados como segundo parámetro eliminados. Si no se indica segundo parámetro, se supone un espacio en blanco. Por ejemplo:

```
SELECT RTRIM ('Bases de datos          ');
     rtrim
---------------
 Bases de datos
(1 fila)

SELECT RTRIM ('Bases de datossssss' ,'s');
     rtrim
--------------
 Bases de dato
(1 fila)
```

- SUBSTRING (cadena [FROM posición] [FOR cantidad]): devuelve una subcadena de la cadena pasada como parámetro empezando por la posición
  indicada después de FROM y tantos caracteres como se indican después
  de FOR. Hay que indicar el segundo o el tercer parámetro obligatoriamente. Ejemplos:

```
SELECT SUBSTRING('Bases de datos' FROM 10 FOR 4);
 substring
-----------
 dato
(1 fila)
```

```
SELECT SUBSTRING('Bases de datos' FROM 10);
 substring
-----------
 datos
(1 fila)

SELECT SUBSTRING('Bases de datos' FOR 5);
 substring
-----------
 Bases
(1 fila)
```

- TRIM ([[LEADING | TRAILING | BOTH] [caracteres] FROM cadena): devuelve la cadena pasada como parámetro eliminando de la misma los caracteres indicados del principio (si se especifica LEADING), del final (si se especifica TRAILING) o de ambos lados (si se especifica BOTH o si no se indica nada). Si no se especifica ningún carácter, se eliminan espacios en blanco. Por ejemplo:

```
SELECT TRIM(FROM '   Bases de datos      ');
     btrim
----------------
 Bases de datos
(1 fila)

SELECT TRIM(TRAILING '*' FROM 'Bases de datos*****');
     rtrim
----------------
 Bases de datos
(1 fila)
```

- UPPER (cadena): devuelve la cadena pasada como parámetro, pero con todas sus letras en mayúsculas. Por ejemplo:

```
SELECT UPPER('Bases de datos');
     upper
----------------
 BASES DE DATOS
(1 fila)
```

2.5. Funciones agregadas del lenguaje

Las funciones agregadas del lenguaje ya se han estudiado en la sección 2.3, donde se han explicado las cláusulas GROUP BY y HAVING, que se pueden añadir a las sentencias SELECT, acompañadas de las funciones agregadas COUNT, SUM, MAX, MIN y AVG.

2.6. Tratamiento de valores nulos

Un valor nulo es una marca que indica que el dato asociado a un atributo es desconocido.

Los valores nulos son útiles a la hora de manejar información que presenta lagunas, es decir, valores que sí existen en el universo del discurso, pero que se desconocen en un momento dado. Por ejemplo, se están introduciendo las tuplas correspondientes a una tabla de clientes y no se conoce el teléfono de un cliente determinado.

Otro caso en el que se suelen usar los valores nulos es cuando para cierta condición del universo del discurso un atributo determinado no tiene valor. Por ejemplo, si a partir de una serie de albaranes se genera una factura, mientras el proceso de generación de facturas no se lleve a cabo, la clave ajena *NumFactura* en la relación *Albarán* deberá permanecer con valor nulo.

En otro caso, normalmente, cuando se crea una nueva columna en una tabla existente, los valores de la columna añadida para las *n* tuplas deben iniciarse a valor nulo.

El tratamiento de los nulos es complejo y requiere de un estudio pormenorizado para las distintas operaciones y funciones que se pueden llevar a cabo en el modelo relacional. De este modo, por ejemplo, se puede definir una lógica trivaluada para contemplar la existencia de valores nulos a la hora de determinar el resultado de las operaciones lógicas AND, OR y NOT. Las tablas de verdad correspondientes a estos operadores serían las siguientes:

AND	VERDADERO	FALSO	NULO
VERDADERO	VERDADERO	FALSO	NULO
FALSO	FALSO	FALSO	FALSO
NULO	NULO	FALSO	NULO

OR	VERDADERO	FALSO	NULO
VERDADERO	VERDADERO	VERDADERO	VERDADERO
FALSO	VERDADERO	FALSO	NULO
NULO	VERDADERO	NULO	NULO

NOT	
VERDADERO	FALSO
FALSO	VERDADERO
NULO	NULO

Figura 2.10. Tablas de verdad para los operadores lógicos AND, OR y NOT.

Para las operaciones aritméticas, el resultado de operar un valor nulo con otro valor cualquiera se considera siempre nulo. Para probar esto, consideremos que tenemos los siguientes datos en la tabla *Empleado* del esquema *empresa*:

```
SELECT NomEmp, Salario, Comision FROM Empleado;
        nomemp          | salario | comision
------------------------+---------+----------
 Alberto Rey Ruiz       | 5500.00 |     0.00
 Luis Grande Gil        | 3200.00 |     0.00
 Ana Ruiz Almeida       | 1525.00 |     0.00
 Albert Rius García     | 3100.00 |     0.00
 Esther Gómez Bilbao    | 2800.00 |     0.00
 Vanessa Amor López     | 1600.00 |   250.00
 Ángel Jiménez Sánchez  | 1450.00 |     0.00
 Sandra Rojo Núñez      | 1900.00 |   400.00
 María Galiano Lastra   | 1300.00 |   900.00
 Pedro Gómez Sanz       | 1250.00 |   300.00
 Laura Díez Folgado     | 1320.00 |     0.00
 Juan Pérez Sala        | 2200.00 |

(12 filas)
```

Fijémonos en que la comisión de Juan Pérez Sala contiene valor nulo. Ahora mostremos el nombre y la suma del salario más la comisión para todos los empleados con un salario superior a 2000 €:

```
SELECT NomEmp, Salario + Comision
FROM Empleado
WHERE Salario > 2000;
      nomemp          | ?column?
----------------------+----------
 Alberto Rey Ruiz     |  5500.00
 Luis Grande Gil      |  3200.00
 Albert Rius García   |  3100.00
 Esther Gómez Bilbao  |  2800.00
 Juan Pérez Sala      |
(5 filas)
```

Como se puede observar, al sumar al salario de 2200 € de Juan Pérez Sala un valor nulo, el resultado es también nulo. Si deseamos que en caso de que uno de los datos sea nulo, se considere que su valor es 0, por ejemplo, se puede hacer uso de la función COALESCE, que juega el papel de la función NVL de Oracle o IFNULL de MySQL.

La función COALESCE permite un número variable de parámetros y devuelve el primero de ellos que no sea nulo. Si escribimos COALESCE (valor1, valor2, valor3), funcionará del siguiente modo: si valor1 no es nulo, devolverá valor1; si no, si valor2 no es nulo, devolverá valor2; si no, si valor3 no es nulo, devolverá valor3; en caso contrario, devolverá valor nulo.

En este caso, como deseamos que si la comisión toma valor nulo, se le asigne valor 0, escribiremos COALESCE(Comision, 0), por lo que la consulta nos quedará así:

```
SELECT NomEmp, Salario + COALESCE(Comision, 0)
FROM Empleado
WHERE Salario > 2000;

        nomemp         | ?column?
-----------------------+----------
 Alberto Rey Ruiz      |  5500.00
 Luis Grande Gil       |  3200.00
 Albert Rius García    |  3100.00
 Esther Gómez Bilbao   |  2800.00
 Juan Pérez Sala       |  2200.00
(5 filas)
```

Hay que tener en cuenta que en las operaciones de selección es posible que no aparezcan tuplas por presentar valores nulos para la condición o el predicado establecido, ya que, si el resultado de la evaluación del predicado es nulo, la tupla correspondiente no aparecerá en el resultado.

Para los operadores de comparación surgen problemas serios, por ejemplo, si nos planteamos si 4 es mayor que, menor que o igual a un valor nulo cualquiera, la única respuesta posible es quizás porque un valor nulo es desconocido.

Así, si cambiamos la anterior consulta para que solo se muestren los datos de aquellos empleados cuya suma del salario más la comisión sea superior a 2000 €, obtenemos el siguiente resultado:

```
SELECT NomEmp, Salario + COALESCE(Comision, 0)
FROM Empleado
WHERE Salario + Comision > 2000;

        nomemp         | ?column?
-----------------------+----------
 Alberto Rey Ruiz      |  5500.00
 Luis Grande Gil       |  3200.00
 Albert Rius García    |  3100.00
 Esther Gómez Bilbao   |  2800.00
 Sandra Rojo Núñez     |  2300.00
 María Galiano Lastra  |  2200.00
(6 filas)
```

Podemos observar que no aparece Juan Pérez Sala, porque, a pesar de tener un salario de 2200 €, si a esto le sumamos una comisión con valor nulo, el resultado es nulo y la condición da como resultado un valor nulo. Si queremos que aparezca en el resultado considerando que una comisión con valor nulo se puede considerar como cero, debemos incluir la función COALESCE también en la condición que aparece en la cláusula WHERE:

```
SELECT NomEmp, Salario + COALESCE(Comision, 0)
FROM Empleado
WHERE Salario + COALESCE(Comision, 0) > 2000;
```

```
          nomemp          | ?column?
--------------------------+----------
 Alberto Rey Ruiz         |  5500.00
 Luis Grande Gil          |  3200.00
 Albert Rius García       |  3100.00
 Esther Gómez Bilbao      |  2800.00
 Sandra Rojo Núñez        |  2300.00
 María Galiano Lastra     |  2200.00
 Juan Pérez Sala          |  2200.00
(7 filas)
```

En cuanto a la presencia de valores nulos en claves, se ha de cumplir lo siguiente:

- Una clave primaria no puede presentar valores nulos.

- Una clave alternativa, al tratarse de una clave candidata, no debería contener valores nulos, pero la mayoría de los SGBD no lo implementan de este modo, siendo necesario asignar una restricción de obligatoriedad (NOT NULL) a los atributos que constituyen claves alternativas.

- Una clave ajena puede contener valores nulos.

En cualquier caso, la recomendación es ser muy restrictivos a la hora de permitir la presencia de nulos, limitando esta posibilidad preferentemente a los casos en los que la semántica del universo del discurso pueda presentar valores de este tipo (por ejemplo, claves ajenas que aún no han podido migrar, fechas que todavía no tienen sentido, etcétera).

2.7. Construcción de consultas anidadas

Hay algunas veces en las que para realizar una consulta necesitamos los resultados de otra consulta. Por ejemplo, si deseamos obtener los datos de los artículos con precio superior a la media, necesitaremos en primer lugar averiguar cuál es el precio medio de los artículos. Otro ejemplo sería mostrar los datos de los artículos con precio superior al del *Lápiz* 2B, porque en este caso tendríamos que obtener en primer lugar el precio de este artículo (el lápiz 2B). Estas consultas se pueden resolver mediante el empleo de subconsultas.

Una subconsulta no es más que una consulta incluida en la cláusula WHERE o HAVING de otra consulta. Por ejemplo, para saber los datos de los artículos con precio superior a la media necesitaríamos realizar una subconsulta que obtuviese el precio medio de los artículos de la base de datos. Esta subconsulta, en la que se redondea el resultado a dos decimales, se plasmaría en la siguiente sentencia SELECT:

```
SELECT ROUND(AVG(PVPArt), 2) "Precio medio" FROM Articulo;

 Precio medio
 -------------
         0.56
(1 fila)
```

A continuación, deberíamos hacer la consulta, la cual sabiendo el resultado de la subconsulta, sería:

```
SELECT * FROM Articulo
WHERE PVPArt > 0.56;

 codart |          desart          | pvpart
--------+--------------------------+--------
 A0043  | Bolígrafo azul           |   0.78
 A0078  | Bolígrafo rojo normal    |   1.05
(2 filas)
```

Estas dos consultas se podrían combinar en una sola que incluyese una subconsulta en la cláusula WHERE de la siguiente manera, donde en la subconsulta se ha omitido el redondeo porque no es necesario mostrar el precio medio por pantalla:

```
SELECT * FROM Articulo
WHERE PVPArt > (SELECT AVG(PVPArt) FROM Articulo);

 codart |          desart          | pvpart
--------+--------------------------+--------
 A0043  | Bolígrafo azul           |   0.78
 A0078  | Bolígrafo rojo normal    |   1.05
(2 filas)
```

La segunda consulta de las enunciadas en esta sección requeriría realizar una subconsulta para obtener el precio del artículo con descripción *Lápiz 2B*, quedándonos así toda la consulta:

```
SELECT * FROM Articulo
WHERE PVPArt > (SELECT PVPArt FROM Articulo
               WHERE DesArt = 'Lápiz 2B');
```

```
 codart |         desart         | pvpart
--------+------------------------+--------
 A0043  | Bolígrafo azul         |   0.78
 A0078  | Bolígrafo rojo normal  |   1.05
(2 filas)
```

2.7.1. Subconsultas que generan valores simples

Hay subconsultas que devuelven un solo valor, como las que se acaban de explicar. En estos casos se puede escribir antes de la subconsulta cualquiera de los operadores relacionales estudiados (=, !=, <>, <, <=, >, >=), e incluso los operadores *between* e *in*. Sin embargo, si la consulta genera varios valores, no podemos usar estos operadores tal cual.

2.7.2. Subconsultas que generan conjuntos de valores

Los operadores que se pueden emplear cuando una subconsulta devuelve varias filas son los siguientes:

- IN / NOT IN: comprueba si el valor del atributo coincide o no, según el caso, con alguno de los devueltos por la subconsulta. Por ejemplo, deseamos mostrar todos los datos de los artículos solicitados en los pedidos P0001 y P0002. Deberemos hacer una subconsulta para obtener los códigos de los artículos solicitados en dichos pedidos:

```
SELECT DISTINCT CodArt FROM LineaPedido
WHERE RefPed = 'P0001' OR RefPed = 'P0002';
```

```
 codart
--------
 A0043
 A0078
(2 filas)
```

Como se puede observar, esta subconsulta nos devuelve varias filas. Por tanto, vamos a emplear el operador *in* con la subconsulta:

```
SELECT * FROM Articulo
WHERE CodArt IN (SELECT DISTINCT CodArt FROM LineaPedido
                 WHERE RefPed = 'P0001' OR RefPed = 'P0002');
```

```
 codart |          desart        | pvpart
--------+------------------------+-------
 A0043  | Bolígrafo azul         |   0.78
 A0078  | Bolígrafo rojo normal  |   1.05
(2 filas)
```

- EXISTS / NOT EXISTS: indica si una subconsulta devuelve alguna fila o no. EXISTS nos devuelve verdadero si la consulta produce como resultado alguna fila; falso, en caso contrario. NOT EXISTS devuelve exactamente lo contrario. Por ejemplo, si queremos mostrar la referencia y fecha de los pedidos para los que se haya solicitado algún artículo, es decir, para los cuales ya se haya introducido en la base de datos alguna línea de pedido, tendremos que hacer la consulta:

```
SELECT * FROM Pedido
WHERE EXISTS (SELECT * FROM LineaPedido
              WHERE LineaPedido.RefPed = Pedido.RefPed);
```

```
 refped |   fecped
--------+------------
 P0001  | 2024-02-16
 P0002  | 2024-02-18
 P0003  | 2024-02-23
 P0004  | 2024-02-25
(4 filas)
```

Este tipo de consultas en las que dentro de la subconsulta se hace referencia a atributos de la tabla de la consulta se llaman consultas correlacionadas. Se dedica el apartado siguiente a este tipo de consultas.

- ANY / SOME: se puede emplear indistintamente ANY o SOME que, a estos efectos, son sinónimos. Estos operadores se emplean en combinación con los operadores relacionales <, <=, >, >=, =, <> y !=. Comparan el valor del atributo especificado con cada uno de los valores devueltos por la subconsulta y, si alguna de las comparaciones da como resultado verdadero, devuelven verdadero. Solo devolverán falso en caso de que el resultado de todas las comparaciones sea falso. Por ejemplo, si deseamos mostrar los datos de las líneas de pedido en las que se solicite algún artículo con valor inferior a 0,5 €, haremos la consulta:

```
SELECT * FROM LineaPedido
WHERE CodArt = ANY (SELECT CodArt FROM Articulo WHERE PVPArt < 0.5);
```

```
 refped | codart | cantart
--------+--------+---------
 P0004  | A0012  |       15
 P0004  | A0089  |       50
(2 filas)
```

```
SELECT * FROM LineaPedido
WHERE CodArt = SOME (SELECT CodArt FROM Articulo WHERE PVPArt < 0.5);
```

```
 refped | codart | cantart
--------+--------+---------
 P0004  | A0012  |       15
 P0004  | A0089  |       50
(2 filas)
```

- ALL: este operador se emplea en combinación con los operadores relacionales <, <=, >, >=, =, <> y !=. Compara el valor del atributo especificado con cada uno de los valores devueltos por la subconsulta y, si todas las comparaciones dan como resultado verdadero, devuelve verdadero. Devolverá falso en el caso de que el resultado de alguna de las comparaciones sea falso. Por ejemplo, si deseamos mostrar los datos de los artículos con precio inferior al de cualquier bolígrafo, haremos la consulta:

```
SELECT * FROM Articulo
WHERE PVPArt < ALL (SELECT PVPArt FROM Articulo
                    WHERE DesArt LIKE '%Bolígrafo%');
```

```
 codart |     desart      | pvpart
--------+-----------------+--------
 A0075  | Lápiz 2B        |   0.55
 A0012  | Goma de borrar  |   0.15
 A0089  | Sacapuntas      |   0.25
(3 filas)
```

2.7.3. Consultas correlacionadas

Como se ha indicado anteriormente, se puede definir una consulta correlacionada como una consulta con alguna subconsulta tal que dentro de la subconsulta se hace referencia a atributos de la tabla de la consulta.

Hay que tener en cuenta que el modo en que procesa el SGBD estas consultas no es el habitual para las consultas con subconsultas. Así, para una consulta no correlacionada con alguna subconsulta, lo que hace el SGBD es procesar en primer lugar la subconsulta, obtener el resultado y, a partir del resultado de la subconsulta, se procesa la consulta. Tomemos como ejemplo la siguiente consulta: mostrar para todos los pedidos en que se solicite alguno de los artículos solicitados en el pedido P0001, la referencia del pedido y su fecha:

```
SELECT DISTINCT P.RefPed, FecPed
FROM Pedido P JOIN LineaPedido L ON P.RefPed = L.RefPed
WHERE CodArt IN (SELECT CodArt
FROM LineaPedido
WHERE RefPed = 'P0001');
```

```
 refped |   fecped
--------+------------
 P0004  | 2024-02-25
 P0001  | 2024-02-16
 P0002  | 2024-02-18
(3 filas)
```

Pues bien, esta consulta la procesa PostgreSQL llevando a cabo los siguientes pasos:

1. Se ejecuta la subconsulta, por lo que se obtienen de la tabla *LineaPedido* los códigos de los artículos solicitados en el pedido P0001. Esta subconsulta nos devuelve los códigos de artículo A0043 y A0078.

2. Se ejecuta la consulta con la condición de que el código del artículo de la línea de pedido sea alguno de los que nos devuelve la subconsulta: el A0043 o el A0078.

Por tanto, en estos casos, se ejecuta en su totalidad la subconsulta y luego se ejecuta la consulta con los datos resultado de la subconsulta.

Sin embargo, la manera en que procesa el SGBD una consulta correlacionada es diferente.

Consideremos el siguiente ejemplo de consulta correlacionada: muestra por cada pedido, su referencia y fecha, así como el código del artículo del que se han solicitado más unidades en ese pedido, la descripción de dicho artículo y el número de unidades solicitadas. En la consulta se requiere combinar las tres tablas del esquema *pedidos* (*Pedido*, *Articulo* y *LineaPedido*). Hay que poner como condición en la consulta que el número de unidades solicitadas sea la cantidad máxima que se solicita para los artículos del pedido cuya referencia es la de la consulta. En la subconsulta se ha de obtener, por tanto, la cantidad más alta solicitada de un artículo (función *max*) de la tabla *LineaPedido* para el pedido cuya referencia de pedido coincide con el de la consulta.

```
SELECT P.RefPed, FecPed, L.CodArt, DesArt, CantArt
FROM Pedido P JOIN LineaPedido L ON P.RefPed = L.RefPed
     JOIN Articulo A ON L.CodArt = A.CodArt
WHERE CantArt = (SELECT MAX(CantArt) FROM LineaPedido
                   WHERE RefPed = P.RefPed);
```

```
 refped |   fecped   | codart |         desart        | cantart
--------+------------+--------+-----------------------+---------
 P0001  | 2024-02-16 | A0078  | Bolígrafo rojo normal |      12
 P0002  | 2024-02-18 | A0043  | Bolígrafo azul        |       5
 P0003  | 2024-02-23 | A0075  | Lápiz 2B              |      20
 P0004  | 2024-02-25 | A0089  | Sacapuntas            |      50
(4 filas)
```

Para poder entender el resultado de la consulta, se muestra a continuación el contenido de la tabla *LineaPedido*.

```
 refped | codart | cantart
--------+--------+---------
 P0001  | A0043  |      10
 P0001  | A0078  |      12
 P0002  | A0043  |       5
 P0003  | A0075  |      20
 P0004  | A0012  |      15
 P0004  | A0043  |       5
 P0004  | A0089  |      50
```

Se indica a continuación cómo procesa PostgreSQL esta consulta correlacionada:

1. Se ejecuta la consulta sin considerar la condición en la que aparece la subconsulta. Por tanto, se realiza una combinación natural de la tabla *Pedido* con *LineaPedido* y luego se realiza la combinación natural del resultado con la tabla *Articulo*. Se muestra a continuación el resultado de esta combinación natural, si bien se ha proyectado el resultado solo sobre los atributos que se desea mostrar:

```
  refped |   fecped   | codart |         desart        | cantart
 --------+------------+--------+-----------------------+---------
   P0001 | 2024-02-16 | A0043  | Bolígrafo azul        |      10
   P0001 | 2024-02-16 | A0078  | Bolígrafo rojo normal |      12
   P0002 | 2024-02-18 | A0043  | Bolígrafo azul        |       5
   P0003 | 2024-02-23 | A0075  | Lápiz 2B              |      20
   P0004 | 2024-02-25 | A0012  | Goma de borrar        |      15
   P0004 | 2024-02-25 | A0043  | Bolígrafo azul        |       5
   P0004 | 2024-02-25 | A0089  | Sacapuntas            |      50
```

2. Se toma cada fila del resultado de la consulta y para cada fila se lleva a cabo lo siguiente:

   a. Se ejecuta la subconsulta.

   b. Si la condición se cumple para esa fila, se muestra en el resultado de la consulta.

Así, para la primera fila, la subconsulta nos devuelve el valor 12, porque es el valor más alto del atributo *CantArt* en la tabla *LineaPedido* para el pedido con referencia P0001, que es el valor de *RefPed* para la primera fila de la consulta. Pues bien, como el valor de *CantArt* en la consulta (10) no coincide con 12, esa fila no se muestra en el resultado.

Para la segunda fila, la subconsulta también nos devuelve el valor 12, porque la referencia del pedido sigue siendo la P0001. Como en este caso, el valor de CantArt en la consulta (12) coincide con el resultado de la subconsulta, esta fila sí se muestra en el resultado. Esto se repetiría para todas las filas del resultado de la consulta.

2.8. Unión, intersección y diferencia de consultas

Los operadores relacionales tradicionales de la teoría de conjuntos unión, intersección y diferencia se pueden aplicar a los resultados de las consultas escribiendo:

```
SELECT ...
operador
SELECT ...
```

Estos operadores se especifican mediante las palabras *union*, *intersect* y *except* para realizar la unión, intersección y diferencia, respectivamente.

2.8.1. Operador *union*

El operador *union* aplicado sobre dos consultas devuelve las filas de la primera consulta más las de la segunda eliminando, si es el caso, las filas repetidas.

Supongamos que tenemos una segunda tabla con pedidos llamada *Pedido2*. El contenido de las tablas *Pedido* y *Pedido2* es el siguiente:

Pedido

RefPed	FecPed
P0001	2024-02-16
P0002	2024-02-18
P0003	2024-02-23
P0004	2024-02-25
P0005	2024-03-18
P0006	2024-04-23

Pedido2

RefPed	FecPed
P0001	2024-02-16
P0004	2024-02-25
P0007	2024-04-24
P0008	2024-04-26

Podemos obtener mediante una consulta las referencias de todos los pedidos (los de la tabla *Pedido* más los de la tabla *Pedido2*):

```
SELECT RefPed FROM Pedido
UNION
SELECT RefPed FROM Pedido2;

 refped
 --------
 P0001
 P0003
 P0005
 P0008
 P0002
 P0007
 P0004
 P0006
(8 filas)
```

Como vemos, en el resultado aparecen las referencias de todos los pedidos de las dos tablas, no apareciendo datos repetidos:

Si queremos que aparezcan filas duplicadas, emplearemos el operador *union all*.

```
SELECT RefPed FROM Pedido
UNION ALL
SELECT RefPed FROM Pedido2;

 refped
 --------
 P0001
 P0002
 P0003
 P0004
```

```
P0005
P0006
P0001
P0004
P0007
P0008
(10 filas)
```

2.8.2. Operador *intersect*

El operador *intersect* aplicado sobre dos consultas devuelve las filas que están en el resultado de las dos consultas, es decir, las filas repetidas. Sin embargo, no aparecerán filas duplicadas en el resultado.

Por ejemplo, si queremos mostrar las referencias de los pedidos que están a la vez en las tablas *Pedido* y *Pedido2*, escribiremos:

```
SELECT RefPed FROM Pedido
INTERSECT
SELECT RefPed FROM Pedido2;

 refped
 --------
 P0004
 P0001
(2 filas)
```

Se puede conseguir el mismo efecto haciendo uso de una consulta con subconsulta:

```
SELECT RefPed FROM Pedido
WHERE RefPed IN (SELECT RefPed
     FROM Pedido2);

 refped
 --------
 P0004
 P0001
(2 filas)
```

2.8.3. Operador *except*

El operador *except* aplicado sobre dos consultas devuelve las filas resultado de la primera consulta menos las de la segunda. Esto quiere decir que del resultado de la primera consulta se eliminan las filas que aparecen en la segunda consulta.

Por ejemplo, si queremos obtener las referencias de los pedidos de la tabla *Pedido* excepto las de los pedidos que están en *Pedido2*, escribiremos:

```
SELECT RefPed FROM Pedido
EXCEPT
SELECT RefPed FROM Pedido2;


 refped
 --------
 P0003
 P0005
 P0002
 P0006
(4 filas)
```

Se puede conseguir el mismo efecto haciendo uso de una consulta con subconsulta:

```
SELECT RefPed FROM Pedido
WHERE RefPed NOT IN (SELECT RefPed
FROM Pedido2);
refped
--------
 P0002
 P0003
 P0005
 P0006
(4 filas)
```

2.9. Consultas de tablas cruzadas

Se puede definir una consulta de tablas cruzadas, o consulta de referencias de tablas cruzadas, como una consulta de resumen agrupada por dos atributos y en la que se muestra el resultado de aplicar una función de grupo (AVG, SUM, MAX, MIN, COUNT) sobre un atributo.

Por lo tanto, la siguiente consulta sobre la tabla *Empleado* del esquema *empresa*, podría decirse que es una consulta de tablas cruzadas. En esta consulta se indica, por cada número de departamento y puesto, el número de empleados que desempeñan ese puesto en ese departamento.

```
SELECT NumDep, Puesto, count(*) "N°empleados"
FROM Empleado
GROUP BY NumDep, Puesto
ORDER BY NumDep;
```

```
numdep |  puesto  | N°empleados
-------+----------+-------------
     1 | Empleado |           1
     1 | Gerente  |           1
     1 | Director |           1
     2 | Director |           1
     2 | Empleado |           2
     3 | Director |           1
     3 | Empleado |           1
     3 | Vendedor |           4
(8 filas)
```

Sin embargo, la manera de mostrar la información en las consultas de tablas cruzadas no suele ser esta, sino que generalmente se muestra una tabla que contiene como cabecera de las filas cada uno de los valores que toma uno de los campos de agrupamiento y como cabecera de las columnas cada uno de los valores que toma el otro campo de agrupamiento, con lo que la información para esta consulta en concreto se mostraría de la siguiente forma:

Tabla 2.7. Representación de datos resultado de la consulta en una tabla de referencias cruzadas

NumDep	GERENTE	DIRECTOR	EMPLEADO	VENDEDOR
1	1	1	1	
2		1	2	
3		1	1	4

No se puede mostrar la información de esta forma en PostgreSQL, si bien, como se ha visto, sí es posible construir consultas que muestren esta información de otra forma.

Además, en PostgreSQL es posible establecer varios conjuntos de agrupamiento. Un conjunto de agrupamiento se puede definir como un conjunto de columnas por las cuales se agrupa usando una cláusula GROUP BY. Un conjunto de agrupamiento se especifica entre paréntesis con un conjunto de atributos separados por comas: (columna$_1$, columna$_2$, ...). La sintaxis general de los conjuntos de agrupamiento es:

```
SELECT c1, c2, función _ agregado(c3)
FROM tabla₁,…
GROUP BY
    GROUPING SETS (
            (c1, c2),
            (c1),
            (c2),
            ()
    );
```

En este caso, disponemos de cuatro conjuntos de agrupamiento, por lo que se mostraría el resultado agrupado por *c1* y *c2*, solo por *c1*, solo por *c2* y un total. De esta forma, en una misma consulta se pueden mostrar totales y subtotales.

Con la siguiente consulta sobre el esquema *empresa* pedimos que se nos indique el número de empleados por departamento y puesto, pero también solo por departamento, solo por puesto y un total. Se muestra el resultado ordenado por departamento y puesto para facilitar su legibilidad:

```
SELECT NumDep, Puesto, count(*) "N°empleados"
FROM Empleado
GROUP BY
       GROUPING SETS (
               (NumDep, Puesto),
               (NumDep),
               (Puesto),
               ()
)
ORDER BY NumDep, Puesto;
```

```
 numdep |  puesto  | N° empleados
--------+----------+--------------
      1 | Director |            1
      1 | Empleado |            1
      1 | Gerente  |            1
      1 |          |            3
      2 | Director |            1
      2 | Empleado |            2
      2 |          |            3
      3 | Director |            1
      3 | Empleado |            1
      3 | Vendedor |            4
      3 |          |            6
        | Director |            3
        | Empleado |            4
        | Gerente  |            1
        | Vendedor |            4
        |          |           12
(16 filas)
```

2.10. Otras cláusulas del lenguaje

Como otras cláusulas del lenguaje, se van a presentar las instrucciones para el uso de dominios y las órdenes TRUNCATE y SHOW.

2.10.1. Los dominios

Un dominio es un tipo de dato con restricciones opcionales. Son útiles cuando en una base de datos hay que usar dominios con restricciones en varios casos. De esta forma, no es necesario repetir en todos los casos las restricciones.

Para crear un dominio, se usa la instrucción CREATE DOMAIN, cuya sintaxis es la siguiente:

```
CREATE DOMAIN Nombre _ Dominio [AS] Tipo _ Dato
[DEFAULT expresión]
[restricción₁, [restricción₂]...]
Restricción:
[CONSTRAINT Nombre _ Restricción] {NOT NULL|NULL|CHECK (expresión)}
```

Supongamos que en una empresa que fabrica ciertos artículos en función del ensamblaje de diversas piezas es necesario almacenar el color principal de los artículos y de los componentes. Pues bien, se sabe que el color principal puede ser blanco, rojo, amarillo, verde, azul o negro, y que el color más habitual es el blanco. Es posible crear un dominio llamado *color* de la siguiente manera:

```
CREATE DOMAIN color VARCHAR(8)
DEFAULT 'blanco'
CONSTRAINT CK _ Color CHECK (VALUE IN ('blanco', 'rojo', 'amarillo',
                                       'verde', 'azul', 'negro'));
```

Ahora es posible crear una tabla *Pieza* con un atributo al que se le asigne el dominio *color* que se acaba de crear:

```
CREATE TABLE Pieza
(IdPieza char(5) PRIMARY KEY,
DescPieza varchar(40) NOT NULL,
ColorPieza color NOT NULL);
```

Probemos ahora a añadir dos piezas sin asignarles color, luego una con un color perteneciente al dominio y otro con un color incorrecto:

```
postgres=# INSERT INTO Pieza (IdPieza, DescPieza) VALUES ('T0011',
'Teja'), ('P0001', 'Piloto');
INSERT 0 2
postgres=# INSERT INTO Pieza VALUES ('L0022', 'Luz de paso', 'verde');
INSERT 0 1
postgres=# SELECT * FROM Pieza;
```

```
 idpieza |  descpieza  | colorpieza
---------+-------------+------------
 T0011   | Teja        | blanco
 P0001   | Piloto      | blanco
 L0022   | Luz de paso | verde
(3 filas)

postgres=# INSERT INTO Pieza VALUES ('L0044', 'Luz rosa', 'rosa');
ERROR:  el valor para el dominio color viola la restricción
«check» «ck_color»
```

Es posible cambiar la definición de un dominio por medio de la instrucción ALTER DOMAIN, cuya sintaxis es la siguiente:

```
ALTER DOMAIN Nombre_Dominio
{SET DEFAULT expresión | DROP DEFAULT}

ALTER DOMAIN Nombre_Dominio
{SET | DROP} NOT NULL

ALTER DOMAIN Nombre_Dominio
ADD restricción;

ALTER DOMAIN Nombre_Dominio
DROP CONSTRAINT [IF EXISTS] Nombre_Restricción

ALTER DOMAIN Nombre_Dominio
RENAME CONSTRAINT Nombre_Restricción TO Nuevo_Nombre_Restricción
```

Como se puede deducir fácilmente de los formatos mostrados, es posible asignar un nuevo valor por defecto al dominio o eliminar el valor por defecto asignado, añadir o eliminar la restricción NOT NULL, añadir una nueva restricción, eliminar una restricción indicando su nombre, o bien cambiar el nombre de una restricción. Por ejemplo, mediante la siguiente orden se cambia el valor por defecto del dominio *color* al valor *verde*:

```
ALTER DOMAIN color
SET DEFAULT 'verde';
```

Para eliminar un dominio, se usa la instrucción DROP DOMAIN, cuya sintaxis es la siguiente:

```
DROP DOMAIN [IF EXISTS] Nombre_Dominio₁, Nombre_Dominio₂ ...
[CASCADE | RESTRICT]
```

Se pueden eliminar varios dominios con una única orden DROP DOMAIN. La opción CASCADE elimina automáticamente todos los objetos que dependen del dominio, como atributos de tablas y todos los objetos que dependen de estos. La opción RESTRICT, que es la opción por defecto, no permite eliminar un dominio si hay algún objeto que depende de él.

2.10.2. La orden TRUNCATE

La orden TRUNCATE o TRUNCATE TABLE permite vaciar una tabla completamente, es decir, eliminar la totalidad de las filas almacenadas en la misma. Su sintaxis es la siguiente:

```
TRUNCATE [TABLE] nombre_tabla
[RESTART IDENTITY | CONTINUE IDENTITY];
```

Esta orden tiene el mismo efecto que una orden DELETE sin cláusula WHERE, es decir, es equivalente en cuanto a efecto a la orden:

```
DELETE FROM nombre_tabla;
```

No obstante, hay algunas diferencias entre ambas órdenes. Las diferencias más relevantes son las siguientes:

- TRUNCATE es una operación que se registra en el *log* de transacciones como un todo, mientras que DELETE registra la eliminación de cada fila en dicho *log*.

- TRUNCATE se ejecuta en menor tiempo que DELETE.

- TRUNCATE no puede desencadenar la ejecución de disparadores, mientras que DELETE sí.

- Si se especifica la opción RESTART IDENTITY, TRUNCATE reiniciará el contador para una columna de tipo SMALLSERIAL, SERIAL o BIGSERIAL, mientras que DELETE no. Si se especifica CONTINUE IDENTITY o no se indica nada, no se lleva a cabo el reinicio.

2.10.3. El comando SHOW

El comando SHOW permite visualizar el valor que toma un parámetro de configuración de PostgreSQL usando la sintaxis:

```
SHOW Nombre_Parámetro
```

Por ejemplo, con los siguientes comandos podemos ver el número de versión del servidor y el camino de búsqueda de esquemas:

```
postgres=# SHOW server _ version;
 server _ version
----------------
 10.23
(1 fila)

postgres=# SHOW search _ path;
   search _ path
----------------
 pedidos, public
 (1 fila)
```

Con la orden SHOW ALL se visualizará el valor de todos los parámetros de configuración del sistema.

2.11. Extensiones del lenguaje

2.11.1. Creación, manipulación y borrado de vistas

Las instrucciones para crear, modificar y borrar vistas ya se han presentado en la sección 2.1.5, a la que se remite al lector. Aquí se estudia la manipulación de vistas.

Sobre las vistas no solo se pueden realizar consultas, sino también inserciones, borrados y modificaciones, que afectarán a los datos reales almacenados en la/s tabla/s sobre la/s que se ha definido la vista. En este caso, se dice que la vista correspondiente es actualizable.

Para que una vista sea actualizable, se deben cumplir las siguientes condiciones en relación con la consulta por medio de la que se crea la vista:

* Debe haber un solo elemento en la cláusula FROM, que debe ser una tabla o una vista actualizable.

* No debe haber en la definición de la vista ni GROUP BY, ni HAVING, ni DISTINCT, ni LIMIT.

* No debe haber en la definición de la vista operaciones UNION, INTERSECT o EXCEPT.

* La cláusula SELECT no puede incluir funciones de resumen (COUNT, MAX, MIN, AVG, SUM).

Una vista actualizable puede contener columnas actualizables y no actualizables. Una columna es actualizable si es una referencia simple a una columna de la tabla subyacente; en caso contrario, la columna será no actualizable o de solo lectura. Por tanto, una columna será no actualizable cuando contenga una expresión.

Por tanto, para que una orden UPDATE sobre una vista sea correcta, además de las condiciones indicadas anteriormente para que una vista sea actualizable, se debe cumplir que todos los atributos que se modifiquen mediante la orden UPDATE sean actualizables.

Si la vista es actualizable, el sistema convertirá cualquier sentencia INSERT, UPDATE o DELETE sobre la vista en la correspondiente sentencia sobre la tabla subyacente.

Si una vista actualizable contiene una cláusula WHERE, la condición limita las filas de la tabla subyacente disponibles para su modificación por medio de instrucciones UPDATE o DELETE sobre la vista. Sin embargo, una sentencia UPDATE puede modificar una fila de forma que tras esta modificación dicha fila ya no satisfaga la condición de la cláusula WHERE para aparecer en la vista. De forma similar, una sentencia INSERT puede añadir filas en la tabla subyacente que no satisfagan la cláusula WHERE y que, por tanto, no sean visibles por medio de la vista. Si se especificó la opción CHECK OPTION cuando se creó la vista, al hacer cualquier INSERT o UPDATE, se comprueba que las nuevas filas sean visibles por medio de la vista; si no es el caso, se rechaza la operación correspondiente. Si no se especificó CHECK OPTION, se permiten sentencias INSERT o UPDATE sobre la vista que creen filas no visibles por medio de la vista.

Para poder realizar inserciones en una vista, además de las condiciones enumeradas antes para que esta sea actualizable, se deben cumplir todas las condiciones indicadas a continuación:

- La vista debe contener todos los atributos obligatorios de la tabla que no tengan definido en la tabla valor por defecto.

- Las columnas a las que se da valor deben ser actualizables.

A modo de ejemplo, se va a crear a partir de la tabla *Empleado* del esquema *empresa*, una vista con el nombre, puesto, salario y comisión de los empleados del departamento número 2:

```
CREATE VIEW EmpleadosDpto2
AS SELECT NomEmp, Puesto, salario, comision
FROM Empleado WHERE NumDep = 2;
```

Esta vista es actualizable porque cumple las cuatro condiciones indicadas anteriormente. Vamos a realizar una inserción sobre ella. Obviamente, el SGBD intentará realizar la inserción sobre la tabla *Empleado*, que es la tabla subyacente a la vista.

```
postgres=# INSERT INTO EmpleadosDpto2
postgres-# VALUES ('Rosa Bilbao Porto', 'Empleado', 1280, 100);
ERROR:  el valor null para la columna «numemp» viola la
restricción not null
DETALLE:  La fila que falla contiene (null, Rosa Bilbao Porto,
Empleado, null, null, 1280.00, 100.00, 1).
```

No se ha podido llevar a cabo la inserción porque el atributo *NumEmp* de la tabla *Empleado* que no aparece en la vista tiene asignada la restricción *not null* en la tabla por ser clave primaria y no tiene asignado valor por defecto.

Ahora vamos a ver si es posible eliminar a la empleada llamada Georgina Ruiz Plà de la tabla *Empleado* a través de la vista. Se debería poder al tratarse de una vista actualizable.

```
postgres=# DELETE FROM EmpleadosDpto2
postgres-# WHERE NomEmp = 'Georgina Ruiz Plà';
DELETE 1
```

Y podemos ver cómo consultando la tabla *Empleado* esta empleada ha sido en efecto eliminada.

Recordemos la vista *SalariosAnuales* que se creó en la sección 2.1.5 con la siguiente orden:

```
CREATE VIEW SalariosAnuales (Número, Nombre, SalarioAnual)
AS SELECT NumEmp, NomEmp, Salario * 12
FROM Empleado
WHERE NumDep = 2;
```

Pues bien, por medio de esta vista, podremos realizar modificaciones de atributos de la tabla *Empleado* con la condición de que el atributo que se modifica en la vista *SalariosAnuales* no contenga una expresión, como ocurre con el atributo *SalarioAnual*. Así, por ejemplo, podremos cambiar el primer apellido de la empleada número 6:

```
postgres=# UPDATE SalariosAnuales
postgres-# SET Nombre = 'Laura Díez Folgado'
postgres-# WHERE Número = 6;
UPDATE 1
postgres=# SELECT * FROM Empleado;
```

numemp	nomemp	puesto	numempjefe	fecingreso	salario	comision	numdep
1	Alberto Rey Ruiz	Gerente		2014-01-02	5500.00	0.00	1
...							
6	Laura Díez Folgado	Empleado	4	2016-12-12	1320.00	0.00	2

(11 filas)

Sin embargo, si intentamos modificar su salario, al ser este un atributo no actualizable o definido mediante una expresión, se producirá un error:

```
postgres=# UPDATE SalariosAnuales
postgres-# SET SalarioAnual = 17000
postgres-# WHERE Número = 6;
ERROR:  no se puede actualizar la columna «salarioanual» vista
«salariosanuales»
DETALLE:  Las columnas de vistas que no son columnas de su
relación base no son actualizables.
```

2.11.2. Especificación de restricciones de integridad

Las restricciones de integridad se especifican en la sentencia CREATE TABLE, como ya se ha explicado en la sección 2.1.4.

2.11.3. Instrucciones de autorización

Las bases de datos normalmente son empleadas por varios usuarios y en entornos multiusuario es necesario realizar un control de acceso para garantizar que solo puedan acceder a la base de datos los usuarios autorizados. Además, es preciso garantizar que cada usuario que accede a la base de datos solo pueda realizar las operaciones que le correspondan de acuerdo con su perfil.

PostgreSQL gestiona el control de acceso a las bases de datos basándose en el concepto de rol. Se puede concebir un rol como un usuario de la base de datos o un grupo de usuarios dependiendo de cómo se defina el rol. Los roles se definen a nivel de clúster de la base de datos, por lo que son válidos en todas las bases de datos del clúster. Cualquier rol puede actuar como un usuario, como un grupo o como ambos.

Los roles pueden ser propietarios de objetos de la base de datos y pueden asignar privilegios sobre estos objetos a otros roles con el fin de controlar quién tiene acceso a qué objetos. Además, se puede asignar un rol a otro rol, de forma que el rol receptor reciba todos los privilegios del rol emisor.

En PostgreSQL se usa la instrucción CREATE ROLE para crear roles. La sintaxis de esta instrucción es la siguiente:

```
CREATE ROLE nombre _ rol [[WITH] opción […] ]
opción:
  SUPERUSER | NOSUPERUSER
| CREATEDB | NOCREATEDB
```

```
| CREATEROLE | NOCREATEROLE
| INHERIT | NOINHERIT
| LOGIN | NOLOGIN
| CONNECTION LIMIT límite
| [ENCRYPTED] PASSWORD 'contraseña' | PASSWORD NULL
| VALID UNTIL 'fechahora'
```

Se debe especificar después de la palabra ROLE el nombre del rol y a continuación se pueden indicar las siguientes opciones que asignan atributos al rol.

- Con SUPERUSER se indica que el rol tiene el estatus o atributo de superusuario, por lo que ostenta todos los permisos excepto el permiso para conectarse a la base de datos. Es un privilegio peligroso que se debería manejar con cuidado. Solo se puede crear un rol de este tipo si ya se ostenta el rol de superusuario. La opción por defecto es NOSUPERUSER.

- Con CREATEDB se otorga al rol la posibilidad de crear base de datos. La opción por defecto es NOCREATEDB.

- Con CREATEROLE se concede al rol la posibilidad de crear nuevos roles. Un rol con este atributo también puede eliminar y alterar los roles que él ha creado. La opción por defecto es NOCREATEROLE.

- INHERIT: cuando se usa una orden GRANT para conceder la pertenencia a un rol a otro rol, la concesión puede usar la cláusula WITH INHERIT para indicar si los privilegios del rol que se ha concedido deben ser 'heredados' por el nuevo miembro. Si en la orden GRANT no se especifica opción de herencia (WITH INHERIT), la orden GRANT se concederá con la opción WITH INHERIT TRUE si al rol se le ha asignado la opción INHERIT, y con WITH INHERIT FALSE si se ha establecido la opción NOINHERIT.

- Con LOGIN se concede al rol la opción de conectarse a la base de datos. Un rol con el atributo LOGIN se puede considerar un usuario de la base de datos. Para crear un rol con este privilegio se puede usar cualquiera de los dos siguientes órdenes:

```
CREATE ROLE nombre _ rol LOGIN;
CREATE USER nombre _ rol;
```

- Con CONNECTION LIMIT, si el rol se puede conectar a la base de datos, se indica el número máximo de conexiones simultáneas que puede establecer con la base de datos. Si se asigna el valor -1, no hay límite, que es la opción por defecto.

- Con PASSWORD se asigna una contraseña al rol, la cual siempre está encriptada. Sin embargo, se mantiene la opción ENCRYPTED por compatibilidad con versiones anteriores. Solo tiene sentido asignar una contraseña al rol si este tiene el atributo LOGIN. Si no se especifica contraseña, se le asigna valor nulo y la autenticación siempre fallará para el usuario.

- Con la opción VALID UNTIL se establece una fecha y hora a partir de la cual la contraseña del rol ya no será válida. Si se omite esta opción, la contraseña no expirará nunca.

También se puede usar en PostgreSQL la orden CREATE USER con la misma sintaxis que CREATE ROLE. La única diferencia es que cuando se usa CREATE USER, se asume la opción LOGIN por defecto, mientras que cuando se usa CREATE ROLE, se asume la opción NOLOGIN por defecto. De esto se puede deducir que un usuario se considera un rol con permiso para conectarse a la base de datos.

Vamos a crear dos roles con permiso para conectarse a la base de datos, por lo que se pueden considerar usuarios de la base de datos:

```
postgres=# CREATE ROLE jose LOGIN PASSWORD '1234';
CREATE ROLE
postgres=# CREATE ROLE ana LOGIN PASSWORD '5678';
CREATE ROLE
```

Cuando se crean roles, PostgreSQL los añade a la tabla *pg_roles* del diccionario de datos. Esta tabla presenta el siguiente formato:

```
postgres=# \d pg _ roles;
                        Vista ½pg _ catalog.pg _ roles¶

     Columna     |          Tipo           | Ordenamiento | Nulable | Por omisi¾n
-----------------+-------------------------+--------------+---------+-------------
 rolname         | name                    |              |         |
 rolsuper        | boolean                 |              |         |
 rolinherit      | boolean                 |              |         |
 rolcreaterole   | boolean                 |              |         |
 rolcreatedb     | boolean                 |              |         |
 rolcanlogin     | boolean                 |              |         |
 rolreplication  | boolean                 |              |         |
 rolconnlimit    | integer                 |              |         |
 rolpassword     | text                    |              |         |
 rolvaliduntil   | timestamp with time zone |             |         |
 rolbypassrls    | boolean                 |              |         |
 rolconfig       | text[]                  |              |         |
 oid             | oid                     |              |         |
```

Es fácilmente deducible el significado de los campos de esta tabla. Ahora veamos el contenido de algunas filas de esta tabla:

Veamos el contenido de unos cuantos atributos para todas las filas de esta tabla:

```
postgres=# SELECT rolname, rolsuper, rolcanlogin, rolpassword FROM pg _ roles;

         rolname            | rolsuper | rolcanlogin | rolpassword
----------------------------+----------+-------------+-------------
 pg_database_owner          | f        | f           | ********
 pg_read_all_data           | f        | f           | ********
 pg_write_all_data          | f        | f           | ********
 pg_monitor                 | f        | f           | ********
 pg_read_all_settings       | f        | f           | ********
 pg_read_all_stats          | f        | f           | ********
 pg_stat_scan_tables        | f        | f           | ********
 pg_read_server_files       | f        | f           | ********
 pg_write_server_files      | f        | f           | ********
 pg_execute_server_program  | f        | f           | ********
 pg_signal_backend          | f        | f           | ********
 pg_checkpoint              | f        | f           | ********
 pg_use_reserved_connections | f       | f           | ********
 pg_create_subscription     | f        | f           | ********
 postgres                   | t        | t           | ********
 jose                       | f        | t           | ********
 ana                        | f        | t           | ********
(17 filas)
```

Todos los roles que se muestran excepto los dos últimos han sido creados por PostgreSQL al realizar la instalación. Podemos observar que están además los roles *jose* y *ana* que acabamos de crear. Estos dos roles, como el rol *postgres*, como se puede observar por el campo *rolcanlogin*, que toma valor *t* (*true*), pueden conectarse a la base de datos. El único rol que es un superusuario es el rol *postgres*. También se puede ver información sobre los roles del sistema mediante la orden \du en PSQL:

```
postgres=# \du
                          Lista de roles
 Nombre de rol |                    Atributos
---------------+-------------------------------------------------
 ana           |
 jose          |
 postgres      | Superusuario, Crear rol, Crear BD, Replicaci¾n, Ignora RLS
```

Se pueden cambiar atributos del rol mediante el comando ALTER ROLE con la siguiente sintaxis:

```
ALTER ROLE especificación _ rol [WITH] opción [...]
especificación _ rol:
nombre _ rol | CURRENT _ ROLE | CURRENT _ USER | SESSION _ USER
opción:
  SUPERUSER | NOSUPERUSER
| CREATEDB | NOCREATEDB
| CREATEROLE | NOCREATEROLE
| LOGIN | NOLOGIN
```

```
| CONNECTION LIMIT límite
| [ENCRYPTED] PASSWORD 'contraseña' | PASSWORD NULL
| VALID UNTIL 'fechahora'
```

Así, con la siguiente orden cambiamos la contraseña del rol *jose* a '4321':

```
postgres=# ALTER ROLE jose WITH PASSWORD '4321';
ALTER ROLE
```

Mediante la siguiente orden cambiamos el número máximo de conexiones simultáneas del rol *ana* a 15. Este rol no tenía dicha limitación:

```
postgres=# ALTER ROLE ana WITH CONNECTION LIMIT 15;
ALTER ROLE
```

También se puede cambiar el nombre de un rol mediante el comando ALTER ROLE empleando la siguiente sintaxis:

```
ALTER ROLE nombre_rol RENAME TO nombre_nuevo
```

Por ejemplo, para cambiar el nombre del rol *ana* por *anita* pondremos:

```
postgres=# ALTER ROLE ana RENAME TO anita;
NOTICE:  la contraseña MD5 fue borrada debido al cambio de nombre del rol
ALTER ROLE
```

Se nos muestra un mensaje indicando que se le ha borrado la contraseña, por lo que lo adecuado es asignarle una nueva contraseña:

```
postgres=# ALTER ROLE anita PASSWORD '2222';
ALTER ROLE
```

Para eliminar un rol, se usa la orden DROP ROLE, cuya sintaxis es la siguiente:

```
DROP ROLE [IF EXISTS] nombre_rol₁ [, nombre_rol₂]...;
```

Como se puede observar, solo se debe indicar el nombre del rol que se desea borrar y en la misma instrucción DROP ROLE se pueden eliminar varios roles. Se debe tener en cuenta lo siguiente:

- Para borrar un rol superusuario, se debe ser un superusuario.
- Para borrar roles no superusuario, se debe tener el privilegio CREATEROLE y se debe haber concedido ADMIN OPTION sobre el rol.
- Un rol no se puede eliminar si es referenciado en alguna base de datos.
- Antes de borrar un rol, se deben eliminar todos los objetos que posee (o reasignárselos a otro rol) y revocar todos los privilegios que tenga sobre otros objetos. Para esto pueden ser útiles las órdenes REASSIGN OWNED

y DROP OWNED. La orden REASSIGN OWNED permite cambiar el propietario de un objeto de la base de datos de un rol a otro rol empleando la sintaxis:

```
REASSING OWNED BY rol_antiguo TO rol_nuevo;
```

Por otro lado, la orden DROP OWNED elimina los objetos de la base de datos poseídos por un rol. Su sintaxis es la siguiente:

```
DROP OWNED BY nombre_rol [CASCADE | RESTRICT];
```

Con la opción CASCADE, se eliminan automáticamente los objetos que dependen de los objetos afectados y todos los que dependen de estos. La opción por defecto es RESTRICT, que rechaza el borrado de objetos propiedad de un rol si cualquier otro objeto de la base de datos depende de uno de los objetos afectados. Se trata de la opción por defecto.

• Para eliminar un rol no es necesario eliminar las membresías del rol que se quiere borrar.

Por ejemplo, con la siguiente orden se borrará el rol *anita*:

```
postgres=# DROP ROLE anita;
DROP ROLE
```

También se puede usar el comando `DROP USER` como sinónimo de `DROP ROLE`, aunque solo será válida para roles con permiso para conectarse a la base de datos (usuarios).

Privilegios en PostgreSQL

Cuando se crea un objeto en PostgreSQL, se le asigna un propietario, que es normalmente el rol que ejecutó la orden de creación. Inicialmente solo puede realizar algo sobre un objeto su propietario o un superusuario, de forma que para que otros usuarios puedan utilizar dichos objetos, es necesario que se le concedan privilegios. La posibilidad de modificar o destruir un objeto es inherente a ser el propietario del objeto.

Es posible cambiar el propietario de un objeto con un comando ALTER que corresponda al tipo del objeto de que se trata. Así, para cambiar el propietario de una tabla se usará el comando:

```
ALTER TABLE nombre_tabla OWNER TO nuevo_propietario;
```

Los permisos que se pueden especificar en PostgreSQL se muestran en la siguiente tabla, donde se indica por cada privilegio su nombre, su significado y el nivel al que se puede otorgar.

Tabla 2.8. Permisos en PostgreSQL

Permiso	Significado	Objeto/s
ALL [PRIVILEGES]	Todos los privilegios disponibles según el tipo de objeto.	Todos
ALTER SYSTEM	Permite asignar un nuevo valor a un parámetro de configuración del servidor mediante el comando ALTER SYSTEM.	Parámetro
CONNECT	Permite conectarse a la base de datos.	Base de datos
CREATE	Para bases de datos, permite crear nuevos esquemas. Para esquemas, permite crear nuevos objetos dentro del esquema.	Base de datos, esquema
DELETE	Permite borrar filas de una tabla o vista. Se requiere el privilegio SELECT si se referencian atributos en la cláusula WHERE.	Tabla
EXECUTE	Permite llamar a rutinas (procedimientos o funciones).	Procedimiento, función
INSERT	Permite usar la orden INSERT sobre tablas y vistas. Se puede conceder sobre atributos específicos.	Tabla, atributo
REFERENCES	Permite crear claves ajenas referenciando a una tabla o a un atributo específico de una tabla.	Tabla, atributo
SELECT	Permite consultar cualquier atributo a un atributo específico de una tabla, vista o vista materializada. También se necesita este privilegio para referenciar valores de atributos en órdenes UPDATE y DELETE.	Tabla, atributo
SET	Permite asignar un nuevo valor en la sesión actual a un parámetro de configuración del servidor.	Parámetro
TEMPORARY o TEMP	Permite crear tablas temporales.	Base de datos
TRIGGER	Permite crear un disparador sobre una tabla o vista.	Tabla
TRUNCATE	Permite ejecutar una orden TRUNCATE sobre una tabla.	Tabla
UPDATE	Permite modificar cualquier atributo o atributos específicos de una tabla o vista. Se requiere el privilegio SELECT si se referencian atributos en la cláusula WHERE o SET.	Global, base de datos, tabla, columna
USAGE	Permite visualizar o acceder a los objetos contenidos en un esquema.	Esquema

PUBLIC es un nombre de rol especial utilizado para conceder privilegios a cualquier rol del sistema. Pues bien, PostgreSQL concede privilegios sobre algunos tipos de objetos a PUBLIC automáticamente al crear estos objetos. No se conceden privilegios a PUBLIC por defecto sobre tablas, atributos o esquemas. Sobre otros tipos de objetos, los privilegios concedidos por defecto a PUBLIC son:

- CONNECT y TEMPORARY sobre bases de datos.

- EXECUTE sobre procedimientos y funciones.

El propietario de un objeto puede revocar los privilegios concedidos por defecto y explícitamente.

Concesión de privilegios en PostgreSQL

El comando para asignar privilegios en SQL es GRANT. Vamos a ver la sintaxis de este comando en PostgreSQL en función del tipo de objeto sobre el que se conceden privilegios:

- Concesión de privilegios sobre tablas:

```
GRANT { {SELECT | INSERT | UPDATE | DELETE | TRUNCATE | REFERENCES
      | TRIGGER} [, ...]| ALL [PRIVILEGES]}
ON {[TABLE] nombre_tabla [, ...]
   | ALL TABLES IN SCHEMA nombre_esquema [, ...]}
TO especificación_rol [, ...] [WITH GRANT OPTION];

especificación_rol: nombre_rol | PUBLIC | CURRENT_ROLE |
                   CURRENT_USER | SESSIÓN_USER
```

Sobre tablas se pueden otorgar solo los privilegios SELECT, INSERT, UPDATE, DELETE, TRUNCATE, REFERENCES y TRIGGER, o bien todos estos privilegios (ALL). En caso de especificar varios, se deben separar por comas. Después de la palabra ON se puede escribir TABLE opcionalmente y luego se debe especificar el nombre de la tabla o tablas sobre las que se van a conceder los privilegios; si son varias, separadas por comas. También hay la opción de conceder los privilegios sobre todas las tablas de uno o varios esquemas, en cuyo caso se debe escribir ALL TABLES IN SCHEMA y el nombre o los nombres de los esquemas. Después de TO se debe indicar el nombre del rol o roles al que se le desea asignar los privilegios, o bien se puede escribir PUBLIC (para otorgarlo a todos los roles), CURRENT_ROLE (rol actual), CURRENT_USER (usuario actual) o SESSION_USER (usuario de la sesión). Con WITH GRANT OPTION, el receptor de los privilegios puede conceder dichos privilegios a otros roles.

- Concesión de privilegios sobre atributos:

```
GRANT { {SELECT | INSERT | UPDATE | REFERENCES}(nombre_atributo [, ...])
  [, ...]| ALL [PRIVILEGES] (nombre_atributo [, ...])}
```

```
ON [TABLE] nombre_tabla [, ...]
TO especificación_rol [, ...] [WITH GRANT OPTION];
```

Sobre atributos se pueden otorgar solo los privilegios SELECT, INSERT, UPDATE y REFERENCES, o bien todos estos privilegios (ALL). Después de la palabra ON se puede escribir TABLE opcionalmente y luego se debe especificar el nombre de la tabla o tablas sobre las que se van a conceder los privilegios.

* Concesión de privilegios sobre bases de datos:

```
GRANT { {CREATE | CONNECT | TEMPORARY | TEMP}(nombre_atributo [, ...]
 | ALL [PRIVILEGES]}
ON DATABASE nombre_BD [, ...]
TO especificación_rol [, ...] [WITH GRANT OPTION];
```

Sobre bases de datos se pueden otorgar solo los privilegios CREATE, CONNECT, TEMPORARY o TEMP, o bien todos estos privilegios (ALL). Después de ON DATABASE se debe especificar el nombre de la base o bases de datos sobre las que se van a conceder los privilegios.

* Concesión de privilegios sobre rutinas:

```
GRANT {EXECUTE | ALL [PRIVILEGES]}
ON {{FUNCTION | PROCEDURE | ROUTINE} nombre_rutina [, ...]
 | ALL {FUNCTIONS | PROCEDURES | ROUTINES} IN SCHEMA nombre_esquema
[, ...]}
TO especificación_rol [, ...] [WITH GRANT OPTION];
```

Sobre rutinas (procedimientos y funciones) se puede otorgar solo el privilegio EXECUTE, o bien todos estos privilegios (ALL). Después de la palabra ON se debe escribir FUNCTION, PROCEDURE o ROUTINE (función, procedimiento o indistintamente) y el nombre de la rutina o rutinas sobre las que se van a conceder los privilegios. También hay la opción de conceder los privilegios sobre todas las funciones, procedimientos o rutinas de uno o varios esquemas.

* Concesión de privilegios sobre parámetros de configuración del servidor:

```
GRANT {SET | ALTER SYSTEM} [, ...] | ALL [PRIVILEGES]}
ON PARAMETER nombre_parámetro [, ...]
TO especificación_rol [, ...] [WITH GRANT OPTION];
```

Sobre parámetros de configuración del servidor se pueden otorgar solo los privilegios SET y ALTER SYSTEM, o bien todos estos privilegios (ALL). Después de la palabra ON se debe escribir PARAMETER y el nombre del parámetro o de los parámetros sobre los que se van a conceder los privilegios.

- Concesión de privilegios sobre esquemas:

```
GRANT { {CREATE | USAGE} [, ...] | ALL [PRIVILEGES]}
ON SCHEMA nombre_esquema [, ...]
TO especificación_rol [, ...] [WITH GRANT OPTION];
```

Sobre esquemas se pueden otorgar solo los privilegios CREATE y USAGE, o bien todos estos privilegios (ALL). Después de ON SCHEMA se debe especificar el nombre del esquema o esquemas sobre los que se van a conceder los privilegios.

Veamos algunos ejemplos de órdenes GRANT. En primer lugar, abramos una sesión con el usuario *postgres*, creemos un usuario (rol con permiso de conexión) llamado *dba* y asignémosle todos los permisos posibles sobre la base de datos *postgres*. Además, le vamos a dar la opción de pasar sus permisos a cualquier otro usuario:

```
postgres=# CREATE USER dba PASSWORD 'aaaa';
CREATE ROLE
postgres=# GRANT ALL ON DATABASE postgres TO dba WITH GRANT OPTION;
GRANT
```

Concedamos al rol *jose* creado anteriormente la opción de acceder al esquema *Pedidos*:

```
postgres=# GRANT USAGE ON SCHEMA pedidos TO jose;
GRANT
```

Tengamos en cuenta que este rol tiene el permiso CONNECT, es decir, se le puede considerar un usuario de la base de datos, pero si fuese un rol sin este permiso, habría sido necesario otorgarle el permiso CONNECT, el cual se puede conceder sobre una determinada base de datos. Así, con la siguiente orden, se le daría la opción de conectarse a la base de datos *postgres*:

```
GRANT CONNECT ON DATABASE postgres TO jose;
```

A continuación, démosle al rol *jose* la opción de consultar cualquier tabla dentro del esquema *Pedidos*:

```
postgres=# GRANT SELECT ON ALL TABLES IN SCHEMA Pedidos TO jose;
GRANT
```

Ahora abramos una sesión con el rol *jose* y comprobemos que puede consultar tablas en el esquema *Pedidos*, pero no insertar datos, por ejemplo, en la tabla *Pedido*.

```
Server [localhost]:
Database [postgres]:
Port [5432]:
Username [postgres]: jose
Contraseña para usuario jose:
psql (16.3)
ADVERTENCIA: El código de página de la consola (850) difiere del
             código de página de Windows (1252).
             Los caracteres de 8 bits pueden funcionar
             incorrectamente.
             Vea la página de referencia de psql «Notes for
             Windows users» para obtener más detalles.
Digite «help» para obtener ayuda.

postgres=> SET SEARCH _ PATH TO pedidos;
SET
postgres=> SELECT * FROM Pedido;
 refped |   fecped
--------+------------
 P0001  | 2024-02-16
 P0002  | 2024-02-18
 P0003  | 2024-02-23
 P0004  | 2024-02-25
(4 filas)

postgres=> INSERT INTO pedido VALUES ('P0005', CURRENT _ DATE);
ERROR:  permiso denegado a la relación pedido
```

Ahora desde la sesión correspondiente al rol *postgres* concedámosle al rol *jose* la opción de insertar, modificar y borrar datos sobre la tabla *Pedido*:

```
postgres=# GRANT INSERT, UPDATE, DELETE ON pedido TO jose;
GRANT
```

Desde la sesión del usuario *jose* ahora sí que podremos añadir un pedido y luego eliminarlo sin problema:

```
postgres=> INSERT INTO Pedido VALUES ('P0005', CURRENT _ DATE);
INSERT 0 1
postgres=> SELECT * FROM Pedido;
 refped |   fecped
--------+------------
 P0001  | 2024-02-16
 P0002  | 2024-02-18
```

```
 P0003  | 2024-02-23
 P0004  | 2024-02-25
 P0005  | 2024-01-09
(5 filas)

postgres=> DELETE FROM Pedido WHERE RefPed = 'P0005';
DELETE 1
```

Desde la sesión del rol *postgres*, concedámosle al usuario *jose* la opción de crear tablas en el esquema *pedidos*:

```
postgres=# GRANT CREATE ON SCHEMA pedidos TO jose;
GRANT
```

La orden GRANT también sirve para otorgar la membresía o pertenencia a un rol a uno o más roles, empleando la siguiente sintaxis.

```
GRANT nombre_rol [, ...] TO especificación_rol [, ...]
[WITH {ADMIN | INHERIT | SET} {OPTION | TRUE | FALSE}];
```

Con esta orden potencialmente se conceden los privilegios del rol a todos los roles especificados después de TO, e incluso se otorga la capacidad para hacer cambios en el mismo rol. No obstante, los permisos otorgados dependen de las opciones especificadas. A cada una de las opciones se le puede asignar el valor TRUE o FALSE. La palabra clave OPTION se considera un sinónimo de TRUE. Por ejemplo, WITH ADMIN OPTION es un sinónimo de WITH ADMIN TRUE.

La opción ADMIN permite al miembro del rol al que se le concede membresía otorgar dicha membresía en el rol a otros roles, así como revocarla. La opción por defecto es FALSE. Los superusuarios de la base de datos pueden conceder la membresía en cualquier rol a cualquier rol.

La opción INHERIT, si toma valor TRUE, provoca que el miembro herede los privilegios del rol que se le concede, por lo que puede emplear automáticamente cualquier privilegio de dicho rol. Si toma valor FALSE, no se heredan los privilegios del rol concedido. Si no se especifica esta cláusula, toma valor *true* por defecto si el rol se creó con la opción INHERIT y *false* si se creó con la opción NOINHERIT.

Si la opción SET toma valor TRUE, permite al miembro del grupo moverse al rol concedido usando la orden SET ROLE. El valor por defecto de esta opción es TRUE. El comando SET ROLE permite cambiar el rol del usuario de la sesión empleando la sintaxis:

```
SET ROLE { nombre_rol | NONE };
```

Con este formato de la orden GRANT se puede interpretar el rol que se concede como un grupo o un conjunto de privilegios. Una vez creado el rol con la orden CREATE ROLE, es posible asignar dicho rol a otros roles o usuarios (roles con permiso de conexión), de manera que estos reciben de una sola vez todos los privilegios que tiene el rol que se otorga.

Por ejemplo, podemos crear un rol llamado *RolVentas* para ser utilizado por los usuarios del departamento de ventas. Los usuarios de este departamento deben poder hacer uso del esquema *pedidos* y dentro de él realizar consultas, inserciones, modificaciones y borrados sobre las tablas *Pedido* y *LineaPedido,* y deben poder consultar la tabla *Articulo.* Por ello, vamos a crear el rol y asignarle los permisos necesarios para poder realizar todas estas operaciones:

```
postgres=# SET SEARCH_PATH TO pedidos;
SET
postgres=# CREATE ROLE RolVentas;
CREATE ROLE
postgres=# GRANT USAGE ON SCHEMA pedidos TO RolVentas;
GRANT
postgres=# GRANT SELECT, INSERT, UPDATE, DELETE ON Pedido,
        LineaPedido TO RolVentas;
GRANT
postgres=# GRANT SELECT ON Articulo TO RolVentas;
GRANT
```

Ahora, cada vez que se incorporen nuevos empleados al departamento de ventas, con asignarles el rol *RolVentas*, recibirán de forma conjunta todos los privilegios que tiene concedidos este rol. Así, si se incorporan a este departamento dos usuarios (*luis* y *loli*), solo los tendremos que crear y asignarles este rol para que puedan trabajar:

```
postgres=# CREATE USER loli PASSWORD '1111';
CREATE ROLE
postgres=# CREATE USER luis PASSWORD '2222';
CREATE ROLE
postgres=# GRANT RolVentas TO loli, luis;
GRANT ROLE
```

Si ahora establecemos una conexión con el usuario *luis*, veremos que podemos, por ejemplo, consultar la tabla *Articulo*, pero no añadir nuevos artículos, pues el rol *RolVentas* que tiene concedido el usuario *luis* no incluye el permiso INSERT sobre dicha tabla:

```
Server [localhost]:
Database [postgres]:
Port [5432]:
Username [postgres]: luis
Contraseña para usuario luis:
psql (16.3)
ADVERTENCIA: El código de página de la consola (850) difiere del
             código de página de Windows (1252).
             Los caracteres de 8 bits pueden funcionar
             incorrectamente.
             Vea la página de referencia de psql «Notes for
             Windows users» para obtener más detalles.
Digite «help» para obtener ayuda.

postgres=> SET SEARCH _ PATH TO Pedidos;
SET
postgres=> SELECT * FROM Articulo;
 codart |          desart         | pvpart
--------+-------------------------+--------
 A0078  | Bolígrafo rojo normal   |   1.05
 A0043  | Bolígrafo azul          |   0.82
 A0075  | Lápiz 2B                |   0.58
 A0012  | Goma de borrar          |   0.16
 A0089  | Sacapuntas              |   0.26
(5 filas)

postgres=> INSERT INTO Articulo VALUES ('A0090', 'Cuaderno de espiral', 2);
ERROR:  permiso denegado a la relación articulo
```

Revocación de privilegios en PostgreSQL

Los privilegios concedidos a los roles también se pueden retirar o revocar, para lo que se emplea el comando REVOKE, cuya sintaxis es la misma que la del comando GRANT con las siguientes salvedades:

- En vez de GRANT hay que escribir REVOKE.

- En vez de escribir TO antes de los roles a los que se les conceden los privilegios, se debe escribir FROM antes de los roles a los que se les retiran los privilegios.

- Después de la palabra REVOKE se puede incluir opcionalmente GRANT OPTION FOR. De esta forma se revoca la opción de concesión para los privilegios indicados a continuación, no el privilegio GRANT OPTION en sí mismo.

- Se pueden incluir al final las palabras CASCADE o RESTRICT. Con CASCADE, además de los privilegios indicados explícitamente en el comando REVOKE, se eliminan los privilegios dependientes de estos. La opción por defecto es RESTRICT.

A modo de ejemplo, su sintaxis queda como sigue para la revocación de privilegios sobre tablas:

```
REVOKE [GRANT OPTION FOR]
  { {SELECT | INSERT | UPDATE | DELETE | TRUNCATE | REFERENCES
| TRIGGER} [, ...]| ALL [PRIVILEGES]}
ON {[TABLE] nombre_tabla [, ...]
| ALL TABLES IN SCHEMA nombre_esquema [, ...]}
FROM especificación_rol [, ...]
[CASCADE | RESTRICT];


especificación_rol: nombre_rol | PUBLIC | CURRENT_ROLE |
CURRENT_USER | SESSIÓN_USER
```

Se debe tener en cuenta lo siguiente: un rol tiene los siguientes privilegios:

• Los otorgados directamente a él.

• Los otorgados a cualquier rol al que pertenece o del que es miembro.

• Los privilegios otorgados a PUBLIC.

Esto conlleva que, por ejemplo, revocar el privilegio SELECT de PUBLIC no implica necesariamente que todos los roles pierdan el privilegio SELECT sobre el objeto en cuestión, ya que aquellos roles que tengan el privilegio SELECT otorgado directamente a ellos, o bien por medio de otro rol, seguirán manteniéndolo. De manera similar, revocar el privilegio SELECT a un usuario puede no impedir que siga usándolo en caso de que PUBLIC u otro rol al que pertenece mantenga el privilegio SELECT.

Si un usuario tiene un privilegio con opción de concesión (GRANT OPTION) y lo ha otorgado a otros usuarios, los privilegios de estos usuarios reciben el nombre de *privilegios dependientes*. Pues bien, si se revoca el privilegio o la opción de concesión del primer usuario y existen privilegios dependientes, si se especifica CASCADE, también serán revocados los privilegios dependientes; en caso contrario, fallará la orden de revocación de privilegios.

Al revocar privilegios sobre una tabla, se revocan automáticamente los correspondientes privilegios sobre atributos de la tabla, si los hay. Por otro lado, si un rol posee privilegios sobre una tabla, revocar los mismos privilegios de atributos individuales no tendrá efecto.

A modo de ejemplo, mediante la siguiente orden se le retira al usuario *jose* la posibilidad de añadir datos en la tabla *Pedido*:

```
postgres=# REVOKE INSERT ON Pedido FROM jose;
REVOKE
```

La orden REVOKE también se puede usar para retirar a un rol alguno de los roles que tiene asignados, para lo que se emplea la siguiente sintaxis:

```
REVOKE [ {ADMIN | INHERIT | SET} OPTION FOR]
nombre _ rol [, ...] FROM especificación _ rol [, ...]
[CASCADE | RESTRICT}];
```

Por ejemplo, para quitar el rol *RolVentas* al usuario *luis*, hay que escribir la siguiente orden:

```
postgres=# REVOKE RolVentas FROM luis;
REVOKE ROLE
```

Se debe tener en cuenta lo siguiente en relación con la revocación de privilegios:

- Un usuario solo puede revocar privilegios concedidos directamente por él. Si, por ejemplo, un usuario A ha otorgado un privilegio con opción de concesión a un usuario B, y el usuario B se lo ha concedido, a su vez, al usuario C, el usuario A no puede revocar el privilegio de C. Sin embargo, el usuario A podría revocar la opción de concesión del usuario B y usar la opción CASCADE para que el privilegio sea revocado al usuario C.

- Si un superusuario ejecuta una orden GRANT o REVOKE, la orden es ejecutada como si fuera solicitada por el propietario del objeto afectado.

- La orden REVOKE también puede ser ejecutada por un rol que no sea propietario del objeto afectado, pero que sea miembro del rol propietario del objeto o un miembro del rol que tenga privilegios WITH GRANT OPTION sobre el objeto. Por ejemplo, si la tabla *t* es propiedad del rol *g*, del que es miembro el rol *u*, entonces *u* puede revocar privilegios sobre *t* que figuran como concedidos por *g*. Esto incluiría las concesiones de privilegios hechas por *u*, así como otros miembros del rol *g*.

2.11.4. Control de las transacciones

El control de las transacciones se estudia en la sección 2.12.6 después de explicar el concepto de transacción en la sección 2.12.1.

2.12. El lenguaje de control de datos (DCL)

Un lenguaje de control de datos suministra los medios para realizar tareas de administración, como creación de usuarios, asignación y revocación de autorizaciones para trabajar con diferentes objetos de la base de datos, creación de copias de seguridad, restauración de copias de seguridad, control de transacciones, etc. Se han estudiado órdenes relacionadas con usuarios y asignación y revocación de autorizaciones en la sección 2.11.3.

2.12.1. Transacciones

Cuando se aplica un tratamiento a una base de datos, esta normalmente pasa por unos estados transitorios durante los cuales no se verifican algunas restricciones de integridad. Con el fin de aislar aquellas unidades de tratamiento que respetan la coherencia de la base de datos, se introduce el concepto de transacción.

Se puede definir una transacción como un conjunto de operaciones que forman una única unidad de trabajo. Siguiendo a Silberschatz, Korth y Sudarshan (2002), un sistema de base de datos debe asegurar que la ejecución de las transacciones se realice adecuadamente a pesar de la existencia de fallos, de manera que la transacción se debe ejecutar completamente o no ejecutarse en absoluto. Además, el sistema debe gestionar la ejecución concurrente de las transacciones evitando introducir inconsistencias.

Una transacción está formada por un conjunto de instrucciones escritas en un lenguaje de manipulación de datos o en un lenguaje de programación, y está delimitada por instrucciones de la forma "inicio de transacción" y "fin de transacción".

En los sistemas de bases de datos, es normal que se ejecuten varias operaciones de manera simultánea por diversas razones:

- Para aumentar la productividad o número de transacciones ejecutadas por unidad de tiempo.
- Para aumentar la utilización de la CPU.
- Para reducir el tiempo medio de respuesta de las transacciones.

2.12.2. Propiedades de las transacciones: atomicidad, consistencia, aislamiento y permanencia

Como indican Silberschatz, Korth y Sudarshan (2002), para asegurar la integridad de los datos se necesita que el sistema de base de datos mantenga las siguientes propiedades de las transacciones: atomicidad (*atomicity*), consistencia (*consistency*), aislamiento (*isolation*) y permanencia o durabilidad (*durability*). Estas propiedades frecuentemente reciben el nombre de propiedades ACID por la primera letra de cada una de las propiedades en inglés. En los subapartados de esta sección se definen cada una de estas cuatro propiedades.

Para analizar estas propiedades, supongamos (Silberschatz, Korth y Sudarshan, 2002) una transacción para transferir 100 € desde la cuenta C1 a la cuenta C2. Esta transacción se puede escribir de la siguiente forma:

leer (C1);

C1 ← C1 – 100;

escribir (C1);

leer (C2);

C2 ← C2 + 100;

escribir (C2);

Figura 2.11. Transacción.

Atomicidad

Una transacción es atómica si todas las operaciones de la transacción se realizan adecuadamente en la base de datos o no se realiza ninguna de ellas.

Aplicado al ejemplo enunciado anterior, si suponemos que los saldos de las cuentas C1 y C2 son 500 y 1000 €, respectivamente, tras la ejecución de la transacción, los saldos deberían ser de 400 y 1100 €, respectivamente. Si la transacción no fuese atómica y se interrumpiese como consecuencia de fallos de *hardware* o *software*, después de la instrucción "escribir (C1)", los valores de las cuentas serían de 400 € para C1 y 1000 € para C2. De esta manera, se habrían perdido 100 € de la cuenta C1 y la suma de los saldos de las cuentas C1 y C2 se habría alterado, por lo que la base de datos no reflejaría de una manera adecuada la realidad que pretende modelar y se encontraría en un estado inconsistente, lo que no se puede permitir.

Consistencia

La ejecución aislada de una transacción, es decir, sin otra transacción que se ejecute concurrentemente, conserva la consistencia de la base de datos.

Aplicado al ejemplo, el requisito de consistencia consiste en que la suma de los saldos de C1 y C2 no sea modificada como consecuencia de la transacción. Sin este requisito podría crearse o destruirse dinero, es decir, decrementar el saldo de C1 sin incrementar el de C2, o bien incrementar el de C2 sin decrementar el de C1.

Aislamiento

La propiedad de aislamiento consiste en que aunque se ejecuten varias transacciones concurrentemente, el sistema garantiza que cada transacción ignora el resto de transacciones.

Si dos transacciones entrelazan sus operaciones de una manera no deseada, pueden llevar a un estado inconsistente de la base de datos aun cuando se cumplan las propiedades de consistencia y atomicidad. Aplicado al ejemplo, la base de datos se encuentra en un estado inconsistente en la transacción de la Figura 2.11 después de la operación "C2 ← C2 + 100", cuando no se ha modificado aún el importe de la cuenta C2 en la base de datos. Si otra transacción que se ejecuta concurrentemente lee los saldos de C1 y C2, obtendrá un valor inconsistente. Además, si esta transacción realiza modificaciones sobre los saldos de C1 y C2 basándose en los valores leídos, la base de datos puede quedar en un estado inconsistente aunque terminen las dos transacciones.

Una solución a este problema, como indican Silberschatz, Korth y Sudarshan (2002), es ejecutar las transacciones secuencialmente, una tras otra, en lugar de hacerlo concurrentemente. Sin embargo, ejecutar transacciones concurrentemente aporta unas mejoras considerables en el rendimiento.

La propiedad de aislamiento asegura que el resultado de ejecutar transacciones concurrentemente es el mismo que si se ejecutan secuencialmente. La parte del sistema de bases de datos que se encarga de asegurar la propiedad de aislamiento de las transacciones es el componente de control de concurrencia.

Permanencia o durabilidad

La durabilidad hace referencia a que tras la ejecución con éxito de una transacción, los cambios realizados en la base de datos permanecen aunque haya fallos en el sistema.

2.12.3. Estados de una transacción: activa, parcialmente comprometida, fallida, abortada y comprometida

Es posible que algunas transacciones no terminen con éxito debido a la posibilidad de que se produzcan fallos. Si una transacción no termina con éxito, se dice que es abortada. Una transacción abortada no debe tener ningún efecto sobre el estado de la base de datos, de forma que cualquier modificación que se haya efectuado sobre la base de datos se debe deshacer. Como indican Silberschatz, Korth y Sudarshan (2002), una vez que se han deshecho los cambios realizados por una transacción abortada, se dice que la transacción se ha retrocedido.

Por otra parte, una transacción terminada con éxito se dice que está comprometida. Una transacción comprometida que haya efectuado modificaciones sobre la base de datos transforma la base de datos llevándola a un estado consistente, el cual permanece aunque haya fallos en el sistema. Siguiendo a Silberschatz, Korth y Sudarshan (2002), los efectos de una transacción comprometida no se pueden deshacer abortándola, sino que para ello es necesario ejecutar una transacción compensadora. Así, si una transacción incrementa el saldo de una cuenta en 100 €, su transacción compensadora debería disminuir su saldo en 100 €.

Siguiendo a Silberschatz, Korth y Sudarshan (2002), una transacción puede pasar por los siguientes cinco estados:

*   Activa: es el estado inicial, en el cual la transacción permanece durante su ejecución.

*   Parcialmente comprometida, estado al que llega después de ejecutar la última instrucción.

*   Fallida, después de descubrir que no puede continuar su ejecución normal.

*   Abortada, después de haber retrocedido la transacción y restablecido la base de datos a un estado anterior al comienzo de la transacción.

*   Comprometida, tras completarse con éxito.

El diagrama de estados correspondiente a una transacción se muestra en la siguiente figura:

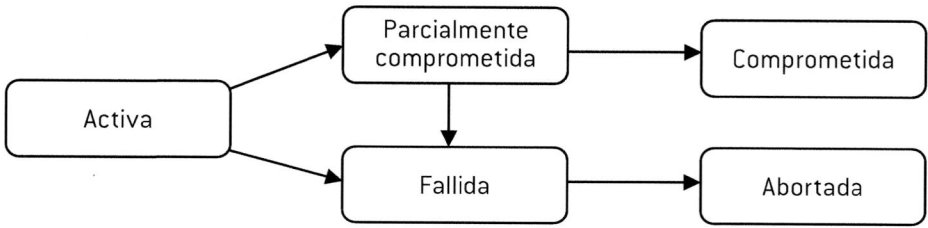

Figura 2.12. Diagrama de transición de estados de una transacción.

Siguiendo a Silberschatz, Korth y Sudarshan (2002), una transacción comienza en el estado activa. Cuando acaba su última instrucción, pasa al estado parcialmente comprometida. Aunque la transacción en este punto haya terminado su ejecución, es posible que aún tenga que ser abortada porque los datos actuales pueden estar todavía en memoria principal y puede producirse un fallo en el *hardware* antes de que se complete la transacción con éxito.

El sistema escribe en disco la información suficiente para que, aunque se produzca un fallo, puedan reproducirse los cambios hechos por la transacción al reiniciar el sistema tras el fallo. Cuando se termina de escribir esta información, la transacción pasa al estado comprometida.

Por su parte, una transacción puede llegar al estado fallida después de que el sistema haya detectado que la transacción no puede continuar su ejecución normal (por fallos de *hardware* o lógicos, por ejemplo). Una transacción en este punto se debe retroceder y entonces pasará al estado abortada.

2.12.4. Consultas y almacenamiento de estructuras en XML

Hay en PostgreSQL una serie de funciones y expresiones que permiten obtener contenido XML a partir de datos SQL. Se exponen a continuación algunas de estas funciones:

- La expresión *XMLELEMENT* genera un elemento XML con el nombre, atributos y contenido indicados. El formato de esta expresión es el siguiente:

```
XMLELEMENT (NAME nombre _ elemento [, XMLATTRIBUTES (valor _
atributo {AS nombre _ atributo] [, ...]) [, contenido [, ...]]
```

Los elementos valor_atributo y contenido pueden albergar datos de cualquier tipo de los permitidos en PostgreSQL. Con XMLATTRIBUTES se generan atributos para el elemento XML. Ejemplos:

```
postgres=# SELECT XMLELEMENT (NAME nombre);
 xmlelement
------------
 <nombre/>
(1 fila)

postgres=# SELECT XMLELEMENT (NAME director, XMLATTRIBUTES
(CURRENT _ DATE AS fecha _ alta), 'Luis');
                     xmlelement
----------------------------------------------------
 <director fecha _ alta="2024-04-04">Luis</director>
(1 fila)
```

- La expresión *XMLFOREST* genera una secuencia de elementos XML con los nombres y el contenido indicados. El formato de esta expresión es el siguiente:

```
XMLFOREST (contenido [AS nombre] [, ...])
```

Cada nombre debe ser un identificador y el contenido puede albergar datos de cualquier tipo de los permitidos en PostgreSQL. Ejemplo:

```
postgres=# SELECT XMLFOREST ('María' AS nombre, 25 AS edad);
                xmlforest
---------------------------------------
 <nombre>María</nombre><edad>25</edad>
(1 fila)
```

El nombre del elemento se puede omitir si el contenido hace referencia a una columna de una tabla, en cuyo caso se usa el nombre de la columna por defecto. En caso contrario, se debe especificar un nombre. Ejemplo:

```
SELECT XMLFOREST (table_name, column_name)
FROM information_schema.columns
WHERE table_schema = 'pg_catalog';

                                      xmlforest
-------------------------------------------------------------------------------------------
<table_name>pg_stat_subscription_stats</table_name><column_name>stats_reset</column_name>
<table_name>pg_stat_user_tables</table_name><column_name>autoanalyze_count</column_name>
<table_name>pg_statio_all_tables</table_name><column_name>relid</column_name>
...
```

- El predicado *IS DOCUMENT* devuelve *true* si el argumento es un documento XML correcto; *false*, en caso contrario. El formato de este predicado es el siguiente:

```
argumento IS DOCUMENT
```

- El predicado *XML_IS_WELL_FORMED_DOCUMENT* comprueba si la cadena de caracteres pasada como argumento representa un documento XML correcto, devolviendo un valor booleano. *XML_IS_WELL_FORMED_CONTENT* comprueba contenido XML. El predicado *XML_IS_WELL_FORMED* hace lo mismo que *XML_IS_WELL_FORMED_DOCUMENT* si el parámetro de configuración XMLOPTION toma el valor DOCUMENT, mientras que hace lo mismo que *XML_IS_WELL_FORMED_CONTENT* si el parámetro de configuración XMLOPTION toma el valor CONTENT.

El formato de estas funciones es el siguiente:

```
XML_IS_WELL_FORMED (texto)
XML_IS_WELL_FORMED_DOCUMENT (texto)
```

```
XML _ IS _ WELL _ FORMED _ CONTENT (texto)
```
Ejemplos:
```
postgres=# SET XMLOPTION TO DOCUMENT;
SET
postgres=# SELECT XML _ IS _ WELL _ FORMED('123');
 xml _ is _ well _ formed
--------------------
 f
(1 fila)

postgres=# SET XMLOPTION TO CONTENT;
SET
postgres=# SELECT XML _ IS _ WELL _ FORMED('123');
 xml _ is _ well _ formed
--------------------
 t
(1 fila)
```

- Las siguientes funciones mapean el contenido de tablas a valores XML, por lo que se puede interpretar que proporcionan una funcionalidad de exportación a XML. Los formatos de estas funciones son los siguientes:

```
TABLE _ TO _ XML (TABLE nombre _ tabla , NULLS valor _ booleano,
                  TABLEFOREST valor _ booleano, TARGETNS texto)
QUERY _ TO _ XML (QUERY texto , NULLS valor _ booleano,
                  TABLEFOREST valor _ booleano, TARGETNS texto)
CURSOR _ TO _ XML (CURSOR referencia _ cursor , COUNT número,
                   NULLS valor _ booleano, TABLEFOREST valor _ booleano,
                   TARGETNS texto)
```

La función TABLE_TO_XML mapea el contenido de la tabla cuyo nombre se indica después de TABLE. La función QUERY_TO_XML ejecuta la consulta cuyo texto se pasa como parámetro y mapea el conjunto de filas resultado. La función CURSOR_TO_XML recupera el número de filas indicadas del cursor pasado como argumento.

Si el parámetro TABLEFOREST toma el valor *false*, el documento XML resultado tendrá el siguiente formato:

```
<nombre _ tabla>
   <fila>
      <nombre _ columna₁>dato</nombre _ columna₁>
      ...
      <nombre _ columnaₙ>dato</nombre _ columnaₙ>
   </fila>
```

```
<fila>
   <nombre _ columna₁>dato</nombre _ columna₁>
   ...
   <nombre _ columnaₙ>dato</nombre _ columnaₙ>
</fila>
...
</nombre _ tabla>
```

Si el parámetro TABLEFOREST toma el valor *true*, el documento XML resultado tendrá el siguiente formato:

```
<nombre _ tabla₁>
   <nombre _ columna₁>dato</nombre _ columna₁>
   ...
   <nombre _ columnaₙ>dato</nombre _ columnaₙ>
</nombre _ tabla₁>
<nombre _ tabla₂>
   <nombre _ columna₁>dato</nombre _ columna₁>
   ...
   <nombre _ columnaₘ>dato</nombre _ columnaₘ>
</nombre _ tabla₂>
...
```

La elección del formato depende del usuario. El primer formato se corresponde con un documento XML apropiado y será relevante en muchas aplicaciones. El segundo formato suele ser más útil cuando se usa la función CURSOR_TO_XML si el resultado se tiene que adjuntar a un documento posteriormente.

Los datos se mapean de la manera descrita para la función XMLEMENT indicada anteriormente.

El parámetro NULLS determina si se deben incluir en el resultado valores nulos. Si se asigna valor *false* a este parámetro, se omiten los valores nulos en el resultado; en caso contrario, los valores nulos en columnas se representan así:

```
<nombre _ columna xsi:nil="true">
```

Están disponibles las siguientes funciones para producir mapeos análogos partiendo de esquemas enteros o de la base de datos actual completa:

```
SCHEMA _ TO _ XML (SCHEMA nombre _ esquema , NULLS valor _ booleano,
               TABLEFOREST valor _ booleano, TARGETNS texto)
DATABASE _ TO _ XML (NULLS valor _ booleano, TABLEFOREST valor _ booleano,
               TARGETNS texto)
```

La función SCHEMA_TO_XML ignora las tablas que no son legibles por el usuario actual. La función DATABASE_TO_XML ignora los esquemas para los cuales el usuario actual no tiene permiso USAGE.

Debe tenerse en cuenta que estas funciones pueden generar gran cantidad de datos, por lo que, al realizar el mapeo de esquemas o bases de datos de gran tamaño, es aconsejable considerar la conveniencia de mapear por separado cada tabla, incluso mediante el empleo de un cursor.

El resultado del mapeo de un esquema tiene el siguiente formato, en el que el formato del mapeo de cada tabla depende del valor asignado al parámetro TABLEFOREST:

```
<nombre _ esquema>
mapeo _ tabla₁
...
mapeo _ tablaₙ
</nombre _ esquema>
```

El resultado del mapeo de una base de datos tiene el siguiente formato, en el cual el mapeo de cada esquema tiene el formato que se acaba de mostrar:

```
<nombre _ BD>
<nombre _ esquema₁>
...
</nombre _ esquema₁>
<nombre _ esquema₂>
...
</nombre _ esquema₂>
...
</nombre _ BD>
```

Por otro lado, la expresión XMLTABLE genera un conjunto de filas (una tabla) a partir de una serie de valores XML, un filtro XPath para extraer filas y una serie de definiciones de columnas. Aunque tiene la forma de una función, solo puede aparecer como una tabla en la cláusula FROM de una consulta. Su formato es el siguiente:

```
XMLTABLE (
expresión _ filas PASSING expresión _ documento
COLUMNS nombre _ columna {tipo [PATH expresión _ columna]
       [DEFAULT valor _ defecto [NOT NULL | NULL]] | FOR ORDINALITY}
   [,...]
)
```

El argumento expresión_filas es una expresión XPath 1.0 (como texto) que se evalúa pasando el valor XML expresión_documento como su contenido para obtener un conjunto de nodos XML. No se generarán filas si expresión_documento toma valor nulo ni en caso de que expresión_filas genere un conjunto de nodos vacío o cualquier valor distinto de un conjunto de nodos.

El argumento expresión_documento proporciona el contexto para expresión_filas. Debe tratarse de un documento XML sintácticamente correcto, no siendo válidos fragmentos.

Las cláusulas COLUMNS especifican las columnas que se generarán para la tabla resultado. Para cada columna hay que indicar su nombre y su tipo de dato, excepto en el caso de que se especifique FOR ORDINALITY, en cuyo caso se considera el tipo *integer*. Las cláusulas DEFAULT y NULL son opcionales.

Las columnas con la opción FOR ORDINALITY almacenan un número de filas comenzando por 1 en el orden en el que se recuperan los nodos del conjunto de nodos resultado de expresión_filas. Solamente se puede especificar FOR ORDINALITY para una columna.

La expresión_columna es una expresión XPath que, para encontrar el valor de cada columna, se evalúa para cada fila con el nodo actual del resultado de expresión_fila como contexto. Si no se especifica expresión_columna, se usa como *path* implícito el nombre de la columna.

Si la expresión XPath de una columna devuelve un valor no XML (que está limitado a cadena de caracteres, booleano o *double* en XPath 1.0) y la columna tiene un tipo de PostgreSQL distinto de XML, se asignará a la columna el valor resultado de representar en forma de cadena de caracteres el tipo de PostgreSQL. Si el tipo es booleano, su representación en forma de cadena de caracteres será 1 o 0 si el tipo de la columna es numérico; *true* o *false*, en caso contrario.

Si la expresión XPath de una columna devuelve un conjunto de nodos XML no vacío y el tipo de PostgreSQL de la columna es XML, se asignará a la columna exactamente la expresión resultado.

Un resultado no XML asignado a una columna XML en el resultado genera como resultado un nodo que contiene como texto el valor de la cadena de caracteres resultado. Un resultado XML asignado a una columna de un tipo diferente puede que no tenga más de un nodo o se generará un error. Si hay exactamente un nodo, se asignará a la columna el valor resultado de representar en forma de cadena de caracteres el tipo de PostgreSQL.

El valor de la cadena de caracteres de un elemento XML es la concatenación, en el orden del documento, de todos los nodos de texto contenidos en ese elemento y sus descendientes. El valor de la cadena de caracteres de un elemento sin nodos de texto descendientes es una cadena vacía (no nula). Todos los elementos con atributos xsi:nil son ignorados.

Si la expresión después de PATH devuelve un conjunto de nodos vacío para una fila dada, se asignará valor nulo a la columna a no ser que se haya especificado un valor por defecto, en cuyo caso se asignará dicho valor por defecto.

```
CREATE TABLE xmlPaises AS SELECT
XML $$
<ROWS>
      <ROW>
             <CodISOPa>ESP</CodISOPa>
             <NomPa>España</NomPa>
             <ExtPa unit="km2">505944</ExtPa>
             <PobPa>48592909</PobPa>
             <JefeEstadoPa>Felipe V</JefeEstadoPa>
      </ROW>
      <ROW>
             <CodISOPa>FRA</CodISOPa>
             <NomPa>Francia</NomPa>
             <ExtPa unit="km2">675417</ExtPa>
             <PobPa>68042591</PobPa>
      </ROW>
      <ROW>
             <CodISOPa>AND</CodISOPa>
             <NomPa>Andorra</NomPa>
             <ExtPa unit="km2">468</ExtPa>
      </ROW>
</ROWS>
$$ AS datos;

SELECT XMLTABLE.* FROM xmlPaises,
XMLTABLE('//ROWS/ROW' PASSING datos
COLUMNS orden FOR ORDINALITY,
         nombre text PATH 'NomPa',
         códigoISO text PATH 'CodISOPa',
         extensión _ km2 int PATH 'ExtPa',
         población int PATH 'PobPa',
         jefeDeEstado text PATH 'JefeEstadoPa' DEFAULT 'no indicado');
```

```
 orden | nombre  | códigoiso | extensión_km2 | población | jefedeestado
-------+---------+-----------+---------------+-----------+-------------
     1 | España  | ESP       |        505944 |  48592909 | Felipe V
     2 | Francia | FRA       |        675417 |  68042591 | no indicado
     3 | Andorra | AND       |           468 |           | no indicado
(3 filas)
```

2.12.5. Estructura del diccionario de datos

El diccionario de datos contiene toda la información sobre los datos almacenados en la base de datos. Así, contendrá las definiciones de todos los objetos de la base de datos (tablas, vistas, índices, disparadores, procedimientos, funciones, etc.), información acerca de restricciones de integridad, información sobre privilegios y roles de los diferentes usuarios de la base de datos, información sobre los accesos a los objetos, etcétera.

En el SGBD PostgreSQL existen distintos catálogos, los más relevantes de los cuales se exponen a continuación:

- *pg_authid*: contiene información acerca de los roles creados en el sistema. Un rol incluye los conceptos de usuario y grupo, de forma que un usuario es un rol con permiso para conectarse a la base de datos. Contiene una fila por cada rol con información relevante sobre él, como el nombre del rol (*rolname*), una indicación de si tiene privilegios de superusuario (*rolsuper*), de si el rol puede puede crear otros roles (*rolcreaterole*), de si se puede conectar (*rolcanlogin*), etcétera.

- *pg_database*: almacena información sobre las bases de datos disponibles en el clúster. Contiene una fila por cada base de datos con información relevante sobre ella, como el nombre de la base de datos (*datname*), su codificación (*encoding*) y el cotejamiento elegido para ella (*datcollate*). Su estructura se muestra a continuación:

```
postgres=# \d pg_database;
                   Tabla ½pg_catalog.pg_database¬
    Columna      |  Tipo   | Ordenamiento | Nulable  | Por omisi¾n
-----------------+---------+--------------+----------+-------------
 oid             | oid     |              | not null |
 datname         | name    |              | not null |
 datdba          | oid     |              | not null |
 encoding        | integer |              | not null |
 datlocprovider  | "char"  |              | not null |
 datistemplate   | boolean |              | not null |
 datallowconn    | boolean |              | not null |
 datconnlimit    | integer |              | not null |
```

```
datfrozenxid    | xid       |                     | not null |
datminmxid      | xid       |                     | not null |
dattablespace   | oid       |                     | not null |
datcollate      | text      | C                   | not null |
datctype        | text      | C                   | not null |
daticulocale    | text      | C                   |          |
daticurules     | text      | C                   |          |
datcollversion  | text      | C                   |          |
datacl          | aclitem[] |                     |          |
=ndices:
    "pg _ database _ oid _ index" PRIMARY KEY, btree (oid),
tablespace ½pg _ global¶
    "pg _ database _ datname _ index" UNIQUE CONSTRAINT, btree
(datname), tablespace ½pg _ global¶
Tablespace: ½pg _ global¶
```

- *pg_namespace*: contiene espacios de nombres (*namespaces*), que es la estructura subyacente a los esquemas en PostgreSQL. Cada espacio de nombres contiene un conjunto de relaciones sin conflictos de nombres. Contiene una fila por cada esquema con información como el nombre del espacio de nombres (*nspname*) y su propietario (*nspowner*).

- *pg_class*: contiene una fila por cada tabla y otros objetos similares que tienen atributos, como índices, vistas y vistas materializadas. A estos objetos se les llama relaciones en PostgreSQL. Almacena información relevante sobre cada uno de estos objetos, como su nombre (*relname*), su tipo (*reltype*), su propietario (*relowner*), su número de filas (*reltuples*), etc. Su estructura se muestra a continuación:

```
postgres=# \d pg _ class;
                        Tabla ½pg _ catalog.pg _ class¶
    Columna       |    Tipo   | Ordenamiento | Nulable  | Por omisi¾n
------------------+-----------+--------------+----------+------------
 oid              | oid       |              | not null |
 relname          | name      |              | not null |
 relnamespace     | oid       |              | not null |
 reltype          | oid       |              | not null |
 reloftype        | oid       |              | not null |
 relowner         | oid       |              | not null |
 relam            | oid       |              | not null |
 relfilenode      | oid       |              | not null |
 reltablespace    | oid       |              | not null |
 relpages         | integer   |              | not null |
 reltuples        | real      |              | not null |
 relallvisible    | integer   |              | not null |
```

```
reltoastrelid        | oid           |           | not null |
relhasindex          | boolean       |           | not null |
relisshared          | boolean       |           | not null |
relpersistence       | "char"        |           | not null |
relkind              | "char"        |           | not null |
relnatts             | smallint      |           | not null |
relchecks            | smallint      |           | not null |
relhasrules          | boolean       |           | not null |
relhastriggers       | boolean       |           | not null |
relhassubclass       | boolean       |           | not null |
relrowsecurity       | boolean       |           | not null |
relforcerowsecurity  | boolean       |           | not null |
relispopulated       | boolean       |           | not null |
relreplident         | "char"        |           | not null |
relispartition       | boolean       |           | not null |
relrewrite           | oid           |           | not null |
relfrozenxid         | xid           |           | not null |
relminmxid           | xid           |           | not null |
relacl               | aclitem[]     |           |          |
reloptions           | text[]        | C         |          |
relpartbound         | pg _ node _ tree | C      |          |
=ndices:
    "pg _ class _ oid _ index" PRIMARY KEY, btree (oid)
    "pg _ class _ relname _ nsp _ index" UNIQUE CONSTRAINT, btree
(relname, relnamespace)
    "pg _ class _ tblspc _ relfilenode _ index" btree (reltablespace,
relfilenode)
```

- *pg_attribute*: contiene una fila por cada columna o atributo de cada tabla o de un índice, con información como el nombre del atributo (*attname*), una referencia a la tabla a la que pertenece el atributo (*attrelid*), la referencia a su tipo de dato en la tabla *pg_type* (*atttypid*), información adicional sobre el tipo de dato, como su longitud (*atttypmod*), si puede o no tomar valor nulo (*attnotnull*), etc. La estructura de esta tabla es la siguiente:

```
postgres=# \d pg _ attribute;
                  Tabla ½pg _ catalog.pg _ attribute¶
  Columna    |   Tipo    | Ordenamiento | Nulable  | Por omisi¾n
-------------+-----------+--------------+----------+------------
 attrelid    | oid       |              | not null |
 attname     | name      |              | not null |
 atttypid    | oid       |              | not null |
 attlen      | smallint  |              | not null |
 attnum      | smallint  |              | not null |
 attcacheoff | integer   |              | not null |
```

```
atttypmod        | integer   |              | not null |
attndims         | smallint  |              | not null |
attbyval         | boolean   |              | not null |
attalign         | "char"    |              | not null |
attstorage       | "char"    |              | not null |
attcompression   | "char"    |              | not null |
attnotnull       | boolean   |              | not null |
atthasdef        | boolean   |              | not null |
atthasmissing    | boolean   |              | not null |
attidentity      | "char"    |              | not null |
attgenerated     | "char"    |              | not null |
attisdropped     | boolean   |              | not null |
attislocal       | boolean   |              | not null |
attinhcount      | smallint  |              | not null |
attstattarget    | smallint  |              | not null |
attcollation     | oid       |              | not null |
attacl           | aclitem[] |              |          |
attoptions       | text[]    | C            |          |
attfdwoptions    | text[]    | C            |          |
attmissingval    | anyarray  |              |          |
=ndices:
    "pg_attribute_relid_attnum_index" PRIMARY KEY, btree
(attrelid, attnum)
    "pg_attribute_relid_attnam_index" UNIQUE CONSTRAINT,
btree (attrelid, attname)
```

- *pg_type*: contiene información sobre los tipos de datos, como su nombre (*typname*) y su longitud en *bytes* (*typlen*).

- *pg_constraint*: contiene una fila por cada restricción existente en cada tabla con información, como una referencia a la tabla a la que pertenece la restricción (*conrelid*), el nombre de la restricción (*conname*) y su tipo (*contype*). Los valores más relevantes que puede tomar este último atributo son: 'c' (CHECK), 'f' (FOREIGN KEY), 'p' (PRIMARY KEY) y 'u' (UNIQUE). La estructura de esta tabla es la siguiente:

```
postgres=# \d pg_constraint;
                  Tabla ½pg_catalog.pg_constraint¬
    Columna     |   Tipo  | Ordenamiento | Nulable  | Por omisi¾n
----------------+---------+--------------+----------+------------
 oid            | oid     |              | not null |
 conname        | name    |              | not null |
 connamespace   | oid     |              | not null |
 contype        | "char"  |              | not null |
 condeferrable  | boolean |              | not null |
```

```
condeferred      | boolean      |              | not null |
convalidated     | boolean      |              | not null |
conrelid         | oid          |              | not null |
contypid         | oid          |              | not null |
conindid         | oid          |              | not null |
conparentid      | oid          |              | not null |
confrelid        | oid          |              | not null |
confupdtype      | "char"       |              | not null |
confdeltype      | "char"       |              | not null |
confmatchtype    | "char"       |              | not null |
conislocal       | boolean      |              | not null |
coninhcount      | smallint     |              | not null |
connoinherit     | boolean      |              | not null |
conkey           | smallint[]   |              |          |
confkey          | smallint[]   |              |          |
conpfeqop        | oid[]        |              |          |
conppeqop        | oid[]        |              |          |
conffeqop        | oid[]        |              |          |
confdelsetcols   | smallint[]   |              |          |
conexclop        | oid[]        |              |          |
conbin           | pg_node_tree | C            |          |
Índices:
    "pg_constraint_oid_index" PRIMARY KEY, btree (oid)
    "pg_constraint_conname_nsp_index" btree (conname,
connamespace)
    "pg_constraint_conparentid_index" btree (conparentid)
    "pg_constraint_conrelid_contypid_conname_index" UNIQUE
CONSTRAINT, btree (conrelid, contypid, conname)
    "pg_constraint_contypid_index" btree (contypid)
```

- *pg_proc*: contiene información sobre los procedimientos y funciones existentes, como el nombre del procedimiento o función (*proname*), su propietario (*proowner*), su tipo (*prokind*), que puede ser 'f' para funciones o 'p' para procedimientos, número de argumentos o parámetros de entrada (*pronargs*), tipo de dato que devuelve (*prorettype*), un *array* con los nombres de sus parámetros (*proargnames*), un *array* con los tipos de datos de los parámetros (*proargtypes*).

- *pg_views*: contiene información interesante sobre las vistas creadas en el sistema, como el nombre de la vista (*viewname*), el esquema en el que está definida (*schemaname*), el propietario de la vista (*viewowner*) y la sentencia SELECT de definición de la vista (*definition*). La estructura de esta tabla es la siguiente:

```
 Columna    | Tipo | Ordenamiento | Nulable | Por omisi¾n
------------+------+--------------+---------+-------------
 schemaname | name |              |         |
 viewname   | name |              |         |
 viewowner  | name |              |         |
 definition | text |              |         |
```

Por otro lado, PostgreSQL proporciona una serie de vistas del sistema que suministran información acerca de objetos definidos en la base de datos actual. En todas las bases de datos existe automáticamente un esquema llamado *information_schema*. El propietario de este esquema es el usuario inicial de la base de datos en el clúster y este usuario tiene todos los privilegios sobre este esquema. Este esquema no está en el camino de búsqueda de esquemas, motivo por el cual es necesario acceder a todos los objetos de este esquema mediante nombres cualificados, es decir, escribiendo *information_schema.nombreObjeto*. Se exponen a continuación las vistas más relevantes de este esquema:

- *character_sets*: identifica los conjuntos de caracteres disponibles en la base de datos actual. Contiene como campos relevantes el nombre del conjunto de caracteres (*character_set_name*) y el nombre del cotejamiento por defecto (*default_collate_name*).

- *collations*: contiene los cotejamientos disponibles en la base de datos actual. El campo *collation_name* contiene los nombres de los cotejamientos.

- *information_schema_catalog_name*: contiene una única fila y una única columna (llamada *catalog_name*) conteniendo el nombre de la base de datos actual.

- *schemata*: contiene todos los esquemas de la base de datos actual a los que tiene acceso el usuario actual. Incluye por cada esquema el nombre de la base de datos en la que está contenido el esquema (*catalog_name*), que es siempre la base de datos actual, el nombre del esquema (*schema_name*) y el nombre del propietario del esquema (*schema_owner*).

- *tables*: contiene todas las tablas y vistas definidas en la base de datos actual a las que tiene acceso el usuario actual. Contiene como información relevante los siguientes atributos:

  — *table_catalog*: el nombre de la base de datos que contiene la tabla (la base de datos actual).

  — *schema_name*: el nombre del esquema que contiene la tabla.

— *table_name*: el nombre de la tabla.

— *table_type*: el tipo de la tabla, que puede ser el tipo de tabla normal o tabla base (BASE TABLE), vista (VIEW) o tabla temporal (TEMPORARY TABLE).

— *is_insertable_into*: tiene el valor YES si se pueden insertar filas en la tabla; NO, en caso contrario. En las tablas base siempre se pueden insertar datos; en las vistas, no necesariamente.

- *columns*: contiene información sobre todos los atributos de tablas y de vistas en la base de datos actual a las que tiene acceso el usuario actual. Contiene como información relevante el nombre del atributo (*column_name*), el nombre de la tabla a la que pertenece el atributo, (*table_name*), el esquema que contiene la tabla (*table_schema*), la base de datos a la que pertenece la tabla (*table_catalog*), la posición ordinal del atributo dentro de la tabla (*ordinal_position*), si el atributo puede o no tomar valor nulo (*is_nullable*), el tipo de dato del atributo (*data_type*) y si es una columna actualizable (las de las tablas siempre lo son; las de las vistas, no necesariamente).

- *table_constraints*: contiene todas las restricciones pertenecientes a tablas propiedad del usuario actual o para las que este usuario tiene algún privilegio distinto de SELECT. Contiene como información relevante los siguientes atributos:

— *constraint_catalog:* el nombre de la base de datos que contiene la restricción (la base de datos actual).

— *constraint_schema*: el nombre del esquema que contiene la restricción.

— *constraint_name*: el nombre de la restricción.

— *table_catalog*: el nombre de la base de datos que contiene la tabla.

— *table_schema:* el nombre del esquema que contiene la tabla.

— *table_name:* el nombre de la tabla afectada por la restricción.

— *constraint_type_character*: tipo de restricción: CHECK, FOREIGN KEY, PRIMARY KEY o UNIQUE.

— *nulls_distinct*: si la restricción es de tipo UNIQUE, toma el valor YES si los valores nulos son considerados distintos y NO en caso contrario. Para otro tipo de restricciones, toma valor NULL.

- *check_constraints*: contiene todas las restricciones de tipo CHECK definidas sobre tablas propiedad de un rol habilitado actualmente. Incluye por cada restricción el nombre de la base de datos donde está definida (*constraint_catalog*), el nombre del esquema que contiene la restricción (*constraint_schema*), el nombre de la restricción (*constraint_name*) y la expresión CHECK asociada (*check_clause*).

- *constraint_table_usage*: identifica todas las tablas de la base de datos actual afectadas por alguna restricción siempre que pertenezcan a un rol habilitado actualmente. Las restricciones de tipo CHECK y NOT NULL no están incluidas en esta vista. Para una restricción de clave ajena (FOREIGN KEY), identifica la tabla referenciada. Para una restricción de unicidad (UNIQUE) o de clave primaria (PRIMARY KEY), identifica la tabla a la que pertenece la restricción. Esta vista incluye los siguientes atributos:

  — *table_catalog*: el nombre de la base de datos que contiene la tabla afectada por la restricción.

  — *table_schema:* el nombre del esquema que contiene la tabla afectada por la restricción.

  — *table_name:* el nombre de la tabla afectada por la restricción.

  — *constraint_catalog:* el nombre de la base de datos que contiene la restricción (la base de datos actual).

  — *constraint_schema*: el nombre del esquema que contiene la restricción.

  — *constraint_name*: el nombre de la restricción.

- *referential_constraints*: contiene todas las restricciones de clave ajena existentes en la base de datos actual. Solo se muestran aquellas restricciones para las cuales el usuario actual es el propietario o tiene algún permiso distinto de SELECT sobre la tabla referenciada. Esta vista incluye los siguientes atributos:

  — *constraint_catalog:* el nombre de la base de datos que contiene la restricción (la base de datos actual).

  — *constraint_schema*: el nombre del esquema que contiene la restricción.

  — *constraint_name*: el nombre de la restricción.

- *unique_constraint_catalog*: el nombre de la base de datos que contiene la restricción de clave primaria (PRIMARY KEY) o alternativa (UNIQUE) referenciada por la restricción de clave ajena.

- *unique_constraint_schema:* el nombre del esquema que contiene la restricción de clave primaria o alternativa referenciada por la restricción de clave ajena.

- *unique_constraint_name:* el nombre de la restricción de clave primaria o alternativa referenciada por la restricción de clave ajena.

- *match_option*: opción correspondiente a la restricción de clave ajena (FULL, PARTIAL o NONE). Estas opciones son aplicables a claves ajenas multicolumna. Pues bien, la opción MATCH FULL no permite que ninguno de los atributos de la clave ajena tome valor nulo a menos que todos los atributos de la clave ajena sean nulos. La opción por defecto es MATCH SIMPLE, que permite que cualquier atributo de la clave ajena tome valor nulo; se trata de la opción por defecto (NONE, en este caso). La opción MATCH PARTIAL todavía no está implementada.

- *update_rule*: opción ON UPDATE para la restricción de clave ajena: CASCADE, SET NULL, SET DEFAULT, RESTRICT o NO ACTION.

- *delete_rule*: opción ON DELETE para la restricción de clave ajena: CASCADE, SET NULL, SET DEFAULT, RESTRICT o NO ACTION.

- *key_column_usage*: identifica todos los atributos en la base de datos actual afectados por alguna restricción UNIQUE, PRIMARY KEY o FOREIGN KEY. Solo se muestran los atributos de la base de datos actual a los que tiene acceso el usuario actual por ser el propietario o tener algún privilegio. Las restricciones de tipo CHECK no están incluidas en esta vista. Esta vista incluye los siguientes atributos:

  - *constraint_catalog:* el nombre de la base de datos que contiene la restricción (la base de datos actual).

  - *constraint_schema*: el nombre del esquema que contiene la restricción.

  - *constraint_name*: el nombre de la restricción.

  - *table_catalog*: el nombre de la base de datos que contiene la tabla donde está el atributo afectado por la restricción.

  - *table_schema:* el nombre del esquema que contiene la tabla que contiene el atributo afectado por la restricción.

- *table_name:* el nombre de la tabla que contiene el atributo afectado por la restricción.

- *column_name:* el nombre del atributo afectado por la restricción.

- *ordinal_position:* posición ordinal del atributo dentro de la restricción.

- *position_in_unique_constraint:* para una restricción de clave ajena, posición ordinal del atributo referenciado dentro de su restricción de unicidad.

- *constraint_column_usage:* identifica todos los atributos en la base de datos actual afectados por alguna restricción siempre que pertenezcan a una tabla propiedad de un rol habilitado actualmente. Para una restricción de tipo CHECK, identifica los atributos que aparecen en la restricción. Para una restricción de clave ajena (FOREIGN KEY), identifica las columnas referenciadas. Para una restricción de unicidad (UNIQUE) o de clave primaria (PRIMARY KEY), identifica las columnas afectadas por la restricción. Esta vista incluye los siguientes atributos:

  - *table_catalog*: el nombre de la base de datos donde está el atributo afectado por la restricción.

  - *table_schema:* el nombre del esquema al que pertenece la tabla que contiene el atributo afectado por la restricción.

  - *table_name:* el nombre de la tabla que contiene el atributo afectado por la restricción.

  - *column_name:* el nombre del atributo afectado por la restricción.

  - *constraint_catalog:* el nombre de la base de datos que contiene la restricción (la base de datos actual).

  - *constraint_schema*: el nombre del esquema que contiene la restricción.

  - *constraint_name*: el nombre de la restricción.

- *routines:* contiene todas las funciones y procedimientos en la base de datos actual. Solo se muestran las funciones y procedimientos a los que tiene acceso el usuario actual por ser el propietario o tener algún privilegio. Esta vista incluye como relevantes los siguientes atributos:

  - *specific_catalog*: el nombre de la base de datos que contiene la rutina (la base de datos actual).

  - *specific_schema:* el nombre del esquema que contiene la rutina.

— *specific_name:* el nombre de la rutina.

— *routine_type:* el tipo de la rutina (FUNCTION o PROCEDURE).

— *data_type:* el tipo de dato devuelto por la función, NULL si se trata de un procedimiento.

— *routine_definition*: el código fuente de la rutina.

— *is_deterministic*: indica si la función ha sido declarada inmutable o determinista, en cuyo caso toma el valor YES; en caso contrario, NO.

- *parameters*: contiene información acerca de los parámetros o argumentos de todas las rutinas en la base de datos actual. Solo se muestran parámetros de las funciones y procedimientos a los que tiene acceso el usuario actual por ser el propietario o tener algún privilegio. Esta vista incluye como relevantes los siguientes atributos:

— *specific_catalog*: el nombre de la base de datos que contiene la rutina (la base de datos actual).

— *specific_schema:* el nombre del esquema que contiene la rutina.

— *specific_name:* el nombre de la rutina.

— *ordinal_position:* posición ordinal del parámetro en la lista de parámetros de la rutina.

— *parameter_mode:* IN para parámetros de entrada, OUT para parámetros de salida e INOUT para parámetros de entrada/salida.

— *parameter_name:* nombre del parámetro o NULL si el parámetro no tiene nombre.

— *data_type:* tipo de dato del parámetro.

- *triggers*: contiene todos los disparadores definidos en la base de datos actual sobre tablas y vistas propiedad del usuario o sobre las que tiene algún permiso distinto de SELECT. Un disparador es un tipo especial de rutina que se ejecuta automáticamente al realizar una inserción, borrado o modificación sobre una tabla. Esta vista contiene como columnas relevantes las siguientes:

— *trigger_catalog*: el nombre de la base de datos que contiene el disparador (la base de datos actual).

— *trigger_schema*: el nombre del esquema que contiene el disparador.

— *trigger_name*: el nombre del disparador.

- *event_manipulation*: el evento que desencadena la ejecución del disparador (INSERT, UPDATE o DELETE).

- *event_object_catalog*: el nombre de la base de datos que contiene la tabla sobre la que está definido el disparador (la base de datos actual).

- *event_object_schema*: el nombre del esquema que contiene la tabla sobre la que está definido el disparador.

- *event_object_name*: el nombre de la tabla sobre la que está definido el disparador.

- *action_orientation*: indica si el disparador se ejecuta una vez por cada fila procesada o una vez por cada sentencia (valores ROW o STATEMENT, respectivamente).

- *action_timing*: momento en el que se ejecuta el disparador (BEFORE, AFTER o INSTEAD OF).

- *views*: contiene todas las vistas definidas en la base de datos actual que son propiedad del usuario actual o sobre las que este tiene algún privilegio. Contiene como columnas relevantes las siguientes:

  - *table_catalog*: el nombre de la base de datos que contiene la vista (la base de datos actual).

  - *table_schema*: el nombre del esquema que contiene la vista.

  - *table_name*: el nombre de la vista.

  - *view_definition*: consulta mediante la que se define la vista.

  - *check_option*: CASCADED o LOCAL si la vista tiene la opción CHECK OPTION; NULL en caso contrario.

  - *is_updatable*: YES si la vista es actualizable (permite UPDATE y DELETE); NO, en caso contrario.

  - *is_insertable*: YES si la vista permite INSERT; NO, en caso contrario.

Las vistas más relevantes de este esquema relacionadas con privilegios son las siguientes:

- *applicable_roles*: contiene todos los roles cuyos privilegios puede usar el usuario actual. Contiene columnas para el nombre del rol que concedió el rol (*grantee*), el nombre del rol (*role_name*) y si se tiene la opción de conceder el rol a otros roles (*is_grantable*).

- *enabled_roles*: contiene los nombres de todos los roles que tiene el usuario actual directa o indirectamente. Esta vista contiene un único atributo llamado *role_name*.

- *table_privileges*: identifica todos los privilegios concedidos sobre tablas o vistas a un rol habilitado actualmente o por un rol habilitado actualmente. Hay una fila por cada tabla, otorgador del privilegio y rol al que se le ha otorgado. Esta vista incluye los siguientes atributos:

  — *grantor*: el nombre del rol que ha otorgado el privilegio.

  — *grantee*: el nombre del rol que ha recibido el privilegio.

  — *table_catalog:* el nombre de la base de datos que contiene la tabla.

  — *table_schema:* el nombre del esquema que contiene la tabla.

  — *table_name:* el nombre de la tabla.

  — *privilege_type:* el tipo del privilegio (SELECT, INSERT, UPDATE, DELETE, TRUNCATE, REFERENCES o TRIGGER).

  — *is_grantable*: si es posible conceder el privilegio a otros roles.

  — *with_hierarchy*: esta columna toma el valor YES si el privilegio es SELECT, NO en caso contrario.

- *role_table_grants*: identifica todos los privilegios concedidos sobre tablas o vistas tal que el que otorga o el que recibe el privilegio es un rol habilitado actualmente. La única diferencia con respecto a *table_privileges* es que esta vista omite las tablas que se han hecho accesibles al usuario actual por medio de una concesión de privilegios a PUBLIC.

- *column_privileges*: identifica todos los privilegios concedidos sobre atributos a un rol habilitado actualmente o por un rol habilitado actualmente. Hay una fila por cada atributo, otorgador del privilegio y rol al que se le ha otorgado. Si se ha concedido un privilegio sobre toda la tabla, aparecerá en esta vista como un privilegio para cada atributo, pero solo para los tipos de privilegios que se pueden conceder sobre atributos (SELECT, INSERT, UPDATE y REFERENCES). Esta vista incluye los siguientes atributos:

  — *grantor*: el nombre del rol que ha otorgado el privilegio.

  — *grantee*: el nombre del rol que ha recibido el privilegio.

  — *table_catalog:* el nombre de la base de datos que contiene la tabla que contiene el atributo.

- *table_schema:* el nombre del esquema que contiene la tabla que contiene el atributo.

- *table_name:* el nombre de la tabla que contiene el atributo.

- *column_name:* el nombre del atributo.

- *privilege_type:* el tipo del privilegio (SELECT, INSERT, UPDATE o REFERENCES).

- *is_grantable*: si es posible conceder el privilegio a otros roles.

- *role_column_grants*: identifica todos los privilegios concedidos sobre atributos tal que el que otorga o el que recibe el privilegio es un rol habilitado actualmente. La única diferencia con respecto a *column_privileges* es que esta vista omite los atributos que se han hecho accesibles al usuario actual por medio de una concesión de privilegios a PUBLIC.

- *routine_privileges*: identifica todos los privilegios concedidos sobre funciones a un rol habilitado actualmente o por un rol habilitado actualmente. Hay una fila por cada función, otorgador del privilegio y rol al que se le ha otorgado. Esta vista incluye los siguientes atributos:

  - *grantor*: el nombre del rol que ha otorgado el privilegio.

  - *grantee*: el nombre del rol que ha recibido el privilegio.

  - *specific_catalog:* el nombre de la base de datos que contiene la función (siempre la base de datos actual).

  - *specific_schema:* el nombre del esquema que contiene la función.

  - *routine_catalog:* el nombre de la base de datos que contiene la función (siempre la base de datos actual).

  - *routine_schema:* el nombre del esquema que contiene la función.

  - *routine_name:* el nombre de la función.

  - *privilege_type:* el tipo del privilegio (EXECUTE). Es el único privilegio para funciones.

  - *is_grantable*: si es posible conceder el privilegio a otros roles.

- *role_routine_grants*: identifica todos los privilegios concedidos sobre funciones tal que el que otorga o el que recibe el privilegio es un rol habilitado actualmente. La única diferencia con respecto a *routine_privileges* es que esta vista omite funciones que se han hecho accesibles al usuario actual por medio de una concesión de privilegios a PUBLIC.

2.12.6. Control de transacciones

El lenguaje SQL incorpora instrucciones destinadas a indicar el comienzo y el fin de cada transacción. Así, en PostgreSQL se inicia una transacción cuando el usuario se conecta al sistema, cuando finaliza otra transacción o cuando se usa alguna de las dos siguientes instrucciones:

```
BEGIN [WORK | TRANSACTION];
START TRANSACTION;
```

Por otro lado, una transacción finaliza con una de las tres instrucciones SQL siguientes:

```
COMMIT [WORK | TRANSACTION];
ROLLBACK [WORK | TRANSACTION];
END [WORK | TRANSACTION];
```

La orden *commit* hace que todas las modificaciones efectuadas sobre la base de datos desde el inicio de la transacción sean parte permanente de la base de datos y libera los recursos ocupados por la transacción. La orden *end* es equivalente a *commit*, es decir, tiene el mismo efecto.

La orden *rollback* provoca que la transacción actual aborte, es decir, revierte la transacción desde el inicio.

Cuando realizamos operaciones de actualización sobre la base de datos, es decir, cuando llevamos a cabo inserciones, borrados o modificaciones, las operaciones se aplicarán automáticamente sobre la base de datos o no dependiendo de si el sistema está o no en modo *autocommit*. Si el modo *autocommit* está activado (si *autocommit* toma el valor *on*), toda operación de actualización sobre la base de datos se confirma automáticamente y, por tanto, no habrá opción de abortarlas. Para conocer si el modo *autocommit* está activado, podemos emplear la siguiente instrucción en *psql*:

```
postgres=# \echo :AUTOCOMMIT
on
```

Por defecto el modo *autocommit* está activado, como podemos observar. Se puede desactivar este modo con la siguiente instrucción:

```
\set AUTOCOMMIT OFF
```

Para validar los cambios que hayamos efectuado sobre la base de datos si no está activado el modo *autocommit*, es necesario escribir una orden *commit*.

Por otro lado, la orden *rollback* aborta la transacción actual, volviendo la base de datos al estado en el que se encontraba tras la última transacción.

Para probar el funcionamiento de las órdenes *rollback* y *commit*, se pueden realizar las siguientes operaciones: abramos dos sesiones en PostgreSQL y establezcamos en ambas el esquema *empresa* al principio del camino de búsqueda de esquemas escribiendo:

```
postgres=> SET SEARCH _ PATH TO empresa;
SET
```

Escribamos en una de las sesiones la siguiente orden:

```
postgres=# CREATE TABLE Departamento2 as SELECT * FROM Departamento;
SELECT 3
```

A continuación, añadimos una nueva fila a la tabla *Departamento2* desde la misma sesión:

```
postgres=# INSERT INTO Departamento2 VALUES (5, 'Prueba',
'Ciudad de prueba');
INSERT 0 1
```

Si consultamos desde la segunda sesión el contenido de la tabla *Departamento2,* aparecerá esta nueva fila debido a que por defecto en PostgreSQL está activado el modo *autocommit* y no lo hemos desactivado.

Ahora, desactivemos el modo *autocommit* en la primera sesión escribiendo:

```
postgres=# \set AUTOCOMMIT OFF
```

Ahora, añadamos desde esta primera sesión una nueva fila a la tabla *Departamento2*.

```
postgres=# INSERT INTO Departamento2 VALUES (6, 'Prueba2',
'Ciudad prueba 2');
INSERT 0 1
```

Si consultamos el contenido de la tabla *Departamento2* desde la segunda sesión, no aparecerá el departamento con número 6 debido a que el modo *autocommit* está desactivado y no hemos confirmado la inserción sobre la tabla *Departamento2*.

Si ahora ejecutamos la orden *commit* desde la primera sesión y a continuación consultamos el contenido de la tabla *Departamento2* desde la segunda sesión, veremos que la nueva fila aparece ya en la tabla *Departamento2*.

2.12.7. Privilegios: autorizaciones y desautorizaciones

La manera de otorgar y retirar privilegios ya se ha estudiado en la sección 2.11.3, a la que se remite al lector.

2.13. Procesamiento y optimización de consultas

Siguiendo a Silberschatz, Korth y Sudarshan (2002), "el procesamiento hace referencia a la serie de actividades implicadas en la extracción de datos de una base de datos. Estas actividades incluyen la traducción de consultas expresadas en lenguajes de bases de datos de alto nivel en expresiones implementadas en el nivel físico del sistema, así como transformaciones de optimización de consultas y la evaluación real de las mismas".

Por tanto, el procesamiento de consultas se refiere a la manera en que interpreta y ejecuta el sistema una consulta escrita en un lenguaje de manipulación de datos. Para ello, una de las tareas que se lleva a cabo es la optimización de la consulta. Silberschatz, Korth y Sudarshan (2002) definen la optimización de consultas como "el proceso de selección del plan de evaluación de las consultas más eficiente de entre las muchas estrategias generalmente disponibles para el procesamiento de una consulta dada, especialmente si la consulta es compleja".

En esta sección se analizará, en primer lugar, el procesamiento de consultas, viendo las tareas que conlleva, y más tarde se estudiará la optimización de consultas.

2.13.1. Procesamiento de una consulta

Para que el SGBD dé respuesta a una consulta, la debe procesar en primer lugar, a continuación, optimizarla y finalmente ejecutarla.

Las tareas del procesamiento de una consulta, en la línea de lo que indican Elmasri y Navathe (2007), son las siguientes:

- Análisis léxico: consiste en identificar los elementos del lenguaje presentes en el texto de la consulta, como palabras reservadas de SQL, nombres de atributos, nombres de tablas, etcétera.

- Análisis sintáctico: consiste en comprobar si la consulta ha sido formulada de acuerdo con las reglas de sintaxis del lenguaje de consultas.

- Validación: consiste en comprobar que todos los nombres de atributos y de tablas son válidos y tienen sentido dentro del esquema de la base de datos sobre la que se ha construido la consulta.

- Crear una representación interna de la consulta: normalmente basada en el álgebra relacional, dando lugar a lo que se denomina árbol de consultas.

Como indican Silberschatz, Korth y Sudarshan (2002), dada una consulta, hay varios métodos distintos para obtener la respuesta. Así, cada consulta en SQL se puede traducir en varias expresiones distintas del álgebra relacional. La representación de una consulta en el álgebra relacional especifica de manera parcial cómo evaluar la consulta. Si, por ejemplo, se considera la consulta:

```
SELECT PVPArt
FROM Articulo
WHERE PVPArt > 0.75;
```

Esta consulta se puede traducir en cualquiera de las siguientes expresiones del álgebra relacional:

$$\pi_{PVPArt} \left(\sigma_{PVPArt > 0.75} \left(Articulo \right) \right)$$

$$\sigma_{PVPArt > 0.75} \left(\pi_{PVPArt} \left(Articulo \right) \right)$$

Además, como indican Silberschatz, Korth y Sudarshan (2002), se puede ejecutar cada operación del álgebra relacional empleando distintos algoritmos. En el ejemplo, se podría examinar cada fila de la tabla *Articulo* para encontrar los artículos con precio inferior a 0,75 €, o bien se podría usar un índice sobre el atributo *PVPArt* para realizar la búsqueda.

Siguiendo a Silberschatz, Korth y Sudarshan (2002), para especificar completamente cómo evaluar una consulta no es suficiente proporcionar la expresión del álgebra relacional, sino que además hay que anotar en ella instrucciones que especifiquen cómo evaluar cada operación. Estas anotaciones pueden consistir en el algoritmo que se debe emplear para una operación específica, o bien el índice o índices concretos que se deben utilizar. La inclusión de estas anotaciones en la expresión del álgebra relacional da lugar a lo que se llama plan de ejecución o evaluación de la consulta. En la siguiente figura se muestra un plan de evaluación para la consulta anterior, en el que se especifica un índice llamado índicePVP para la operación de selección.

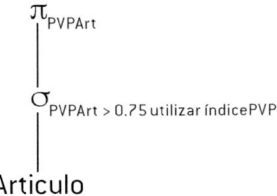

Figura 2.13. Plan de ejecución de una consulta.

Para una consulta pueden establecerse varios planes de ejecución y, como indican Silberschatz, Korth y Sudarshan (2002), cada plan puede tener un coste diferente. No es esperable que los usuarios escriban las consultas sugiriendo el plan de evaluación más eficiente, sino que es labor del sistema construir el plan de ejecución que minimice el coste de evaluación de la consulta. Este tema está relacionado con la optimización de consultas y se trata en la sección 2.13.2.

Una vez seleccionado un plan de ejecución para la consulta, el motor de ejecución de consultas lo ejecuta y devuelve el resultado.

2.13.2. Tipos de optimización: basada en reglas, basada en costes, otros

Silberschatz, Korth y Sudarshan (2002) definen la optimización de consultas como "el proceso de selección del plan de evaluación de las consultas más eficiente de entre las muchas estrategias generalmente disponibles para el procesamiento de una consulta dada, especialmente si la consulta es compleja". Se espera que el sistema cree un plan de evaluación de las consultas que minimice el coste de evaluación de las mimas.

Silberschatz, Korth y Sudarshan (2002) hacen referencia a dos aspectos relacionados con la optimización de consultas, a saber:

- En el nivel del álgebra relacional, el sistema intentará hallar una expresión que sea equivalente a la expresión dada, pero más eficiente.

- La elección de una estrategia detallada para el procesamiento de la consulta, como la selección del algoritmo que se utilizará para ejecutar una operación y la selección de los índices concretos que se van a emplear.

Como indican Silberschatz, Korth y Sudarshan (2002), "la diferencia en coste (en términos de tiempo de evaluación) entre una estrategia buena y otra mala suele ser sustancial. Por tanto, merece la pena que el sistema pase una cantidad importante de tiempo en la selección de una buena estrategia para el procesamiento de la consulta, aunque esa consulta solo se ejecute una vez".

Consideremos la expresión del álgebra relacional para la consulta siguiente: "Hallar las descripciones de los artículos solicitados en pedidos realizados después del 24 de febrero de 2024":

$$\pi_{DesArt} \left(\sigma_{FecPed > '2024-02-24'} \left(Pedido \bowtie \left(Artículo \bowtie LineaPedido \right) \right) \right)$$

Esta expresión se muestra en el siguiente árbol:

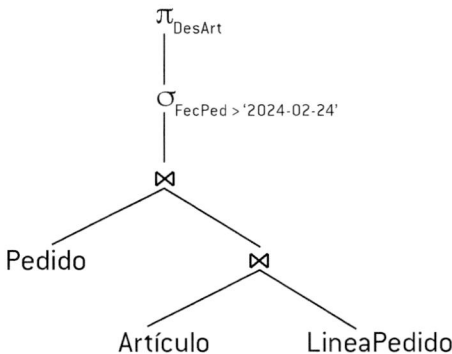

Figura 2.14. Árbol inicial de la expresión.

En esta expresión se crea una relación intermedia Pedido ⋈ Artículo ⋈ LineaPedido de considerable tamaño. Si consideramos que los datos almacenados son los mostrados en la Figura 2.15, se creará una relación intermedia de 4 × 7 × 5 = 140 filas.

PEDIDO

RefPed	FecPed
P0001	16/02/2024
P0002	18/02/2024
P0003	23/02/2024
P0004	25/02/2024

LÍNEA PEDIDO

RefPed	CodArt	CantArt
P0001	A0043	10
P0001	A0078	12
P0002	A0043	5
P0003	A0075	20
P0004	A0012	15
P0004	A0043	5
P0004	A0089	50

ARTÍCULO

CodArt	DesArt	PVPArt
A0043	Bolígrafo azul fino	0,78
A0078	Bolígrafo rojo normal	1,05
A0075	Lápiz 2B	0,55
A0012	Goma de borrar	0,15
A0089	Sacapuntas	0,25

Figura 2.15. Contenido del esquema *Pedidos*.

Sin embargo, si tenemos en cuenta que solo nos interesan las tuplas correspondientes a los pedidos con fecha posterior al 24 de febrero de 2024, se pueden seleccionar solo estos pedidos antes de combinar la tabla *Pedido* con las demás. Al reducir de esta manera el número de tuplas de la relación *Pedido* que nos interesan a solo una, se reduce el tamaño del resultado intermedio, en este caso a la cuarta parte (35 tuplas), porque en la relación *Pedido* hay cuatro tuplas. La consulta de esta forma queda representada por la siguiente expresión del álgebra relacional:

$$\pi_{DesArt} \left(\sigma_{FecPed > '2024-02-24'} (Pedido) \bowtie (Artículo \bowtie LineaPedido) \right)$$

Esta expresión del álgebra relacional es equivalente a la anterior, pero genera relaciones intermedias de menor tamaño. Esta expresión queda representada mediante el siguiente árbol:

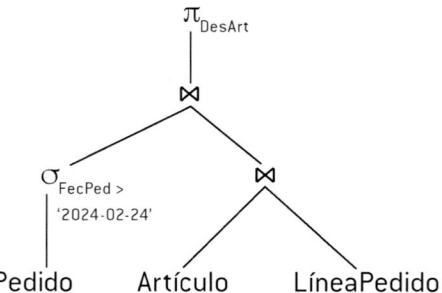

Figura 2.16. Árbol transformado de la expresión.

Como indican Silberschatz, Korth y Sudarshan (2002), "dada una expresión del álgebra relacional, es labor del optimizador de consultas diseñar un plan de evaluación de consultas que calcule el mismo resultado que la expresión dada, y que sea la manera menos costosa de generar ese resultado (o, como mínimo, que no sea mucho más costoso que la manera menos costosa)".

Para seleccionar un plan de evaluación u otro, el optimizador de consultas tiene que estimar el coste de cada plan de evaluación. Como indican Silberschatz, Korth y Sudarshan (2002), "los optimizadores hacen uso de la información estadística sobre las relaciones, como los tamaños de las relaciones y las profundidades de los índices, para realizar una buena estimación del coste de cada plan. El acceso a los discos, que resulta lento en comparación con el acceso a la memoria, suele dominar el coste del procesamiento de las consultas".

Por tanto, el optimizador debe llevar a cabo las siguientes tareas:

- Generar expresiones equivalentes a la expresión dada, mediante una serie de reglas de equivalencia que especifican la forma de transformar una expresión en otra equivalente lógicamente.

- Escoger un plan de evaluación de consultas. Para elegir uno de estos planes se puede seleccionar uno basado en costes (optimización basada en costes), o bien uno basado en reglas (optimización heurística).

La optimización basada en costes, como ya se ha indicado, consiste en estimar el coste de cada plan de evaluación y seleccionar el menos costoso. Como indican Silberschatz, Korth y Sudarshan (2002), "dado que el coste es una estimación, el plan seleccionado no es necesariamente el menos costoso; no obstante, siempre y cuando las estimaciones sean buenas, es probable que el plan sea el menos costoso, o no mucho más costoso".

Por otra parte, la optimización heurística o basada en reglas, emplea una serie de reglas para la transformación de consultas del álgebra relacional. Algunas de estas reglas son las siguientes:

- Realizar las selecciones tan pronto como sea posible, lo que reduce el número de tuplas de los resultados intermedios.

- Realizar las selecciones sobre atributos indexados antes que sobre los no indexados, lo que reduce las operaciones de entrada/salida, con lo que las consultas son más rápidas.

- Realizar las proyecciones tan pronto como sea posible, lo que reduce el número de atributos de las relaciones intermedias.

- Realizar las operaciones de selección y combinación, o *join,* más restrictivas en primer lugar, lo que reduce el número de tuplas de los resultados intermedios.

- Eliminar proyecciones redundantes, lo que reduce el número de atributos de los resultados intermedios.

- Usar *distinct* solo cuando sea imprescindible. Esto evita tener que comparar resultados intermedios para detectar duplicados y eliminarlos del resultado.

Empleando estas reglas se suele reducir el coste de evaluación del plan seleccionado, por lo que algunos sistemas solo emplean la optimización heurística y no utilizan en absoluto la optimización basada en costes.

2.13.3. Herramientas de la base de datos para la optimización de consultas

Para optimizar consultas, es necesario tener en cuenta varios aspectos fundamentales:

- Qué índices hay: si se ha creado más de un índice sobre un mismo atributo, el servidor debe elegir el más adecuado, para lo cual en general se regirá por su cardinalidad o número de registros.

- Cómo se almacenan los índices: los índices son archivos ordenados que contienen registros de la/s columna/s indizada/s junto con la dirección física del registro con los datos de la tabla correspondiente. Si el índice contiene varias columnas, el orden es según las columnas que están más a la izquierda en la definición del índice.

La mejor forma de mejorar el rendimiento de consultas es crear índices sobre los campos más consultados o usados en consultas (campos que aparecen en las cláusulas WHERE, GROUP BY y ORDER BY). Sin embargo, crear demasiados índices también puede suponer un derroche de espacio y puede perjudicar el rendimiento al tener que buscar los índices adecuados en cada consulta y mantenerlos sincronizados con los datos. Como siempre, se deberá buscar una solución de compromiso.

Hay que tener en cuenta que si sobre la tabla para la que se crea/n el/los índice/s se realizan muchas operaciones de inserción, modificación y borrado, los índices se tienen que actualizar cada vez que se lleva a cabo una operación de este tipo, y esta sincronización de los índices puede ser costosa. Por este motivo, es más adecuado crear índices para tablas que se consultan mucho y se actualizan poco que para tablas que se actualizan con mucha frecuencia.

Si una consulta afecta solamente a campos indexados, por ejemplo, los que forman parte de una clave primaria, no es necesario acceder a los datos de la tabla, sino que se puede usar directamente el archivo de índices para obtener el resultado. Por ejemplo, una consulta que devuelva los códigos de todos los artículos del esquema *pedidos* es mucho más rápida si hay un índice sobre el atributo *CodArt* de la tabla *Articulo*, ya que de este modo el servidor no necesita acceder a los datos almacenados en el fichero de datos, sino que simplemente usará el fichero de índices.

Los índices son especialmente importantes en las siguientes operaciones:

- Consultas con cláusula WHERE que contienen columnas indexadas. De este modo, se puede hacer un filtro previo usando únicamente el archivo de índices.

- En combinaciones de tablas, cuando exista un índice sobre los campos comunes (clave ajena y correspondiente clave primaria).

- Para encontrar el valor de una función de agregado (*sum, avg, count, max, min*) sobre campos indexados sin necesidad de acceder a los registros en disco.

- Para ordenar o agrupar por campos indexados de tablas, siempre que se haga sobre la parte más a la izquierda del índice (o los primeros campos del mismo).

- Para casos en que solo se requieren columnas indexadas no se precisará acceder a los datos de la tabla.

PostgreSQL genera un plan de ejecución para cada consulta que recibe. Elegir el plan más adecuado es crítico para el rendimiento, por lo que el sistema incluye un complejo planificador que intenta elegir buenos planes de ejecución.

Generación de planes de ejecución

El planificador/optimizador comienza generando planes para el recorrido de cada tabla empleada en la consulta. Se establecen planes posibles en función de los índices disponibles en cada tabla. Siempre es posible realizar un recorrido secuencial de cada tabla, por lo que siempre se crea un plan secuencial. Supongamos que disponemos de un índice *B-tree* definido sobre una tabla y una consulta que contiene la condición *nombre_tabla.nombre_atributo operador constante*. Pues bien, si *nombre_tabla.nombre_atributo* concuerda con la clave del índice *B-tree* y el operador coincide con uno de los convenientes para este tipo de índices, se crea otro plan usando el índice *B-tree*. Si hay más índices posibles, se generan más planes de ejecución. También se generan planes empleando índices si el resultado de la consulta está ordenado de acuerdo con algún índice.

Si la consulta requiere la combinación de dos o más tablas, se generan planes para la combinación de las tablas después de los planes para el recorrido de cada tabla. Hay tres posibles estrategias de combinación:

- *Nested loop join*: se recorre una vez la tabla de la derecha por cada fila de la tabla de la izquierda. Esta estrategia es fácil de implementar, pero puede consumir mucho tiempo. Sin embargo, si se puede recorrer la tabla de la derecha con un *index scan*, puede ser una buena estrategia, ya que se pueden emplear los valores de la fila actual de la tabla de la izquierda como claves para el *index scan* de la tabla de la derecha.

- *Merge join*: antes del comienzo de la combinación se ordena cada tabla en base a los atributos por los que se combinan. Luego se recorren las dos tablas a la vez y las filas coincidentes se combinan para formar las filas del resultado. Este tipo de combinación es conveniente porque solo hay que recorrer una vez cada tabla. Se puede realizar la ordenación mediante un paso de ordenación explícito o recorriendo la tabla en un orden adecuado empleando un índice sobre la clave que une las tablas.

- *Hash join*: primero se recorre la tabla de la derecha y se carga en una tabla *hash*, empleando como claves *hash* los atributos por medio de los que se combina con la otra tabla. A continuación, se recorre la tabla de la izquierda y se usan los valores adecuados de cada fila encontrada como claves hash para localizar las filas coincidentes de la tabla.

Uso del comando explain

Se puede usar el comando EXPLAIN para ver qué plan crea el planificador para cada consulta.

En primer lugar, vamos a consultar los índices existentes para la tabla *Articulo* y si hay alguno aparte de la clave primaria, lo hemos de eliminar con la correspondiente orden DROP INDEX.

Se muestra a continuación un ejemplo trivial con el fin de ver el resultado del comando EXPLAIN e interpretarlo:

```
postgres=# EXPLAIN SELECT * FROM Articulo;
                        QUERY PLAN
-----------------------------------------------------------
 Seq Scan on articulo   (cost=0.00..1.05 rows=5 width=26)
(1 fila)
```

La estructura del plan de ejecución de una consulta es un árbol de nodos. Dado que la consulta no presenta cláusula WHERE, se deben recorrer todas las filas de la tabla, por lo que el planificador ha decidido elegir un plan de recorrido secuencial simple (*Seq scan*) sobre la tabla. Los números que aparecen a continuación entre paréntesis indican:

- El coste estimado de puesta en marcha: tiempo necesario antes de que pueda empezar la fase de salida en la que se muestran los datos.

- El coste total estimado: tiempo necesario para que el plan se ejecute en su totalidad, por ejemplo, para que se recuperen todas las filas de la tabla, como es el caso.

- Número estimado de filas generadas por el plan.

- Ancho estimado de las filas generadas por el plan (en *bytes*).

Los costes se miden en unidades arbitrarias determinadas por el planificador. El coste de un nodo de nivel superior incluye el coste de todos sus nodos secundarios.

Ahora incluyamos una cláusula WHERE en la consulta:

```
postgres=# EXPLAIN SELECT * FROM Articulo WHERE PVPArt < 0.50;
                          QUERY PLAN
-----------------------------------------------------------
 Seq Scan on articulo  (cost=0.00..1.06 rows=2 width=26)
   Filter: (pvpart < 0.50)
(2 filas)
```

En este caso, la cláusula WHERE se está empleando como un filtro vinculado al recorrido secuencial (*Seq scan*). Esto quiere decir que el SGBD comprueba la condición para cada fila que recorre y muestra solo aquellas que cumplen la condición. El número de filas estimadas se ha reducido por la cláusula WHERE, pero aún se tendrán que recorrer todas las filas de la tabla, por lo que el coste no se ha reducido, sino que se ha incrementado ligeramente para reflejar el tiempo extra necesario para comprobar la condición de la cláusula WHERE.

Para optimizar la consulta, podemos crear un índice sobre el atributo *PVPArt*. Para ello, emplearemos la siguiente orden:

```
CREATE INDEX IPVPArt ON Articulo(PVPArt);
```

Tras crear el índice y con el fin de actualizar las estadísticas, ejecutaremos el comando ANALYZE y a continuación el comando EXPLAIN sobre la consulta anterior:

```
postgres=# ANALYZE;
ANALYZE
postgres=# EXPLAIN SELECT * FROM Articulo WHERE PVPArt < 0.50;
                          QUERY PLAN
-----------------------------------------------------------
 Seq Scan on articulo  (cost=0.00..1.06 rows=2 width=26)
   Filter: (pvpart < 0.50)
(2 filas)
```

Podemos observar como el SGBD ha decidido continuar realizando un recorrido secuencial (*Seq scan*) a pesar de que se ha creado el índice sobre el atributo *PVPArt*, lo que viene motivado por el hecho de que hay muy pocas filas en la tabla y no resulta eficiente el empleo del índice.

Probémoslo con el esquema *geografia*, cuya estructura es la siguiente:

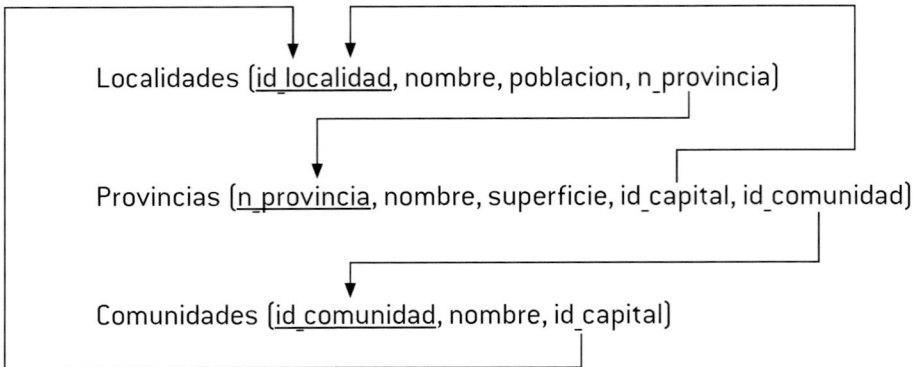

Se sabe que la tabla *Localidades* de este esquema contiene más de 1000 filas. Ejecutemos el comando EXPLAIN para la siguiente consulta:

```
EXPLAIN SELECT nombre, poblacion
FROM Localidades
WHERE poblacion < 20;
                        QUERY PLAN
-----------------------------------------------------------
 Seq Scan on localidades  (cost=0.00..21.99 rows=5 width=15)
    Filter: (poblacion < 20)
(2 filas)
```

Se realiza un recorrido secuencial fila a fila para obtener los datos solicitados de las localidades que cumplen la condición de la cláusula WHERE. Dado que en la cláusula WHERE se incluye una condición que afecta al atributo *poblacion*, creemos un índice para este atributo, ejecutemos a continuación el comando ANALYZE y volvamos a ejecutar el comando EXPLAIN para la consulta:

```
postgres=# CREATE INDEX IPoblacion ON Localidades(poblacion);
CREATE INDEX
postgres=# ANALYZE;
ANALYZE
postgres=# EXPLAIN SELECT nombre, poblacion
postgres-# FROM Localidades
postgres-# WHERE poblacion < 20;
                        QUERY PLAN
-----------------------------------------------------------
 Bitmap Heap Scan on localidades  (cost=4.32..11.89 rows=5 width=15)
    Recheck Cond: (poblacion < 20)
    -> Bitmap Index Scan on ipoblacion  (cost=0.00..4.31 rows=5 width=0)
          Index Cond: (poblacion < 20)
(4 filas)
```

En este caso, el planificador ha seleccionado un plan de ejecución que consta de dos pasos:

- En primer lugar (plan inferior), se usa un índice (*bitmap index scan*) para encontrar las filas que cumplen la condición de la cláusula WHERE que afecta al atributo indexado (*poblacion*).

- En segundo lugar, se recuperan esas filas de la tabla.

Se puede observar que, gracias al empleo del índice, el coste total de la consulta se ha reducido considerablemente, de 21,99 a 11,89, casi una reducción del 50 %.

En algunas consultas se usa la cláusula ORDER BY para ordenar el resultado de las mismas. El proceso de ordenación es costoso y conviene evitarlo en la medida de lo posible. Eliminemos el índice *IPoblacion* creado antes y probemos el comando EXPLAIN sobre la siguiente consulta, en la cual se ordena por población:

```
postgres=# DROP INDEX IPoblacion;
DROP INDEX
postgres=# ANALYZE;
ANALYZE
postgres=# EXPLAIN SELECT nombre, poblacion
postgres-# FROM Localidades
postgres-# WHERE poblacion < 100
postgres-# ORDER BY poblacion;
                            QUERY PLAN
-----------------------------------------------------------------
 Sort  (cost=23.33..23.45 rows=48 width=15)
   Sort Key: poblacion
   -> Seq Scan on localidades  (cost=0.00..21.99 rows=48 width=15)
         Filter: (poblacion < 100)
(4 filas)
```

En este caso, el planificador ha seleccionado un plan de ejecución que consta de dos pasos:

- En primer lugar (plan inferior), se realiza un recorrido secuencial (*Seq scan*) para encontrar las filas que cumplen la condición de la cláusula WHERE y se recuperan esas filas.

- En segundo lugar, se procede a la ordenación.

Ahora volvamos a crear el índice *IPoblacion* para ver qué efecto tiene sobre la consulta:

```
postgres=# CREATE INDEX IPoblacion on Localidades(poblacion);
CREATE INDEX
postgres=# ANALYZE;
ANALYZE
postgres=# EXPLAIN SELECT nombre, poblacion
postgres-# FROM Localidades
postgres-# WHERE poblacion < 100
postgres-# ORDER BY poblacion;
                              QUERY PLAN
---------------------------------------------------------------------
 Sort   (cost=14.59..14.71 rows=48 width=15)
   Sort Key: poblacion
   -> Bitmap Heap Scan on localidades   (cost=4.65..13.25 rows=48
width=15)
         Recheck Cond: (poblacion < 100)
           -> Bitmap Index Scan on ipoblacion   (cost=0.00..4.64
rows=48 width=0)
               Index Cond: (poblacion < 100)
(6 filas)
```

En este caso, el planificador ha seleccionado un plan de ejecución que consta de tres pasos:

- En primer lugar (plan inferior), se usa un índice (*bitmap index scan*) para encontrar las filas que cumplen la condición de la cláusula WHERE que afecta al atributo indexado (*poblacion*).

- En segundo lugar, se recuperan esas filas de la tabla.

- Finalmente se lleva a cabo la ordenación.

Observamos que el coste total de la consulta ha disminuido de manera muy relevante (de 23.45 a 14.71), un 37 %, gracias a la creación del índice y esta reducción del coste se ha debido a que la búsqueda y recuperación de las filas que cumplen la condición de la cláusula WHERE han tenido un coste mucho menor.

En algunos casos puede ser interesante crear índices multicolumna. Si se crea un índice multicolumna con la siguiente orden SQL:

```
CREATE INDEX IMultcolumna
ON nombre _ tabla (a, b c,);
```

El optimizador de PostgreSQL considerará utilizar el índice en consultas sobre la tabla *nombre_tabla* con las siguientes cláusulas WHERE:

```
WHERE a = valor₁ and b = valor₂ and c = valor₃
WHERE a = valor₁ and b = valor₂
WHERE a = valor₁
```

Sin embargo, no contemplará utilizarlo en los siguientes casos:

```
WHERE b = valor₂
WHERE c = valor₃
WHERE b = valor₂ and c = valor₃
```

De esto se deduce que el orden de especificación de los atributos en un índice multicolumna es muy relevante.

Veamos un ejemplo de optimización de una consulta multitabla sobre la base de datos *Geografia*, pero, antes de nada, eliminemos los índices creados sobre las tablas *Localidades* y *Provincias* si es que disponemos de alguno que se pueda eliminar. Debe tenerse en cuenta que los índices para los atributos clave primaria y alternativa no pueden ser eliminados. Consideremos la siguiente consulta: mostrar para las localidades con más de 200 000 habitantes, el nombre de la localidad, su población o número de habitantes y el nombre de la provincia a la que pertenece. Veamos cómo la procesa PostgreSQL:

```
postgres=# EXPLAIN SELECT L.nombre, poblacion, P.nombre
postgres-# FROM Localidades L JOIN Provincias P on L.n_
provincia = P.n_provincia
postgres-# where poblacion > 200000;
                             QUERY PLAN
---------------------------------------------------------------
 Hash Join  (cost=1.23..23.23 rows=5 width=23)
    Hash Cond: (l.n_provincia = p.n_provincia)
    ->  Seq Scan on localidades l  (cost=0.00..21.99 rows=5
width=19)
          Filter: (poblacion > 200000)
    ->  Hash  (cost=1.10..1.10 rows=10 width=12)
          ->  Seq Scan on provincias p  (cost=0.00..1.10 rows=10
width=12)
(6 filas)
```

En este caso, el optimizador ha decidido utilizar una combinación de tipo *hash join* en la que las filas de la tabla *Provincias* se han cargado en una tabla *hash* después de realizar un recorrido secuencia sobre ella (*Seq Scan*). Luego se han recorrido secuencialmente las filas de la tabla *Localidades* y se ha usado el atributo *n_provincia* como clave *hash* para localizar las filas correspondientes de la tabla *Provincias*.

Vamos a intentar optimizar esta consulta creando un índice sobre el atributo *poblacion*, que es el que aparece en la cláusula WHERE y veamos el nuevo plan de ejecución:

```
postgres=# CREATE INDEX IPoblacion on Localidades(poblacion);
CREATE INDEX
postgres=# ANALYZE;
ANALYZE
postgres=# EXPLAIN SELECT L.nombre, poblacion, P.nombre
postgres-# FROM Localidades L JOIN Provincias P on L.n_
provincia = P.n _ provincia
postgres-# where poblacion > 200000;
                             QUERY PLAN
-----------------------------------------------------------------
 Hash Join  (cost=5.54..13.13 rows=5 width=23)
    Hash Cond: (l.n _ provincia = p.n _ provincia)
    -> Bitmap Heap Scan on localidades l  (cost=4.32..11.89 rows=5
width=19)
          Recheck Cond: (poblacion > 200000)
           -> Bitmap Index Scan on ipoblacion  (cost=0.00..4.31
rows=5 width=0)
                Index Cond: (poblacion > 200000)
    -> Hash  (cost=1.10..1.10 rows=10 width=12)
          -> Seq Scan on provincias p  (cost=0.00..1.10 rows=10
width=12)
(8 filas)
```

El optimizador ha seguido usando una combinación de tipo *hash join*, pero se ha empleado el índice *IPoblacion* para acceder de manera rápida a las filas de la tabla *Localidades* que cumplen la condición especificada en la cláusula WHERE. Podemos observar que el coste de la consulta se ha visto reducido alrededor de un 43 %, desde 23.23 hasta 13.13.

Ejercicios propuestos

2.1. Hay que crear un esquema llamado *geografia* dentro de la base de datos *postgres* para el siguiente esquema relacional:

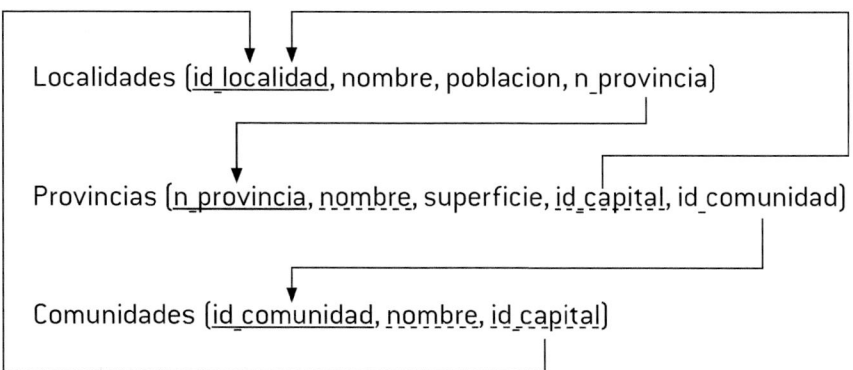

Localidades (id_localidad, nombre, poblacion, n_provincia)

Provincias (n_provincia, nombre, superficie, id_capital, id_comunidad)

Comunidades (id_comunidad, nombre, id_capital)

Debido a que existen claves ajenas cruzadas entre las tablas, es imposible escoger un orden de creación de tablas tal que se puedan crear estas tablas solo con instrucciones *create table*. Esto implica que habrá que crear las tablas con instrucciones *create table* y posteriormente emplear alguna instrucción *alter table* para añadir alguna restricción de clave ajena.

Se indican a continuación la descripción de cada uno de los atributos y las restricciones que debe soportar, si bien las restricciones de clave primaria y de clave ajena no están especificadas pues se pueden deducir del esquema relacional expuesto más arriba.

Tabla	Atributo	Descripción	Restricciones
Localidades	id_localidad	Número identificativo de la localidad	Número entre 1 y 9000
	nombre	Nombre de la localidad	Obligatorio
	poblacion	Número de habitantes de la localidad	Obligatorio. Número entre 1 y 10 000 000
	n_provincia	Número de la provincia a la que pertenece el municipio	Obligatorio Es única la pareja de atributos {nombre, n_provincia}

Tabla	Atributo	Descripción	Restricciones
Provincias	n_provincia	Número que identifica a la provincia	Número entre 1 y 52
	nombre	Nombre de la provincia	Obligatorio y único
	superficie	Superficie de la provincia en km²	Obligatorio Número entre 1 y 150 000
	id_capital	Identificativo de la localidad capital de la provincia	Obligatorio y único
	id_comunidad	Identificado de la comunidad autónoma a la que pertenece la provincia	Obligatorio
Comunidades	id_comunidad	Número que identifica a la comunidad autónoma	Número entre 1 y 19
	nombre	Nombre de la comunidad autónoma	Obligatorio y único
	id_capital	Identificativo de la localidad capital de la comunidad autónoma	Obligatorio y único

Crea el esquema *geografia* teniendo en cuenta además de lo anterior que:

- Se desea que si se modifica el identificativo de una localidad en la tabla *Localidades*, se modifique dicho identificativo en las tablas *Comunidades* y *Provincias* si se da el caso de que esa localidad es capital de comunidad y/o de provincia.

- Se desea que si se modifica el número de una provincia, se modifique dicho número para todas las localidades que pertenezcan a dicha provincia.

- Se desea que si se modifica el identificativo de una comunidad, se modifique dicho identificativo para todas las provincias pertenecientes a dicha comunidad.

2.2. Se va a trabajar con un esquema llamado *centros* que contiene información sobre los centros de trabajo de que consta una empresa, los departamentos ubicados en cada centro y las ciudades donde están los centros. Hay establecida una jerarquía entre los departamentos, de manera que por cada departamento se almacena el departamento del que depende (*CodDepJefe*).

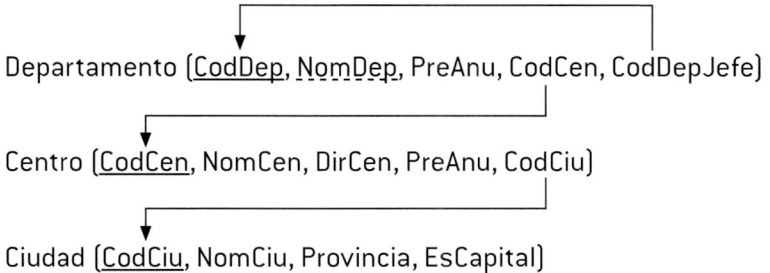

Departamento (<u>CodDep</u>, <u>NomDep</u>, PreAnu, CodCen, CodDepJefe)

Centro (<u>CodCen</u>, NomCen, DirCen, PreAnu, CodCiu)

Ciudad (<u>CodCiu</u>, NomCiu, Provincia, EsCapital)

Tabla DEPARTAMENTO

Atributo	Tipo de dato	Significado
CodDep	char(5)	Código del departamento
NomDep	varchar(40)	Nombre del departamento
PreAnu	numeric(9,2)	Presupuesto anual del departamento
CodCen	int	Código del centro al que pertenece el departamento
CodDepJefe	char(5)	Código del departamento jefe

Tabla CENTRO

Atributo	Tipo de dato	Significado
CodCen	smallserial	Código del centro de trabajo
NomCen	varchar(40)	Nombre del centro de trabajo
DirCen	varchar(40)	Dirección del centro de trabajo
PreAnu	numeric(9,2)	Presupuesto anual del centro de trabajo
CodCiu	int	Código de la ciudad donde está ubicado el centro de trabajo

Tabla CIUDAD

Atributo	Tipo de dato	Significado
CodCiu	smallserial	Código de la ciudad
NomCiu	varchar(40)	Nombre de la ciudad
Provincia	varchar(30)	Nombre de la provincia
EsCapital	boolean	Indicativo de si la ciudad es capital de la provincia

Se muestran los datos contenidos en las tablas:

Tabla Centro

```
codcen | nomcen  |       dircen       |   preanu   | codciu
--------+---------+--------------------+------------+-------
      1 | General | Gran Vía, 80       | 1200000.00 |      1
      2 | Centro  | La Castellana, 175 | 1150000.00 |      2
      3 | Sur     | La Cartuja, s/n    |  800000.00 |      4
```

Tabla Departamento

coddep	nomdep	preanu	codcen	coddepjefe
DIRGE	Dirección general	500000.00	1	
RECHH	Recursos humanos	350000.00	1	DIRGE
PRODU	Producción	240000.00	1	DIRGE
VENTA	Ventas	380000.00	2	DIRGE
CALID	Calidad	180000.00	2	DIRGE
NOMIN	Nóminas	400000.00	2	RECHH
IN+DI	Investigación y diseño	350000.00	3	CALID
INNOV	Innovación	400000.00	3	CALID

Tabla Ciudad

codciu	nomciu	provincia	escapital
1	Bilbao	Vizcaya	t
2	Madrid	Madrid	t
3	Ermua	Vizcaya	f
4	Sevilla	Sevilla	t
5	Jerez de la Frontera	Cádiz	f

Se proporcionan las instrucciones necesarias para crear el esquema *centros* y añadir datos en las tablas por medio del archivo *centros.sql* disponible en la web de Paraninfo.

Lleva a cabo las siguientes operaciones empleando el lenguaje SQL en PostgreSQL:

a) Para todos los departamentos con presupuesto entre 390 000 y 520 000 €, muestra el nombre del departamento, su presupuesto, el nombre del centro al que pertenece, su presupuesto y el porcentaje que supone el presupuesto del departamento en relación con el presupuesto del centro redondeado a un decimal. Muestra el resultado ordenado por presupuesto del departamento de menor a mayor y asigna un alias al porcentaje.

b) Para el departamento que no tiene departamento jefe, muestra su nombre, presupuesto, el nombre del centro al que pertenece y el nombre de la ciudad donde este está ubicado.

c) Muestra para todos los departamentos pertenecientes a centros ubicados en la provincia de Vizcaya, el nombre del departamento, su presupuesto anual, el nombre del centro al que pertenece, su dirección y el nombre de la ciudad donde se encuentra. Ordena el resultado por presupuesto del departamento de mayor a menor.

d) Muestra para todos los departamentos cuyo presupuesto sea superior al 40 % del presupuesto del centro al que pertenece, el nombre del departamento, su presupuesto, el nombre del centro al que pertenece, su presupuesto y el porcentaje que supone el presupuesto del departamento en relación con el presupuesto del centro, redondeado a dos decimales. Asigna alias a todos los atributos y ordena el resultado por porcentaje de mayor a menor.

e) Para todos los centros para los que se cumpla la condición de que la suma de los presupuestos de sus departamentos es mayor que el 75 % del presupuesto del centro, muestra el nombre del centro, el nombre de la ciudad donde está ubicado, el presupuesto del centro y la suma de los presupuestos de sus departamentos. Asigna el alias 'Suma presupuestaria' a este último dato y ordena el resultado de la consulta por este dato de mayor a menor.

f) Muestra para cada departamento, su nombre, presupuesto, el número de departamentos que dependen de él (que lo tienen como departamento jefe) y la media de los presupuestos de estos redondeada a dos decimales. Asigna a estos dos últimos datos los alias 'Nº dptos. subordinados' y 'Media presupuestaria'. Ordena el resultado por media presupuestaria de menor a mayor.

g) Para todos los centros con más de dos departamentos, muestra el nombre del centro, el nombre de la ciudad donde está ubicado, el número de departamentos que contiene y la media de sus presupuestos redondeada a dos decimales. A los dos últimos datos llámalos 'Nº dptos.' y 'Media presupuestaria'. Ordena el resultado por la media de los presupuestos de menor a mayor.

h) Muestra para todos los departamentos con presupuesto superior a 380 000 €, el nombre del departamento y su presupuesto. Además, para los departamentos de estos que tengan departamento jefe, hay que mostrar el nombre del departamento jefe y el presupuesto de este. En caso de que un departamento no tenga departamento jefe, estos dos datos deberán aparecer con valores nulos. A los dos últimos datos asígnales los alias 'Dpto. jefe' y 'Presupuesto dpto. jefe', respectivamente.

i) Para los departamentos con un presupuesto mayor que la mitad del presupuesto del departamento que no tiene departamento jefe, muestra el código del departamento, su nombre, su presupuesto y el nombre del centro al que pertenece.

j) Para los centros tal que la suma de los presupuestos de sus departamentos sea superior al presupuesto mínimo de los centros, muestra el nombre del centro, su presupuesto, el nombre de la ciudad donde se encuentra, el número de departamentos que contiene y la suma presupuestaria de estos.

k) Para los departamentos con un presupuesto mayor o igual que el presupuesto del departamento con mayor presupuesto del centro llamado *Sur*, muestra el nombre del departamento, su presupuesto y el nombre del centro al que pertenece.

l) Para todos los departamentos con mayor presupuesto de cada centro, muestra el nombre del departamento, su presupuesto, el nombre del centro al que pertenece el departamento y el nombre de la ciudad donde está ubicado el centro.

m) El centro llamado *General* se debe trasladar a la ciudad de la provincia de Vizcaya que figura en la tabla *Ciudad* y no es capital de provincia. Escribe la instrucción para reflejar esto en la base de datos.

n) Elimina de la tabla *Ciudad* todas aquellas ciudades en las que no haya ningún centro.

2.3. Para las tablas *Empleado* y *Departamento* del esquema *Empresa*, lleva a cabo las siguientes operaciones relacionadas con vistas:

a) Crea una vista llamada *VEmpleados2014* que contenga por cada empleado su número, nombre, fecha de ingreso y número de departamento en el que trabaja para todos los empleados con fecha de alta en el año 2014. Muestra el contenido de la vista.

b) Intenta añadir un nuevo empleado a través de la vista *VEmpleados2014* indicando como número de empleado el 15, nombre Pablo Fernández Gutiérrez, fecha de alta el día de hoy y número de departamento el 1. ¿Qué ocurre en la tabla *Empleado*?

c) ¿Se puede modificar a través de la vista *VEmpleados2014* el departamento en el que trabaja Ana Ruiz Almeida de manera que sea el número 2? ¿Por qué?

d) Elimina, si es posible, a la empleada Ana Ruiz Almeida por medio de la vista *VEmpleados2014*. ¿Es posible?, ¿por qué?

2.4. Lleva a cabo las siguientes operaciones relacionadas con el lenguaje de control de datos:

a) Crea un usuario llamado *adminempresa* con contraseña 'empresa'.

b) Concede a este usuario la posibilidad de crear tablas en el esquema *empresa*. Este usuario debe poder conceder sus privilegios a otros usuarios.

c) Concede a este usuario la posibilidad de consultar, añadir y borrar filas sobre la tabla *Empleado*, así como modificar los atributos *Puesto*, *Salario* y *Comision* para empleados en dicha tabla.

d) Concede a este usuario la posibilidad de consultar el contenido de la tabla *Departamento*.

e) Concede a este usuario la posibilidad de crear disparadores sobre cualquier tabla dentro del esquema *empresa*.

f) Retira a este usuario la posibilidad de consultar la tabla *Departamento*.

Anexo I:
Instalación de PostgreSQL

Podemos descargar PostgreSQL desde su página oficial (https://www.postgresql.org) haciendo clic en el enlace *Download* que aparece en dicha página, como se muestra en la Figura 1:

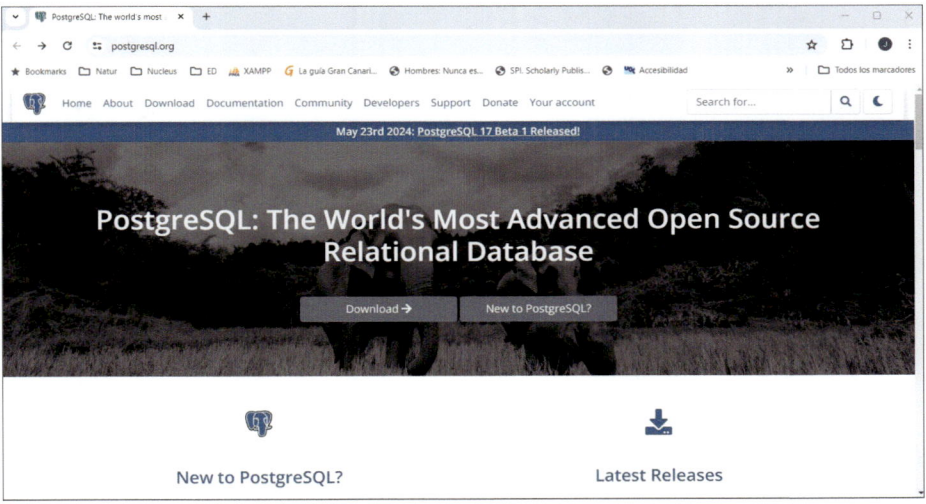

Figura 1. Página oficial de PostgreSQL.

Seleccionamos el sistema operativo Windows y en la siguiente pantalla debemos hacer clic en el enlace *Download the installer,* que aparece en la primera línea del primer párrafo de texto.

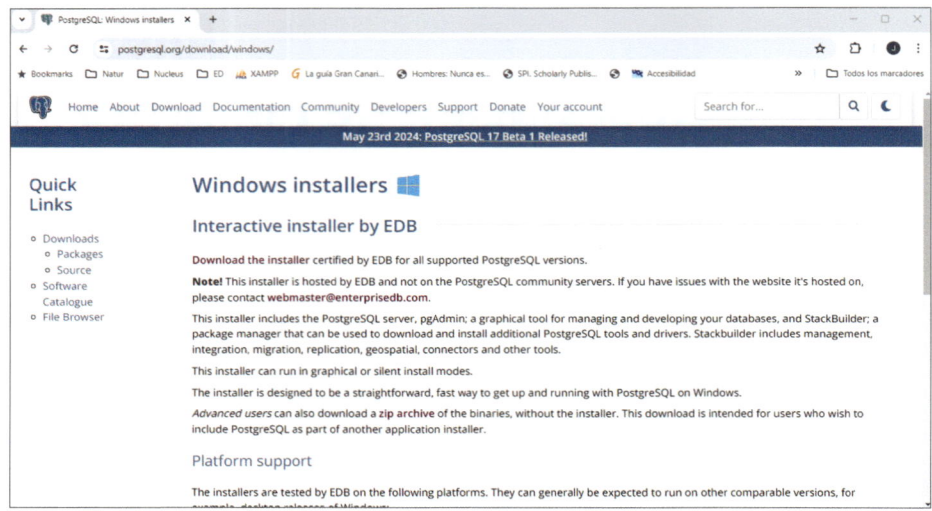

Figura 2. Página para descarga de PostgreSQL.

En la siguiente pantalla hacemos clic en el enlace correspondiente a la versión y sistema operativo en el que se desea realizar la instalación. Podemos elegir la última versión disponible para Windows.

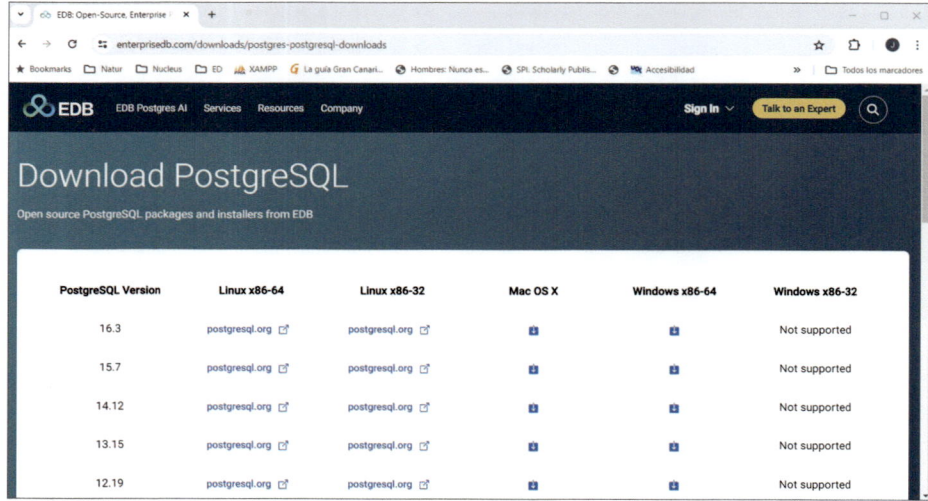

Figura 3. Selección de versión de PostgreSQL para Windows.

Se procederá entonces a la descarga del programa ejecutable postgresql-16.3-2-windows-x64.exe. Al hacer doble clic sobre él, se procederá a la instalación. Tras pulsar el botón Siguiente en la pantalla de bienvenida, en la siguiente pantalla se nos pide el directorio o carpeta donde deseamos instalar PostgreSQL.

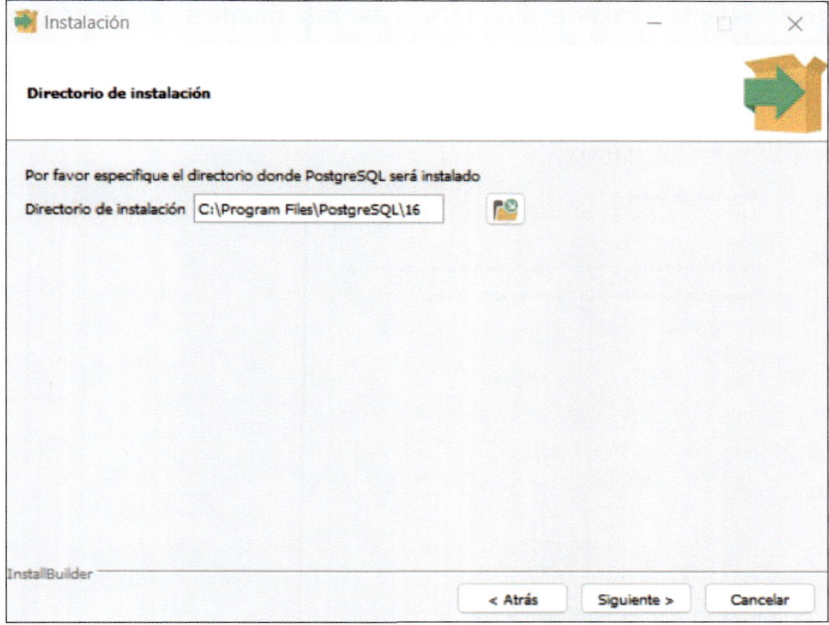

Figura 4. Selección de la carpeta de instalación.

A continuación, se pide seleccionar los componentes que se desean instalar. Dejaremos marcados todos ellos.

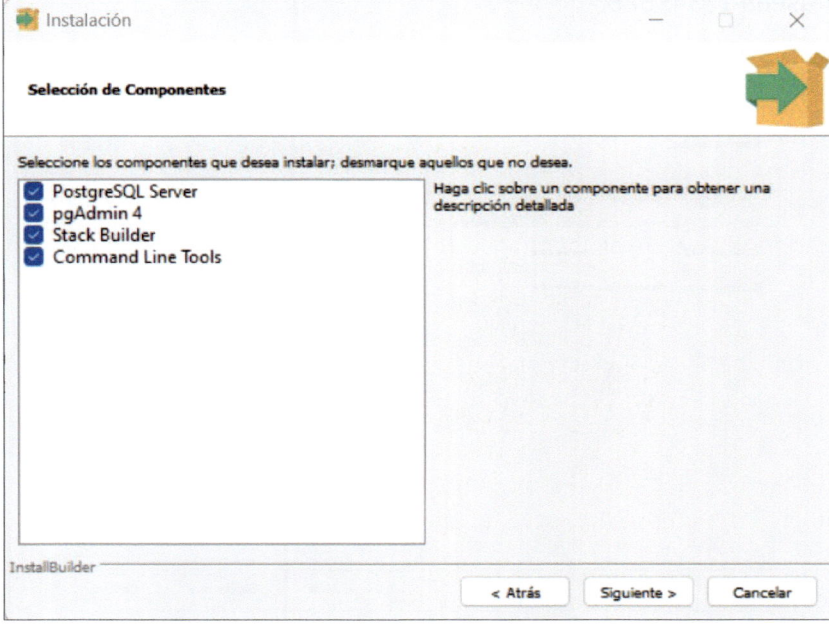

Figura 5. Selección de componentes que se desean instalar.

Luego se solicita indicar el directorio o carpeta donde se almacenarán los datos. Podemos dejar el directorio que aparece por defecto.

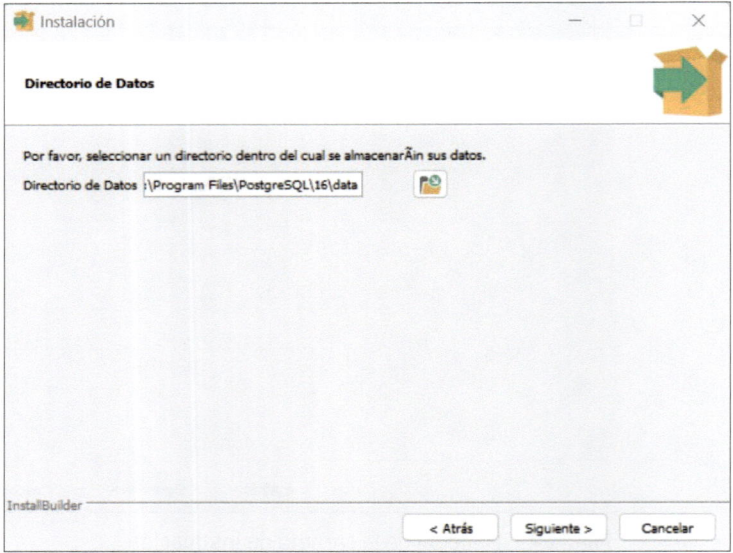

Figura 6. Selección de la carpeta donde se almacenarán los datos.

En la siguiente pantalla se nos pedirá introducir dos veces la contraseña para el usuario de la base de datos *postgres*. Podemos poner, por ejemplo, la contraseña 12345678.

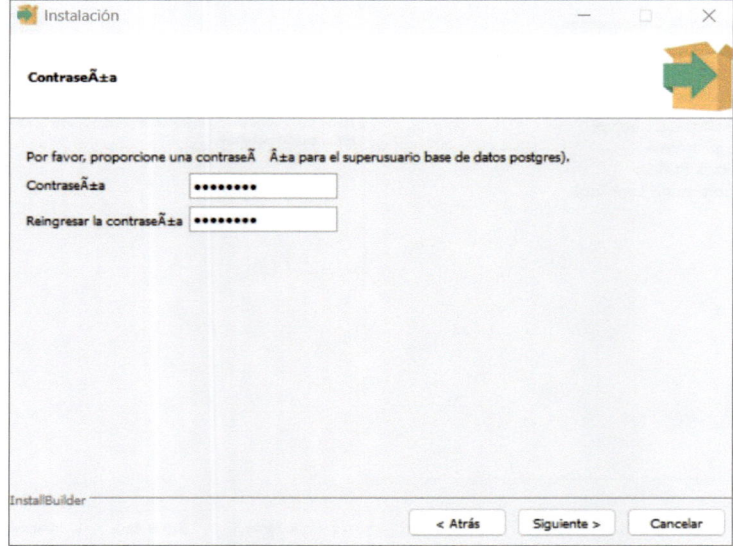

Figura 7. Introducción de la contraseña para el usuario *postgres*.

Mantenemos el número de puerto por defecto que escuchará el servidor (el 5432).

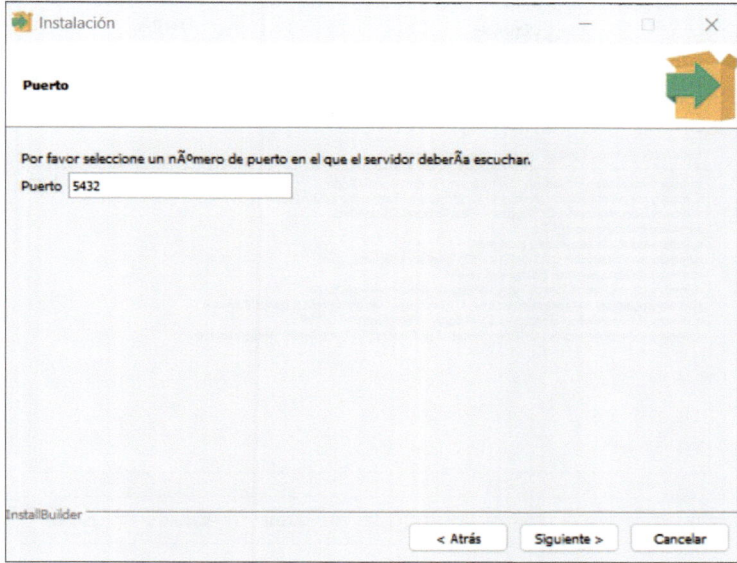

Figura 8. Introducción del puerto que escuchará el servidor.

Luego se nos pide indicar la configuración regional que se desea para la base de datos. Vamos a elegir la configuración regional por defecto.

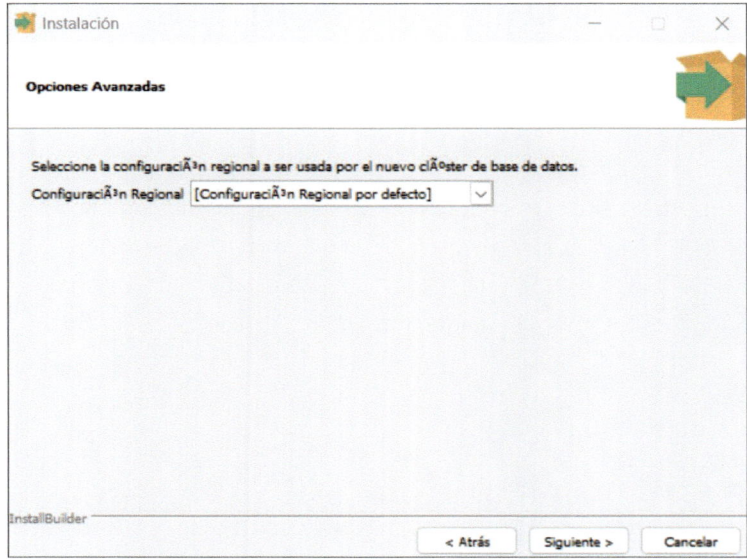

Figura 9. Introducción de la configuración regional.

En la siguiente pantalla se mostrarán los parámetros que se van a utilizar para la instalación:

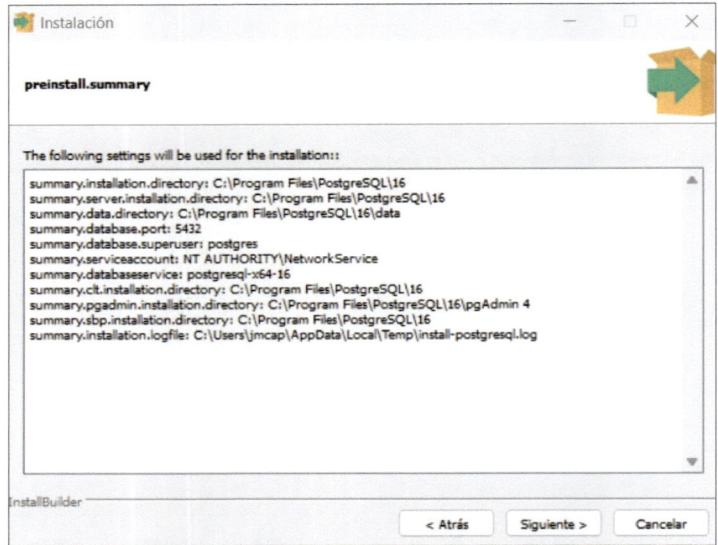

Figura 10. Indicación de parámetros que se usarán para la instalación.

Tras hacer clic en el botón Siguiente de esta pantalla y en el de la siguiente, se procederá a la instalación.

Ejercicios resueltos

Tema 1. Lenguajes relacionales

Se proporciona el siguiente esquema relacional con información acerca de las personas que aparecen en una agenda:

Agenda (<u>Nombre</u>, Edad, Localidad, Teléfono, CodProv)

Provincias (<u>CodProv</u>, NomProv)

Con los siguientes datos:

Agenda

Nombre	Edad	Localidad	Teléfono	CodProv
Luis Pérez	32	Bilbao	660660660	48
Luisa Piñeiro	45	Santoña	942234567	39
Izaskun Ruiz	35	Getxo	944309999	48
Pepe López	50	Eibar	676754321	20
María Gil	64	Burgos	947235432	09
Mario Ros	22	Bilbao	944156754	48
Borja Rupérez	28	Noja	665544332	39

Provincias

CodProv	NomProv
09	Burgos
20	Guipúzcoa
39	Cantabria
48	Vizcaya

Se pide, para cada una de las siguientes consultas, indicar el resultado de la misma y escribir las expresiones correspondientes del álgebra relacional, cálculo relacional de tuplas y cálculo relacional de dominios:

a) Obtener los nombres de las localidades en las que vive alguna persona de la agenda.

b) Obtener todos los datos de las personas de la agenda que viven en Bilbao.

c) Obtener el nombre y la edad de las personas de la agenda que tienen menos de 30 años.

215

d) Obtener para todas las personas de la agenda de más de 40 años, su nombre, localidad y nombre de la provincia en la que viven.

e) Obtener para las personas de la agenda que viven en la provincia de Vizcaya, su nombre y edad y teléfono.

SOLUCIÓN:

a) $\pi_{\text{Localidad}}$ (Agenda)

   {t | ∃ s ∈ Agenda (t.Localidad = s.Localidad)}

   {<l> | ∃ n, e, t, cp (<n, e, l, t, cp> ∈ Agenda)}

Localidad
Bilbao
Santoña
Getxo
Eibar
Burgos
Noja

b) $\sigma_{\text{Localidad = 'Bilbao'}}$ (Agenda)

   {t | (t ∈ Agenda) ∧ (t.Localidad = 'Bilbao')}

   {<n, e, l, t, cp> | (<n, e, l, t, cp > ∈ Agenda ∧ l = 'Bilbao')}

Nombre	Edad	Localidad	Teléfono	CodProv
Luis Pérez	32	Bilbao	660660660	48
Mario Ros	22	Bilbao	944156754	48

c) $\pi_{\text{Nombre, Edad}} \left(\sigma_{\text{Edad < 30}} \text{(Agenda)} \right)$

   {t | ∃ s ∈ Agenda ((t.Nombre = s.Nombre) ∧ (t.Edad = s.Edad) ∧ (t.Edad < 30))}

   {<n, e> | ∃ l, t, cp (<n, e, l, t, cp> ∈ Agenda ∧ e < 30)}

Nombre	Edad
Mario Ros	22
Borja Rupérez	28

d) $\pi_{\text{Agenda.Nombre, Localidad,. NomProv}} \left(\sigma_{\text{Edad>40}} \text{(Agenda} \bowtie \text{Provincias)} \right)$

   {t | ∃ s ∈ Agenda ((t.Nombre = s.Nombre) ∧ (t.Localidad = s.Localidad) ∧ (s.Edad > 40) ∧ ∃ u ∈ Provincias ((s.CodProv = u.CodProv) ∧ (t.NomProv = u.NomProv)))}

$\{<n, l, np> \mid \exists\, cp\ (<n, e, l, t, cp> \in \text{Agenda} \land e > 40 \land \exists\, np\ (<cp, np> \in \text{Pro-}$
$\text{vincias})\}$

Nombre	Localidad	NomProv
Luisa Piñeiro	Santoña	Cantabria
Pepe López	Eibar	Guipúzcoa
María Gil	Burgos	Burgos

e) $\pi_{\text{Agenda.Nombre, Edad, Teléfono}}\left(\sigma_{\text{NomProv} = \text{'Vizcaya'}}(\text{Agenda} \bowtie \text{Provincias})\right)$

$\{t \mid \exists\, s \in \text{Agenda}\ [(t.\text{Nombre} = s.\text{Nombre}) \land (t.\text{Edad} = s.\text{Edad}) \land (t.\text{Teléfono}$
$= s.\text{Teléfono}) \land \exists\, u \in \text{Provincias}\ [(s.\text{CodProv} = u.\text{CodProv}) \land (u.\text{NomProv} =$
$\text{'Vizcaya'})]\}$

$\{<n, e, t> \mid \exists\, cp\ (<n, e, l, t, cp> \in \text{Agenda} \land \exists\, np\ (<cp, np> \in \text{Provincias} \land np$
$= \text{'Vizcaya'})\}$

Nombre	Edad	Teléfono
Luis Pérez	32	660660660
Izaskun Ruiz	35	944309999
Mario Ros	22	944156754

Tema 2. El lenguaje de manipulación de la base de datos

2.1. Hay que crear un esquema llamado *suministros* dentro de la base de datos *postgres* para el siguiente esquema relacional:

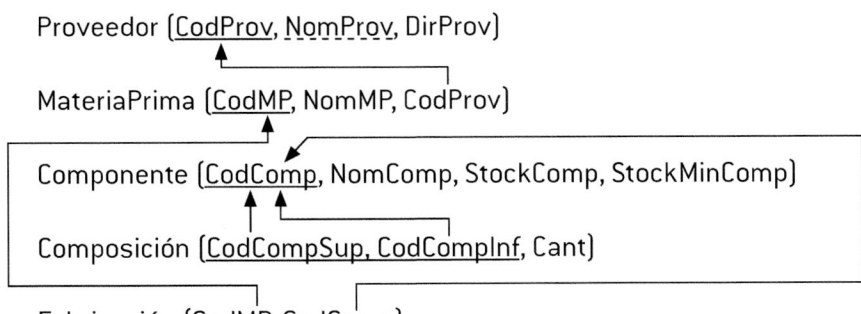

Proveedor (CodProv, NomProv, DirProv)

MateriaPrima (CodMP, NomMP, CodProv)

Componente (CodComp, NomComp, StockComp, StockMinComp)

Composición (CodCompSup, CodCompInf, Cant)

Fabricación (CodMP, CodComp)

Crea el esquema teniendo en consideración el esquema lógico y que en todos los casos se desean modificaciones y borrados restringidos a no ser que se indique lo contrario.

Es preciso tener en cuenta que:

- En la tabla *Proveedor*:
  - El código es un número entero mayor que 0.
  - El nombre y la dirección son obligatorios.
- En la tabla *MateriaPrima*:
  - El código es un número entero no negativo.
  - El nombre de la materia prima y el código del proveedor son obligatorios.
  - Queremos que si se modifica el código de un proveedor se modifique este en consonancia en todas las filas de la tabla *MateriaPrima* para las materias primas suministradas por ese proveedor.
- En la tabla *Componente*:
  - El código es una cadena de cuatro caracteres exactamente.
  - Todos los campos son obligatorios.
  - El *stock* es un número entero no negativo.
  - El *stock* mínimo es un número entero no negativo que tiene como valor por defecto 5.
- En la relación *Composición*.
  - No se debe permitir borrar componentes si aparecen en alguna fila de la tabla *Composición*.
  - La cantidad es un número entero positivo obligatorio con valor por defecto 1.
- En la tabla *Fabricación*:
  - No se debe permitir borrar componentes ni materias primas si aparecen en alguna fila de la tabla *Fabricación*.

```
CREATE SCHEMA suministros;

SET SEARCH _ PATH TO suministros, public;

CREATE TABLE Proveedor
(CodProv int PRIMARY KEY CONSTRAINT ck _ CodProv CHECK (CodProv > 0),
NomProv varchar(30) COLLATE "es-ES-x-icu" NOT NULL UNIQUE,
DirProv varchar(50) COLLATE "es-ES-x-icu" NOT NULL);
```

```
CREATE TABLE MateriaPrima
(CodMP int PRIMARY KEY CONSTRAINT ck _ CodMP CHECK (CodMP >= 0),
NomMP varchar(20) COLLATE "es-ES-x-icu" NOT NULL,
CodProv int NOT NULL CONSTRAINT ck _ Prov CHECK (CodMP >= 0),
CONSTRAINT FK _ Proveedor _ MP FOREIGN KEY (CodProv) REFERENCES
Proveedor(CodProv) ON UPDATE CASCADE);

CREATE TABLE Componente
(CodComp char(4) PRIMARY KEY,
NomComp varchar(20) COLLATE "es-ES-x-icu" NOT NULL,
StockComp int NOT NULL CONSTRAINT ck _ StockComp CHECK (StockComp >= 0),
StockMinComp int DEFAULT 5 NOT NULL CONSTRAINT ck _ StockMinComp CHECK
(StockMinComp >= 0));

CREATE TABLE Composición
(CodCompSup char(4),
CodCompInf char(4),
Cant int DEFAULT 1 NOT NULL CONSTRAINT ck _ Cant CHECK (Cant > 0),
CONSTRAINT FK _ CompSup FOREIGN KEY (CodCompSup) REFERENCES
Componente(CodComp),
CONSTRAINT FK _ CompInf  FOREIGN KEY (CodCompInf) REFERENCES
Componente(CodComp),
CONSTRAINT PK _ Composición PRIMARY KEY (CodCompSup, CodCompInf));

CREATE TABLE Fabricación
(CodMP int,
CodComp char(4),
CONSTRAINT FK _ MP _ Fabricac FOREIGN KEY(CodMP) REFERENCES
MateriaPrima(CodMP),
CONSTRAINT FK _ Comp _ Fabricac  FOREIGN KEY(CodComp)
                                    REFERENCES Componente(CodComp),
CONSTRAINT PK _ Fabricación PRIMARY KEY(codMP, CodComp));
```

2.2. Hay que crear un esquema llamado *padrónMunicipal* dentro de la base de datos *postgres* para el siguiente esquema relacional:

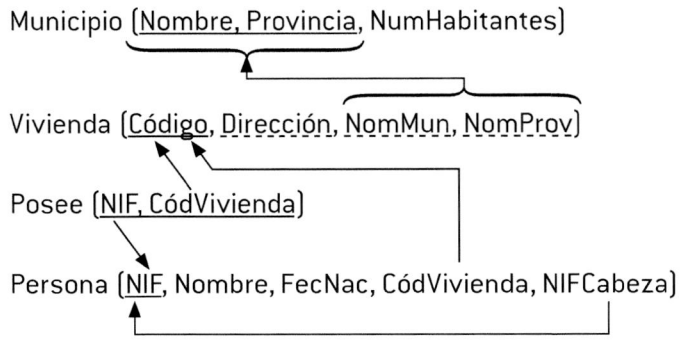

Municipio (Nombre, Provincia, NumHabitantes)

Vivienda (Código, Dirección, NomMun, NomProv)

Posee (NIF, CódVivienda)

Persona (NIF, Nombre, FecNac, CódVivienda, NIFCabeza)

Es preciso tener en cuenta que:

- En la tabla *Municipio*:
  - El n.º de habitantes no es obligatorio y solo puede tomar valores entre 5 y 1 0000 000.
- En la tabla *Vivienda:*
  - El código es un número entero positivo autonumérico.
  - La dirección es obligatoria.
  - Para toda vivienda se conoce el municipio donde se ubica.
  - El trío de atributos {*Dirección, NomMun, NomProv*} constituyen una clave alternativa.
  - Queremos que si se modifica el nombre o la provincia de un municipio, se cambie esta información para todas las viviendas de ese municipio.
- En la tabla *Posee:*
  - Queremos que si se modifica el código de una vivienda o el NIF de una persona propietaria de una vivienda, se cambie esa información en la tabla *Posee* para todas las filas en las que aparezca esa persona y/o esa vivienda.
- En la tabla *Persona:*
  - El NIF es una cadena de exactamente nueve caracteres.
  - Todos los atributos son obligatorios.
  - Queremos que si se modifica el código de una vivienda se cambie en la tabla *Persona* para las personas que habitan en esa vivienda.
  - Queremos que si se modifica el NIF de una persona que es cabeza de familia, se modifique el atributo *NIFCabeza* en la tabla *Persona* para todas las personas para las cuales esa persona es cabeza de familia.

```
CREATE SCHEMA padrónMunicipal;

SET SEARCH _ PATH TO padrónMunicipal, public;

CREATE TABLE Municipio
(Nombre varchar(50) COLLATE "es-ES-x-icu",
```

```
Provincia varchar(40) COLLATE "es-ES-x-icu",
NumHabitantes int CONSTRAINT ck_NumHabitantes CHECK (NumHabitantes BETWEEN
                                                     5 AND 10000000),
CONSTRAINT PK_Municipio PRIMARY KEY (Nombre, Provincia));

CREATE TABLE Vivienda
(Código serial PRIMARY KEY,
Dirección varchar(60) COLLATE "es-ES-x-icu" NOT NULL,
NomMun varchar(50) COLLATE "es-ES-x-icu" NOT NULL,
NomProv varchar(40) COLLATE "es-ES-x-icu" NOT NULL,
CONSTRAINT UQ_Vivienda UNIQUE (Dirección, NomMun, NomProv),
CONSTRAINT FK_Municipio_Vivienda FOREIGN KEY (NomMun, NomProv)
            REFERENCES Municipio(Nombre, Provincia) ON UPDATE CASCADE);

CREATE TABLE Persona
(NIF char(9) COLLATE "es-ES-x-icu" PRIMARY KEY,
Nombre varchar(40) COLLATE "es-ES-x-icu" NOT NULL,
FecNac date NOT NULL,
CódVivienda int NOT NULL,
NIFCabeza char(9) NOT NULL,
CONSTRAINT FK_Vivienda_Persona FOREIGN KEY (CódVivienda)
            REFERENCES Vivienda (Código) ON UPDATE CASCADE,
CONSTRAINT NIF_CabezaFamilia FOREIGN KEY (NIFCabeza)
            REFERENCES Persona (NIF) ON UPDATE CASCADE);

CREATE TABLE Posee
(NIF char(9) COLLATE "es-ES-x-icu",
CódVivienda int,
CONSTRAINT PK_Posee PRIMARY KEY (NIF, CódVivienda),
CONSTRAINT FK_Persona_Posee FOREIGN KEY(NIF)
            REFERENCES Persona(NIF) ON UPDATE CASCADE,
CONSTRAINT FK_Vivienda_Posee FOREIGN KEY(CódVivienda)
            REFERENCES Vivienda(Código) ON UPDATE CASCADE);
```

2.3. Para las tablas *Empleado* y *Departamento* del esquema *empresa* crea las siguientes consultas:

Departamento (<u>NumDep</u>, NomDep, Localidad)

Empleado (<u>NumEmp</u>, NomEmp, Puesto, NumEmpJefe, FecIngreso, Salario, Comision, NumDep)

a) Muestra todos los datos de los empleados del departamento n.º 1 ordenados por nombre de la A a la Z.

```
SELECT * FROM Empleado
WHERE NumDep = 1 ORDER BY NomEmp;
```

```
numemp |       nomemp      |  puesto  | numempjefe | fecingreso | salario | comision | numdep
-------+-------------------+----------+------------+------------+---------+----------+-------
     1 | Alberto Rey Ruiz  | Gerente  |            | 2014-01-02 | 5500.00 |     0.00 |      1
     3 | Ana Ruiz Almeida  | Empleado |          2 | 2014-01-02 | 1525.00 |     0.00 |      1
     2 | Luis Grande Gil   | Director |          1 | 2014-01-02 | 3200.00 |     0.00 |      1
(3 filas)
```

b) Muestra el nombre, fecha de ingreso y salario de los empleados del departamento n.º 3 cuyo puesto sea vendedor.

```
SELECT NomEmp, FecIngreso, Salario FROM Empleado
WHERE NumDep = 3 AND Puesto = 'Vendedor';
```

```
        nomemp         | fecingreso | salario
-----------------------+------------+---------
 Vanessa Amor López    | 2018-01-02 | 1600.00
 Sandra Rojo Núñez     | 2018-01-02 | 1900.00
 María Galiano Lastra  | 2020-01-15 | 1300.00
 Pedro Gómez Sanz      | 2022-05-05 | 1250.00
(4 filas)
```

c) Muestra el número y nombre de todos los departamentos.

```
SELECT NumDep, NomDep
FROM Departamento;
```

```
 numdep |      nomdep
--------+------------------
      1 | Compras
      2 | Recursos humanos
      3 | Ventas
(3 filas)
```

d) Muestra el número, nombre y puesto de todos los empleados cuyo nombre comience por la letra A.

```
SELECT NumEmp, NomEmp, Puesto
FROM Empleado WHERE NomEmp LIKE 'A%';
```

```
 numemp |       nomemp       |  puesto
--------+--------------------+----------
      1 | Alberto Rey Ruiz   | Gerente
```

```
        3 | Ana Ruiz Almeida    | Empleado
        4 | Albert Rius García  | Director
(3 filas)
```

e) Muestra todos los datos de los empleados que tengan como primero o segundo apellido Ruiz.

```
SELECT * FROM Empleado
WHERE NomEmp LIKE '%Ruiz%';
```

```
numemp |      nomemp      |  puesto  | numempjefe | fecingreso | salario | comision | numdep
-------+------------------+----------+------------+------------+--------+----------+-------
     1 | Alberto Rey Ruiz | Gerente  |            | 2014-01-02 | 5500.00 |    0.00 |      1
     3 | Ana Ruiz Almeida | Empleado |          2 | 2014-01-02 | 1525.00 |    0.00 |      1
     5 | Georgina Ruiz Plá| Empleado |          4 | 2016-02-02 | 1420.00 |    0.00 |      2
(3 filas)
```

f) Muestra los nombres y puestos de los empleados cuyo puesto sea gerente, director o empleado, ordenando el resultado por puesto y por nombre.

```
SELECT NomEmp, Puesto FROM Empleado
WHERE Puesto IN ('Gerente', 'Director', 'Empleado')
ORDER BY Puesto, NomEmp;
```

```
        nomemp          |  puesto
------------------------+----------
 Albert Rius García     | Director
 Esther Gómez Bilbao    | Director
 Luis Grande Gil        | Director
 Ángel Jiménez Sánchez  | Empleado
 Ana Ruiz Almeida       | Empleado
 Georgina Ruiz Plá      | Empleado
 Laura Díaz Folgado     | Empleado
 Alberto Rey Ruiz       | Gerente
(8 filas)
```

g) Muestra el nombre, salario y comisión de todos los empleados que cobran más de 2000 € de salario o más de 300 € de comisión.

```
SELECT NomEmp, Salario, Comision
FROM Empleado
WHERE Salario > 2000 OR Comision >300;
```

```
        nomemp          | salario | comision
------------------------+---------+----------
 Alberto Rey Ruiz       | 5500.00 |     0.00
 Luis Grande Gil        | 3200.00 |     0.00
```

```
 Albert Rius García   | 3100.00 |     0.00
 Esther Gómez Bilbao  | 2800.00 |     0.00
 Sandra Rojo Núñez    | 1900.00 |   400.00
 María Galiano Lastra | 1300.00 |   900.00
(6 filas)
```

h) Visualiza todos los datos de los empleados que cobran más de 2000 € de salario y más de 300 € de comisión.

```
SELECT *
FROM Empleado
WHERE Salario > 2000 AND Comision >300;


numemp | nomemp | puesto | numempjefe | fecingreso | salario | comision | numdep
--------+--------+--------+------------+------------+---------+----------+--------
(0 filas)
```

i) Muestra para todos los empleados que cobren más de 2000 €, su nombre, salario, puesto y comisión, así como el nombre y la localidad del departamento en el que trabaja. Emplea todos los métodos de combinación de tablas posibles.

```
SELECT NomEmp, Salario, Puesto, Comision, NomDep, Localidad
FROM Empleado E JOIN Departamento D ON E.NumDep  = D.NumDep
WHERE Salario > 2000;


SELECT NomEmp, Salario, Puesto, Comision, NomDep, Localidad
FROM Empleado E, Departamento D
WHERE E.NumDep  = D.NumDep AND Salario > 2000;


SELECT NomEmp, Salario, Puesto, Comision, NomDep, Localidad
FROM Empleado JOIN Departamento using(NumDep)
WHERE Salario > 2000;


SELECT NomEmp, Salario, Puesto, Comision, NomDep, Localidad
FROM Empleado natural JOIN Departamento
WHERE Salario > 2000;


       nomemp        | salario | puesto   | comision |      nomdep      | localidad
---------------------+---------+----------+----------+------------------+-----------
 Alberto Rey Ruiz    | 5500.00 | Gerente  |     0.00 | Compras          | Madrid
 Luis Grande Gil     | 3200.00 | Director |     0.00 | Compras          | Madrid
 Albert Rius García  | 3100.00 | Director |     0.00 | Recursos humanos | Barcelona
 Esther Gómez Bilbao | 2800.00 | Director |     0.00 | Ventas           | Bilbao
(4 filas)
```

j) Indica para todos los empleados que cobran comisión, su nombre, el nombre del departamento en el que trabajan, la comisión que cobran, su salario y el porcentaje que supone la comisión con respecto al salario (alias *Porcentaje comisión*). Redondea este último dato a dos decimales, para lo que puedes hacer uso de la función *round*, que recibe como primer parámetro el número que se desea redondear y como segundo el número de decimales que se desean en el resultado.

```
SELECT NomEmp, NomDep, Comision, Salario, ROUND(Comision/
Salario * 100, 2)  "Porcentaje comision"
FROM Empleado E JOIN Departamento D ON E.NumDep = D.NumDep
WHERE comision > 0;
```

```
        nomemp       | nomdep | comision | salario| Porcentaje comision
---------------------+--------+----------+--------+--------------------
 Vanessa Amor López  | Ventas |   250.00 | 1600.00 |              15.63
 Sandra Rojo Núñez   | Ventas |   400.00 | 1900.00 |              21.05
 María Galiano Lastra| Ventas |   900.00 | 1300.00 |              69.23
 Pedro Gómez Sanz    | Ventas |   300.00 | 1250.00 |              24.00
(4 filas)
```

k) Indica para el empleado que no tiene jefe o director su nombre, puesto, nombre del departamento y la localidad donde trabaja.

```
SELECT NomEmp, Puesto, NomDep, Localidad
FROM Empleado e JOIN Departamento D ON E.NumDep = D.NumDep
WHERE NumEmpJefe IS NULL;
```

```
      nomemp      | puesto  | nomdep  | localidad
------------------+---------+---------+----------
 Alberto Rey Ruiz | Gerente | Compras | Madrid
(1 fila)
```

l) Añade un nuevo departamento a la tabla *Departamento*, con número 4, nombre Calidad y ubicado en Santander. Para ello emplea la siguiente orden:

```
INSERT INTO Departamento VALUES (4, 'Calidad', 'Santander');
```

Muestra a continuación para los departamentos con número superior o igual a 3, su nombre y localidad y, en caso de que trabaje en él algún empleado, su nombre, salario y comisión. Aunque no trabaja ningún empleado en dicho departamento, se deben mostrar sus datos.

```
Tras añadir el departamento, ejecutaremos la consulta:
```

```
SELECT NomDep, Localidad, NomEmp, Salario, Comision
FROM Departamento D left JOIN Empleado E ON D.NumDep = E.NumDep
WHERE D.NumDep >= 3;

nomdep  | localidad |          nomemp          | salario | comision
--------+-----------+--------------------------+---------+---------
Ventas  | Bilbao    | Esther Gómez Bilbao      | 2800.00 |     0.00
Ventas  | Bilbao    | Vanessa Amor López       | 1600.00 |   250.00
Ventas  | Bilbao    | Ángel Jiménez Sánchez    | 1450.00 |     0.00
Ventas  | Bilbao    | Sandra Rojo Núñez        | 1900.00 |   400.00
Ventas  | Bilbao    | María Galiano Lastra     | 1300.00 |   900.00
Ventas  | Bilbao    | Pedro Gómez Sanz         | 1250.00 |   300.00
Calidad | Santander |                          |         |
(7 filas)
```

2.4. Para las tablas *Empleado* y *Departamento* del esquema *empresa* crea las siguientes consultas:

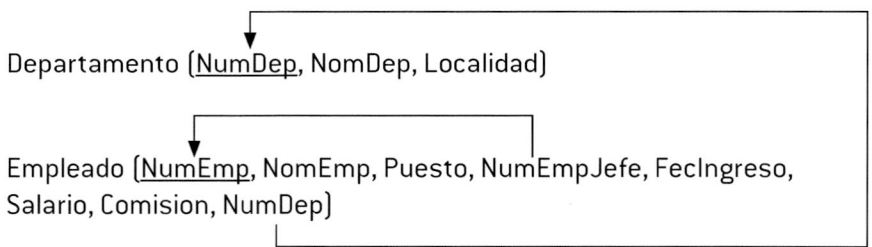

Departamento (NumDep, NomDep, Localidad)

Empleado (NumEmp, NomEmp, Puesto, NumEmpJefe, FecIngreso, Salario, Comision, NumDep)

a) Indica por cada puesto que sea desempeñado por más de dos emplea-dos, el nombre del puesto, el número de empleados que lo desempe-ñan, la suma de sus salarios, la suma de sus comisiones, el salario máximo y el salario mínimo. Asigna alias a todos los datos que se muestran excepto al puesto. Ordena el resultado por suma salarial en orden descendente.

```
SELECT Puesto, COUNT(NumEmp) "N°Empleados", SUM(Salario)
  "Suma salarial", SUM(Comision) "Suma comisiones",
  MAX(Salario) "Salario máximo",  MIN(Salario) "Salario
  mínimo"
FROM Empleado
GROUP BY Puesto
HAVING COUNT(NumEmp) > 2
ORDER BY SUM(Salario) DESC;
```

```
puesto  | N°Empleados | Suma salarial | Suma comisiones | Salario máximo | Salario mínimo
---------+-------------+---------------+-----------------+----------------+----------------
Director |           3 |       9100.00 |            0.00 |        3200.00 |        2800.00
Vendedor |           4 |       6050.00 |         1850.00 |        1900.00 |        1250.00
Empleado |           4 |       5715.00 |            0.00 |        1525.00 |        1320.00
(3 filas)
```

b) Indica por cada número de departamento y puesto, el número de empleados que desempeñan ese puesto en ese departamento, así como su salario mínimo y máximo. Ordena el resultado por número de departamento y puesto.

```
SELECT NumDep, Puesto, COUNT(NumEmp) "N°Empleados", MAX(Salario)
"Salario máximo", MIN(Salario) "Salario mínimo"
FROM Empleado
GROUP BY NumDep, Puesto
ORDER BY NumDep, Puesto;
```

```
numdep |  puesto   | N°Empleados | Salario máximo | Salario mínimo
--------+-----------+-------------+----------------+----------------
      1 | Director  |           1 |        3200.00 |        3200.00
      1 | Empleado  |           1 |        1525.00 |        1525.00
      1 | Gerente   |           1 |        5500.00 |        5500.00
      2 | Director  |           1 |        3100.00 |        3100.00
      2 | Empleado  |           2 |        1420.00 |        1320.00
      3 | Director  |           1 |        2800.00 |        2800.00
      3 | Empleado  |           1 |        1450.00 |        1450.00
      3 | Vendedor  |           4 |        1900.00 |        1250.00
(8 filas)
```

c) Solo consideraremos a los empleados no directores. Pues bien, indica por cada departamento con un salario medio de sus empleados no directores superior a 1200 €, el número del departamento, el número de empleados no directores que tiene y su salario medio (redondeado a dos decimales), ordenando el resultado por el número de empleados de cada departamento.

```
SELECT NumDep, COUNT(NumEmp) "N°Empleados", ROUND(AVG(salario),2)
          "Salario medio"
FROM Empleado
WHERE Puesto != 'Director'
GROUP BY NumDep
HAVING AVG(Salario)>1200
ORDER BY COUNT(NumEmp);
```

```
numdep | N°Empleados | Salario medio
--------+-------------+---------------
     2 |           2 |       1370.00
     1 |           2 |       3512.50
     3 |           5 |       1500.00
(3 filas)
```

d) Indica para los departamentos con salario medio superior a 1800 €, su número, nombre, el salario medio de sus empleados y el salario máximo y mínimo.

```
SELECT D.NumDep, NomDep, ROUND(AVG(Salario),2) "Salario medio",
MAX(Salario) "Salario máximo", MIN(Salario) "Salario mínimo"
FROM Empleado E JOIN Departamento D ON E.NumDep = D.NumDep
GROUP BY D.NumDep, NomDep
HAVING AVG(Salario) > 1800;
```

```
numdep |       nomdep      | Salario medio | Salario máximo | Salario mínimo
--------+-------------------+---------------+----------------+---------------
     2 | Recursos humanos  |      1946.67  |       3100.00  |       1320.00
     1 | Compras           |      3408.33  |       5500.00  |       1525.00
(2 filas)
```

e) Visualiza el número de vendedores del departamento llamado 'Ventas'.

```
SELECT COUNT(NumEmp) "N° vendedores"
FROM Empleado E JOIN Departamento D ON E.NumDep = D.NumDep
WHERE NomDep = 'Ventas' AND Puesto = 'Vendedor';
```

```
 N° vendedores
---------------
             4
(1 fila)
```

f) Indica para todos los empleados que trabajan en el departamento de ventas, su nombre, salario, comisión, el nombre de su jefe (columna *Jefe*), el salario de este (columna *Salario jefe*) y el resultado de dividir el salario del jefe entre el del empleado (columna *Factor multiplicador*) redondeado a dos decimales.

```
SELECT Es.NomEmp, Es.salario Salario, Es.Comision Comisión,
   Ej.NomEmp Jefe, Ej.salario "Salario jefe", ROUND (Ej.Salario
   / Es.salario, 2) "Factor mutiplicador"
FROM Empleado Es JOIN Empleado Ej ON eS.NumEmpJefe = Ej.NumEmp
   JOIN
Departamento D ON Es.NumDep=D.NumDep
WHERE NomDep ='Ventas';
```

nomemp	salario	comisión	jefe	Salario jefe	Factor mutiplicador
Esther Gómez Bilbao	2800.00	0.00	Alberto Rey Ruiz	5500.00	1.96
Vanessa Amor López	1600.00	250.00	Esther Gómez Bilbao	2800.00	1.75
Ángel Jiménez Sánchez	1450.00	0.00	Vanessa Amor López	1600.00	1.10
Sandra Rojo Núñez	1900.00	400.00	Vanessa Amor López	1600.00	0.84
María Galiano Lastra	1300.00	900.00	Sandra Rojo Núñez	1900.00	1.46
Pedro Gómez Sanz	1250.00	300.00	Sandra Rojo Núñez	1900.00	1.52

(6 filas)

g) Indica para todos los empleados que tengan dos o más empleados subordinados, su nombre, salario, número de subordinados que tiene y el nombre del departamento en el que trabaja. Ordena el resultado por número de subordinados de mayor a menor.

```
SELECT Ej.NomEmp, Ej.Salario Salario, COUNT(Es.NomEmp) "N° subor-
    dinados", NomDep
FROM Empleado Es JOIN Empleado Ej ON Es.NumEmpJefe = Ej.NumEmp
JOIN Departamento D ON Ej.NumDep = D.NumDep
GROUP BY Ej.NomEmp, Ej.Salario, NomDep
HAVING COUNT(Es.NomEmp) >= 2
ORDER BY 3 DESC;
```

nomemp	salario	N° subordinados	nomdep
Alberto Rey Ruiz	5500.00	3	Compras
Albert Rius García	3100.00	2	Recursos humanos
Vanessa Amor López	1600.00	2	Ventas
Sandra Rojo Núñez	1900.00	2	Ventas

(4 filas)

h) Muestra el nombre, puesto, salario y fecha de ingreso de los empleados que desempeñen el mismo puesto que Esther Gómez Bilbao o que tengan un salario mayor o igual que el de Albert Rius García.

```
SELECT NomEmp, Puesto, Salario, FecIngreso
FROM Empleado WHERE Puesto = (SELECT Puesto FROM Empleado
WHERE NomEmp='Esther Gómez Bilbao')
OR Salario >= (SELECT Salario FROM Empleado
            WHERE NomEmp = 'Albert Rius García');
```

nomemp	puesto	salario	fecingreso
Alberto Rey Ruiz	Gerente	5500.00	2014-01-02
Luis Grande Gil	Director	3200.00	2014-01-02
Albert Rius García	Director	3100.00	2016-02-02
Esther Gómez Bilbao	Director	2800.00	2018-01-02

(4 filas)

i) Muestra los nombres y puestos de los empleados que tienen el mismo puesto que el empleado apellidado Grande, excluido este.

```
SELECT NomEmp, Puesto
FROM Empleado
WHERE Puesto = (SELECT Puesto FROM Empleado WHERE NomEmp LIKE
    '%Grande%')
AND NomEmp NOT LIKE '%Grande%';
```

```
        nomemp        |  puesto
----------------------+----------
 Albert Rius García   | Director
 Esther Gómez Bilbao  | Director
(2 filas)
```

j) Visualiza los nombres de los departamentos en los que el salario medio es mayor o igual que la media de todos los salarios.

```
SELECT NomDep
FROM Empleado E JOIN Departamento D ON E.NumDep = D.NumDep
GROUP BY NomDep
HAVING AVG(Salario) >= (SELECT AVG(Salario) FROM Empleado);
```

```
 nomdep
---------
 Compras
(1 fila)
```

k) Selecciona el nombre de los empleados, puesto y localidad donde trabajan los empleados que trabajan en los departamentos en los que trabajan los vendedores.

```
SELECT NomEmp, Puesto, Localidad
FROM Empleado e JOIN Departamento D ON E.NumDep = D.NumDep
WHERE D.NumDep in (SELECT NumDep FROM Empleado WHERE Puesto
    ='Vendedor');
```

```
        nomemp        |  puesto  | localidad
----------------------+----------+-----------
 Esther Gómez Bilbao  | Director | Bilbao
 Vanessa Amor López   | Vendedor | Bilbao
 Ángel Jiménez Sánchez| Empleado | Bilbao
 Sandra Rojo Núñez    | Vendedor | Bilbao
 María Galiano Lastra | Vendedor | Bilbao
 Pedro Gómez Sanz     | Vendedor | Bilbao
(6 filas)
```

l) Obtén los nombres de los departamentos en los que trabajen más de tres empleados mediante una consulta de resumen con combinación de tablas y mediante una consulta con subconsulta.

```
SELECT NomDep
FROM Empleado E JOIN Departamento D ON E.NumDep = D.NumDep
GROUP BY NomDep
HAVING COUNT(NumEmp) > 3;

SELECT NomDep
FROM Departamento WHERE NumDep in (SELECT NumDep
                                   FROM Empleado
                                   GROUP BY NumDep
                                   HAVING COUNT(NumEmp) > 3);
 nomdep
 --------
 Ventas
 (1 fila)
```

m) Crea una tabla llamada *Vendedores* con el número, nombre y salario de los empleados con tal puesto y el nombre del departamento en el que trabajan y la localidad.

```
CREATE TABLE Vendedores
As SELECT NumEmp, NomEmp, Salario, NomDep, Localidad
FROM Empleado E JOIN Departamento D ON e.NumDep = d.NumDep
WHERE Puesto = 'Vendedor';


SELECT * FROM Vendedores;
```

numemp	nomemp	salario	nomdep	localidad
12	Pedro Gómez Sanz	1250.00	Ventas	Bilbao
11	María Galiano Lastra	1300.00	Ventas	Bilbao
10	Sandra Rojo Núñez	1900.00	Ventas	Bilbao
8	Vanessa Amor López	1600.00	Ventas	Bilbao

```
(4 filas)
```

n) Crea una tabla llamada *DeparEmpleado* que almacene por cada departamento su número, nombre y localidad, así como el número de empleados que trabajan en él y su salario medio redondeado a dos decimales. A estos dos últimos datos nómbralos *Nº empleados* y *Salario medio* respectivamente.

```
CREATE TABLE DeparEmpleado
```

```
As SELECT D.NumDep, NomDep, Localidad, count(NomEmp) "N° empleados",
ROUND (avg(Salario),2) "Salario medio"
FROM Empleado E JOIN Departamento D ON D.NumDep = E.NumDep
GROUP BY D.NumDep, NomDep, Localidad;

SELECT * FROM DeparEmpleado;
```

numdep	nomdep	localidad	N° empleados	Salario medio
2	Recursos humanos	Barcelona	3	1946.67
1	Compras	Madrid	3	3408.33
3	Ventas	Bilbao	6	1716.67

(3 filas)

o) Muestra para los empleados con mayor salario de su departamento, el nombre del empleado, su salario y el nombre del departamento en el que trabajan.

```
SELECT NomEmp, ROUND(Salario,2) Salario, NomDep
FROM Empleado E JOIN Departamento D ON E.NumDep = D.NumDep
WHERE Salario = (SELECT MAX(Salario)
                 FROM Empleado
                 WHERE NumDep = E.NumDep);
```

nomemp	salario	nomdep
Alberto Rey Ruiz	5500.00	Compras
Albert Rius García	3100.00	Recursos humanos
Esther Gómez Bilbao	2800.00	Ventas

(3 filas)

2.5. Para las tablas *Empleado* y *Departamento* del esquema *empresa*, lleva a cabo las siguientes operaciones:

Departamento (NumDep, NomDep, Localidad)

Empleado (NumEmp, NomEmp, Puesto, NumEmpJefe, FecIngreso, Salario, Comision, NumDep)

a) Crea una tabla llamada *Departamento2* con el contenido de la tabla *Departamento*, y otra llamada *Empleado2* con el contenido de la tabla *Empleado*.

```
postgres=# CREATE TABLE Empleado2 as SELECT * FROM Empleado;
SELECT 12
postgres=# CREATE TABLE Departamento2 as SELECT * FROM Departamento;
SELECT 3
```

b) Añade un departamento a la tabla *Departamento2* con número *50*, nombre *Producción* y ubicado en *Burgos*.

```
postgres=# INSERT INTO Departamento2 VALUES (50, 'Producción',
    'Burgos');

INSERT 0 1
```

c) Añade un empleado a la tabla *Empleado2* con número *20*, nombre *Luis Gómez Valverde*, puesto *empleado*, dado de alta el día de hoy, con salario *1800 €*, comisión *0 €* y número de departamento el *2*. Se obtiene la fecha del día de hoy por medio de la función CURRENT_DATE.

```
postgres=# INSERT INTO Empleado2
postgres-# VALUES (20, 'Luis Gómez Valverde', 'Empleado', NULL,
    CURRENT _ DATE, 1800, 0, 2);
INSERT 0 1
```

d) Divide entre 2 la comisión a todos los empleados de la tabla *Empleado2* que la cobran.

```
postgres=# UPDATE Empleado2 SET Comision = Comision / 2 WHERE
    Comision > 0;
UPDATE 4
```

e) Asigna el departamento número 1 a todos los directores de la tabla *Empleado2*.

```
postgres=# UPDATE Empleado2 SET NumDep = 1 WHERE Puesto =
    'Director';
UPDATE 3
```

f) Elimina de la tabla *Empleado2* a los empleados con fecha de ingreso en el año 2016.

```
postgres=# DELETE FROM Empleado2 WHERE EXTRACT(YEAR FROM
    FecIngreso) = 2016;
DELETE 3
```

g) Elimina de la tabla *Departamento2* los departamentos que no tengan empleados.

```
postgres=# DELETE FROM Departamento2
postgres-# WHERE NumDep NOT IN (SELECT NumDep FROM Empleado2);
DELETE 1
```

h) Multiplica por dos la comisión a todos los empleados del departamento de ventas con una comisión inferior a 300 €.

```
postgres=# UPDATE Empleado2
postgres-# SET Comision = Comision * 2
postgres-# WHERE Comision < 300 AND NumDep =
postgres-# (SELECT NumDep FROM Departamento2
postgres(# WHERE NomDep = 'Ventas');
UPDATE 4
```

i) El departamento de compras se va a trasladar a Málaga. Refleja esta modificación en la base de datos.

```
postgres=# UPDATE Departamento2 SET Localidad = 'Málaga'
postgres=# WHERE NomDep = 'Compras';
UPDATE 1
```

2.6. A partir de la tabla *Empleado* del esquema *empresa*, lleva a cabo las siguientes operaciones relacionadas con vistas:

a) Crea una vista llamada *VistaEmple* que contenga por cada empleado con una antigüedad de al menos un año en la empresa, su nombre, su salario, su antigüedad (calculada como la diferencia de años entre la fecha de hoy y la fecha de ingreso en la empresa) y el número del departamento en el que trabaja. Los nombres de los atributos de la vista deben ser *NomEmp*, *Salario*, *Antig* y *NumDep*. Después de crearla, muestra el contenido de la vista.

Para el cálculo de la antigüedad debes tener en cuenta lo siguiente:

- La fecha actual se puede obtener haciendo uso de la función *current_date*.

- Es posible restar dos fechas, para lo que se debe usar el operador —. De esta forma, es posible calcular la antigüedad de un empleado en la empresa restando a la fecha actual su fecha de ingreso. La resta de dos fechas nos devuelve la diferencia entre las dos fechas en número de días.

- Dado que la antigüedad la debemos calcular en años, hemos de dividir el resultado de la resta anterior entre 365 y quedarnos con la parte entera.

```
CREATE VIEW VistaEmple
AS SELECT NomEmp, Salario, (CURRENT _ DATE - FecIngreso) /
   365 Antig, NumDep
```

```
FROM Empleado
WHERE (CURRENT _ DATE - FecIngreso) / 365 >= 1;

SELECT * FROM VistaEmple;

        nomemp            | salario| antig | numdep
----------------------+--------+-------+--------
 Alberto Rey Ruiz         | 5500.00 |    10 |       1
 Luis Grande Gil          | 3200.00 |    10 |       1
 Ana Ruiz Almeida         | 1525.00 |    10 |       1
 Albert Rius García       | 3100.00 |     8 |       2
 Georgina Ruiz Plà        | 1420.00 |     8 |       2
 Laura Díaz Folgado       | 1320.00 |     7 |       2
 Esther Gómez Bilbao      | 2800.00 |     6 |       3
 Vanessa Amor López       | 1600.00 |     6 |       3
 Ángel Jiménez Sánchez    | 1450.00 |     6 |       3
 Sandra Rojo Núñez        | 1900.00 |     6 |       3
 María Galiano Lastra     | 1300.00 |     4 |       3
 Pedro Gómez Sanz         | 1250.00 |     2 |       3
(12 filas)
```

b) Realiza una consulta sobre la vista *VistaEmpleDep* que muestre por cada departamento, el número del departamento y su número de empleados.

```
SELECT NumDep, COUNT(*) "N°empleados"
FROM VistaEmple
GROUP BY NumDep;

 numdep | Nªempleados
--------+-------------
      2 |           3
      3 |           6
      1 |           3
(3 filas)
```

c) Intenta modificar la antigüedad de Esther Gómez Bilbao a ocho años. ¿Es posible realizar esta modificación? ¿Por qué?

```
postgres=# UPDATE VistaEmple
postgres-# SET antig = 8
postgres-# WHERE NomEmp = 'Esther Gómez Bilbao';
ERROR:  no se puede actualizar la columna «antig» vista
    «vistaemple»
DETALLE:  Las columnas de vistas que no son columnas de
    su relación base no son actualizables.
```

No es posible realizar la modificación porque el atributo *antig* no es actualizable por tratarse de un atributo definido mediante una expresión.

d) Intenta modificar el salario de Esther Gómez Bilbao a 2850 €. ¿Es posible realizar esta modificación? ¿Por qué?

```
postgres=# UPDATE VistaEmple
postgres-# SET salario = 2850
postgres-# WHERE NomEmp = 'Esther Gómez Bilbao';
UPDATE 1
```

Es posible porque la vista es actualizable ya que la consulta por medio de la que se crea la vista cumple las siguientes condiciones:

* Hay un solo elemento en la cláusula FROM, que es una tabla.

* No hay ni GROUP BY, ni HAVING, ni DISTINCT, ni LIMIT.

* No hay operaciones UNION, ni INTERSECT, ni EXCEPT.

* No hay funciones de resumen: COUNT, MAX, MIN, AVG, SUM.

Además, la columna que se modifica en la instrucción UPDATE es actualizable por ser una referencia simple a una columna de la tabla subyacente, es decir, por no contener una expresión.

2.7. Lleva a cabo en las siguientes operaciones pertenecientes al lenguaje de control de datos:

a) Crea un usuario llamado *adminpedidos* con la contraseña que desees y que tenga todos los privilegios sobre todas las tablas del esquema *pedidos*. Permite que este usuario pueda pasar sus privilegios a otros usuarios.

```
postgres=# CREATE ROLE adminpedidos LOGIN PASSWORD 'bd';
CREATE ROLE
postgres=# GRANT ALL ON ALL TABLES IN SCHEMA pedidos
postgres-# TO adminpedidos WITH GRANT OPTION;
GRANT
```

b) Crea un segundo usuario llamado *consulpedidos* con la contraseña que desees, que pueda consultar el contenido de cualquiera de las tablas del esquema *pedidos* y que además pueda crear tablas y modificar su diseño en dicho esquema.

```
postgres=# CREATE ROLE consulpedidos LOGIN PASSWORD 'bd';
CREATE ROLE
postgres=# GRANT SELECT ON ALL TABLES IN SCHEMA pedidos
postgres-# TO consulpedidos;
```

```
GRANT
postgres=# GRANT CREATE ON SCHEMA pedidos TO consulpedidos;
GRANT
```

c) Crea un tercer usuario llamado *modifpedidos* con la contraseña que desees, que pueda consultar la tabla *Articulo*, insertar nuevas filas en dicha tabla, borrar artículos, modificar los atributos *DesArt* y *PVPArt* de los artículos y crear claves ajenas a la clave primaria de esta tabla.

```
postgres=# SET SEARCH _ PATH TO pedidos;
SET
postgres=# GRANT SELECT, INSERT, DELETE, UPDATE(DesArt,
    PVPArt), REFERENCES(CodArt)
postgres-# ON TABLE Articulo
postgres-# TO modifpedidos;
GRANT
```

d) Retira los privilegios otorgados al usuario *modifpedidos* y después elimina al usuario.

```
postgres=# REVOKE SELECT, INSERT, DELETE, UPDATE(DesArt,
    PVPArt), REFERENCES(CodArt)
postgres-# ON TABLE Articulo
postgres-# FROM modifpedidos;
REVOKE
postgres=# DROP ROLE modifpedidos;
DROP ROLE
```

Bibliografía

Elmasri, R.; Navathe, S. B. *Fundamentos de sistemas de bases de datos.* Pearson Educación. Madrid, 2007.

Silberschatz, A.; Korth, H. F.; Sudarshan, S. *Fundamentos de bases de datos.* McGraw-Hill. Madrid, 2002.

Páginas web

The PostgreSQL Global Development Group (s.f.). *PostgreSQL 16.3 Documentation.* https://www.postgresql.org/docs/16/